생성형 AI 업무 활용 정석
테스팅 업무 적용편

STA 권원일

•

ISTQB GenAI 지식체계

GenAI 국제자격증 활용으로
생성형 AI를 조직에 수월하게 도입하기

목차

이 책의 사용 설명서   004

이 책의 100% 활용법   005

서문   007

추천의 글   010

ISTQB 생성형 AI 활용(SW 테스팅 분야) 국제자격증의 의미와 가치   019

이 책에서 다루지 않은 내용에 대하여   021

Part Ⅰ
소프트웨어 테스팅을 위한 생성형 AI 소개

1장 생성형 AI의 기초와 핵심 개념

- 1.1 AI 스펙트럼: 심볼릭 AI, 고전적 머신러닝, 딥러닝, 생성형 AI   025
- 1.2 생성형 AI와 대형 언어 모델의 기초   028
- 1.3 LLM의 종류: 파운데이션 LLM, 명령어 튜닝 LLM, 추론 LLM   031
- 1.4 멀티모달 LLM과 비전 - 언어 모델   033

2장 소프트웨어 테스팅에서 생성형 AI 활용하기: 핵심 포인트

- 2.1 테스팅 작업을 위한 주요 LLM 기능   037
- 2.2 테스팅을 위한 AI 챗봇과 LLM 기반 테스팅 애플리케이션   041

Part II

효과적인 소프트웨어 테스팅을 위한 생성형 AI 활용

3장 효과적인 프롬프트 개발 - 프롬프트 구조 및 기법

- 3.1 생성형 AI 프롬프트의 구조(테스팅 맥락) ... 047
- 3.2 테스팅을 위한 핵심 프롬프팅 기법 ... 052
- 3.3 테스팅을 위한 적절한 프롬프팅 기법 선택 ... 060
- 3.4 시스템 프롬프트와 사용자 프롬프트 ... 064

4장 테스팅 업무 별 생성형 AI 활용 방안 및 사례

- 4.1 생성형 AI를 활용한 테스트 분석 ... 069
- 4.2 생성형 AI를 활용한 테스트 설계와 구현 ... 074
- 4.3 생성형 AI를 활용한 리그레션 테스트 (테스트 실행 중심) ... 082
- 4.4 생성형 AI를 활용한 테스트 모니터링과 제어 ... 093

5장 테스트 작업에 대한 생성형 AI 결과 평가 및 프롬프트 개선

- 5.1 테스트 작업에서 생성형 AI 결과를 평가하기 위한 지표 ... 102
- 5.2 프롬프트 평가 및 반복적인 개선 방법 ... 104

- 마무리 생성형 AI와 프로젝트 밀착 협업 제안 ... 112
- 첨부 I Part I - 실습 및 데모 가이드 ... 114
- 첨부 II Part II - 실습 및 데모 가이드와 실무 적용 예시 ... 124
- 첨부 III 보충 설명 및 실무 적용 예시 ... 209
- 첨부 IV 샘플 문제 및 해설 ... 220

이 책의 사용 설명서

이 책에서는 특정 색상이 각각의 의미를 담고 있습니다.
아래 색상의 의미를 참고하며 읽어보세요.

이 책의 100% 활용법

이 책을 최대한 효과적으로 활용할 수 있도록 여기서는 생성형 AI를 소프트웨어 테스팅 업무에 활용하는 방법에 대해 각 장 별로 어떻게 접근하면 좋을지 안내 하겠습니다.

1장에서는 생성형 AI의 기본 원리와 핵심 개념을 다룹니다. 이 부분은 생성형 AI의 내용을 중심으로 가볍게 읽고 이해하면 됩니다. 생성형 AI가 무엇인지, 어떻게 작동하는지에 대한 전반적인 이해 정도를 목표로 하고 학습하면 됩니다.

2장에서는 생성형 AI를 소프트웨어 테스팅 업무에 어떻게 활용할 수 있는지에 대한 큰 그림을 개략적으로 제시합니다. 이 장은 전체적인 흐름을 파악하는 수준에서 읽어 보면 좋습니다. 생성형 AI와 소프트웨어 테스팅 업무의 접목 가능성에 대한 전반적인 이해를 얻을 수 있을 것입니다.

3장은 프롬프트 엔지니어링의 일반적인 내용을 다루고 있습니다. 생성형 AI와 효과적으로 소통하는 방식을 이해하면 됩니다. 특히 이 책에서는 다른 프롬프트 엔지니어링 책이나 자료와는 달리, 이를 기법화한 부분이 있으니 눈여겨보기 바랍니다. 이러한 기법들은 생성형 AI를 보다 능숙하게 활용하는 데 큰 도움이 될 것입니다.

4장은 이 책의 핵심 내용으로, 소프트웨어 테스팅 업무 프로세스 별로 생성형 AI를 활용하는 방법을 상세히 다룹니다. 내용을 이해하는 것에 그치지 말고, 첨부된 실습/데모 가이드를 보면서 직접 실습과 데모를 진행해 보는 것이 가장 중요합니다. 실습과 데모 가이드는 매우 구체적이고 실무에 바로 적용할 수 있도록 구성되어 있어 이해하기 쉽습니다. 이를 잘 익힌다면 책의 내용을 자연스럽게 깊이 있게 이해하게 될 것입니다.

5장에서는 테스트 작업에 대한 생성형 AI 결과 평가 및 프롬프트 개선 방법을 다룹니다. 이 장도 4장과 비슷한 방식으로 접근하면 되지만, 4장에 비해서는 조금 가볍게 다뤄도 됩니다. 여기서는 생성형 AI의 결과물을 어떻게 분석하고, 필요한 경우 프롬프트를 어떻게 개선해 더 나은 결과를 얻을 수 있는지에 대한 방법을 배우게 됩니다.

이 책은 실무에서 생성형 AI를 효과적으로 활용하고자 하는 분들을 위해 이론 뿐만 아니라 실습과 데모를 통한 체험적 학습에 중점을 두고 있습니다. 각 장을 위와 같은 방식으로 활용한다면, 이 책의 내용을 100% 소화해 실무에 바로 적용할 수 있을 것입니다.

※ 이 책에서는 ChatGPT, Claude, Perplexity와 같은 특정 기업의 상용 언어 모델(LLM)이나 이를 기반으로 개발된 생성형 AI 솔루션 또는 제품을 직접 다루지 않습니다. 대신, 이 책의 내용은 상용 또는 오픈 소스 LLM과 그 API를 활용한 다양한 솔루션에 적용할 수 있도록 구성되어 있습니다. 따라서 어떤 LLM이나 솔루션을 사용하더라도 실무에 바로 활용 가능합니다.

하지만 사용하는 도구에 따라 결과가 달라질 수 있으므로, 생성형 AI를 보다 효과적으로 활용하려면 여러 도구를 직접 시도해 볼 것을 권장합니다. 각 도구를 사용해 보고 원하는 결과를 가장 잘 제공하는 것을 선택하면 됩니다. 이 과정에서는 개인 또는 기업의 보안 이슈를 핵심적인 고려사항으로 삼아야 합니다. 필요에 따라 하나 혹은 여러 개의 도구를 용도별로 선택해 사용할 수 있습니다. 이를 통해 자신에게 가장 적합한 도구를 선정해 생성형 AI를 소프트웨어 테스팅 업무에 효과적으로 적용할 수 있습니다.

※ 이 책의 생성형 AI 활용 부분이 매우 유용하여 깊이 있게 이해하고 싶은데, 소프트웨어 테스팅 업무와 분야에 대한 이해가 부족하여 아쉬움을 느낀다면, www.KSTQB.org 사이트에 공개되어 있는 국제 소프트웨어 테스팅 자격증 프로그램의 지식 체계(Syllabus, 한글 버전)를 참고하기 바랍니다. 소프트웨어 테스팅 기본 이론 및 정보 관련해 전 세계에서 가장 많이 참고하는 자료입니다.

또한 『소프트웨어 테스트 가이드』, 『개발자도 알아야 할 소프트웨어 테스팅 실무』와 같은 책도 참고하시고, 테스트 엔지니어 네트워크인 STEN(www.STEN.or.kr)과 QA코리아도 추천합니다.

서문

생성형 AI 활용 정석 - 테스팅 업무 적용편

최근 인공지능 기술의 급속한 발전으로 업무 환경에서도 생성형 AI를 어떻게 활용할 것인가에 대한 고민이 깊어지고 있습니다. 저 역시 이러한 흐름 속에서 생성형 AI를 업무에 효율적으로 적용하는 방법을 모색하던 중, ISTQB(국제 소프트웨어 테스팅 자격위원회)에서 '생성형 AI 활용 테스팅 스페셜리스트' 자격증을 신설한다는 소식을 접했습니다. 이 소식은 제게 큰 관심을 불러일으켰지만 동시에 생성형 AI 활용이 테스팅 분야의 자격증 프로그램이 될 수 있을지에 대한 의문도 들었습니다. 실제로 여러 ISTQB 멤버 국가의 대표들 사이에서도 이 자격증이 소프트웨어 테스팅 자격증이 아니라 AI 활용 자격증이라는 이유로 반대 의견이 많았습니다.

그러나 저는 이 자격증이 반드시 필요하다고 확신했습니다. 생성형 AI를 통해 현재의 인력으로도 보다 체계적이고 효율적인 테스팅이 가능해지기 때문입니다. 또한 이 자격증을 통해 더 많은 사람이 소프트웨어 테스팅에 관심을 갖게 되고, 테스팅에 대한 인식도 한 단계 높아질 것이라 기대했습니다. 초기 버전의 지식체계(실러버스) 작업 과정을 보면서 그 가능성을 확인했고, 전 세계에서 가장 먼저 이 분야의 책을 집필하고 자격시험을 운영하고 싶다는 열망이 생겼습니다.

저는 생성형 AI를 활용하여 제가 종사하는 소프트웨어 테스팅 분야의 업무를 어떻게 효율화할 수 있을지에 대해 많은 고민을 해왔습니다. 하지만 생성형 AI를 집중적으로 학습하고 실무에 체계적으로 적용하는 것은 쉽지 않았습니다.
그 이유는 다음과 같다고 생각합니다.

- 익숙한 방식으로 일하려는 습관
- 매일 처리해야 할 업무의 과다
- 생성형 AI를 간단한 작업에는 사용하지만, 업무 전반에 활용할 시간을 확보하기 어려움
- 개인 시간을 투자하여 새로운 방법을 시도하는 것이 부담스러움
- 적은 노력으로 큰 효과를 얻을 수 있는 효과적인 접근법을 찾기 어려움

하지만 실제로 시도하여 정착시키면 생성형 AI의 업무 활용 효과는 탁월합니다. 이 책을 집필하는 데에도 생성형 AI를 적극 활용하지 않았다면 6개월 이상이 걸렸을 것입니다. ChatGPT, Gemini, Napkin AI 등 다양한 생성형 AI 도구를 활용하여 시간과 노력을 1/3~1/5로 줄여 생산성을 크게 높일 수 있었습니다.

업무 능력 평가의 기준도 변화하고 있습니다. 이제는 생성형 AI에게 얼마나 정확하게 지시하고, 생성된 결과물을 얼마나 잘 검토하고 개선하는지가 직접 작업하는 것보다 이미 더 가치 있고 더 중요해지고 있습니다.

한 지인 개발자가 이야기하기를, "예전부터 코딩한 것을 리뷰하고 수정하는 데 AI를 사용해왔어요. 이전에는 잘 안될 때가 많았는데 요즘은 정말 잘 돼요!"라고 하더군요. 앞으로는 어떨까요? 생성형 AI의 성능은 빠르게 향상되고 있으므로, 가능한 한 많이 활용해야 합니다. 지금은 잘 되지 않는 부분도 여러 차례 시도하다 보면 큰 효과를 볼 수 있고, 설령 당장은 효과가 없더라도 그 시도가 곧 아주 커다란 빛을 발하게 될 것입니다.

업무 방식의 변화는 생성형 AI의 활용으로 우리에게 크게 다가올 것입니다. 다른 분야와 마찬가지로 우리의 일하는 방식도 생성형 AI 중심으로 혁신될 것입니다. 업무에 대해 깊이 이해하고 생성형 AI를 능숙하게 활용하는 사람이 인정받는 시대가 올 것입니다. 이러한 과정을 통해 기업은 추가 인력 채용 없이도 이전에는 불가능했던 수준의 완성도 높은 테스팅(업무)을 수행할 수 있는 기회를 얻을 것입니다.

개인적인 활용을 넘어 조직이나 팀 차원에서 생성형 AI를 도입하고자 한다면, 실무자의 입장에서 다른 변화보다 비교적 수월하게 실현할 수 있습니다. 경영진 역시 직원들에게 생성형 AI 활용을 독려하고 싶어 하며, 이 주제는 현재 가장 뜨거운 관심사 중 하나이기 때문에 조직 차원의 지원을 받기도 쉽습니다. 관심과 열의가 있는 분들은 현명하게 적극적으로 시도해 보기 바랍니다.

참고 관련내용은 『ISTQB 생성형 AI 활용(소프트웨어 테스팅 분야) 국제자격증의 의미와 가치』에 추가로 담았습니다.

소프트웨어 테스팅 분야에 종사하지 않더라도 이 책을 통해 생성형 AI 활용 방법을 학습하고 실무에 적용할 수 있으며, 자격증도 취득할 수 있습니다. 학습 과정에서 모르는 테스팅 용어나 개념이 있다면 생성형 AI에게 질문하여 생각하는 것보다 쉽게 이해할 수 있습니다. 이 책이 여러분께 큰 도움이 될 거라 확신합니다. 도움이 되면 주변에 널리 알려 주기 바랍니다.
감사합니다.

*추신: "적자생성(?)", 이제 생성형 AI를 업무에 활용하는 것은 더 이상 선택이 아닙니다. 생존의 문제입니다!

저자 권원일 DREAM

추천의 글

김진형_ KAIST

소프트웨어 테스팅은 품질과 신뢰성을 보장하기 위한 핵심 분야이며, 복잡해지는 시스템과 빠르게 변화하는 기술 환경에서 테스팅 역량은 AI 시대에 더욱 필수적입니다. 이에 따라 생성형 AI 활용 능력을 겸비한 역량 있는 소프트웨어 테스팅 인재들에게는 새로운 고소득 직업과 기회가 지속적으로 창출될 것입니다.

이 책은 생성형 AI가 소프트웨어 테스팅에서 어떻게 활용될 수 있는지를 실무 중심으로 다루고 있습니다. 생성형 AI 기반 테스트 케이스 자동 생성, 버그 예측 및 감지, 테스트 자동화 최적화, 테스트 데이터 자동 생성, 결과 분석 및 리포팅 자동화 등 테스팅 과정 전반에서 생성형 AI의 역할을 명확하게 제시하고 있습니다. 특히, 테스터가 생성형 AI의 출력을 평가 및 보완하는 전략을 상세히 설명하며, 생성형 AI와 협업하는 새로운 테스팅 방식에 대한 깊은 통찰을 제공합니다.

이 책은 다음과 같은 면에서 특별한 가치를 지닙니다:

- 실제 사례 중심의 접근: 이론에 머무르지 않고 현장에서의 적용 사례와 노하우를 담고 있어, 독자들이 즉시 활용할 수 있습니다.
- AI와 인간의 조화로운 협업: AI를 단순한 자동화 도구가 아닌 테스터의 역량을 강화하는 파트너로 활용하는 방법을 제시합니다.
- 미래 테스터에게 필요한 역량 강화: 급변하는 기술 환경에서 테스터가 갖춰야 할 새로운 역량과 사고방식을 안내합니다.
- 포괄적인 내용 구성: 소프트웨어 테스팅 프로세스의 기획 단계부터 실행, 분석, 리포팅에 이르기까지 AI의 적용 가능성을 다각도로 탐색합니다.

AI가 단순한 자동화 도구가 아니라 창조적 문제 해결을 돕는 도구로 활용될 수 있도록 안내하는 이 책을 통해, 테스터들은 이를 너욱 효과적으로 활용함으로써 테스팅의 효율성과 정확성을 높일 수 있을 것입니다. 이를 통해 미래 소프트웨어 분야의 주역으로서 자신의 가치를 극대화할 수 있을 것입니다. 나아가, 소프트웨어 테스팅 전문가뿐 아니라 생성형 AI 기술의 적용과 협업에 관심 있는 모든 분들에게도 큰 도움이 될 것입니다.

AI가 주도하는 새로운 시대에 발맞춰 혁신과 변화를 이끌고자 하는 모든 분들께 이 책을 강력히 추천합니다. 이 책은 여러분이 AI와 함께 새로운 가능성을 열어가는 데 있어 든든한 길잡이가 될 것입니다.

조현길_ 삼성전자

이 책은 소프트웨어 테스팅 분야에서 생성형 AI를 어떻게 활용할 수 있는지를 실용적으로 다룬 책입니다.
인공지능 전반에 대한 개념과 동향을 알기 쉽게 풀어내고, 실제 프로젝트에서 테스트 정책 수립부터 테스트 케이스 생성 및 자동화 실행까지 구체적인 예시를 들어 설명해주어 실무에서 AI를 어떻게 활용할지에 대한 고민을 해결하는데 큰 도움이 되었습니다.
테스트 전 수명주기에 걸쳐 생성형 AI가 가져올 가능성을 체계적으로 보여주는 업계 필독서로 추천 드립니다.

김종훈_ STA

소프트웨어 테스팅과 생성형 AI의 만남이 이렇게 실용적으로 정리될 수 있다니, 정말 반가운 책입니다.
생성형 AI가 테스팅 프로세스를 어떻게 변화시키고, 실무에서 어떤 방식으로 활용될 수 있는지를 명확하게 풀어주어 실질적인 도움이 됩니다. 특히, 개념 설명이 어렵지 않으면서도 깊이가 있어서 초보자부터 실무 전문가까지 모두에게 유용합니다.
생성형 AI가 단순한 자동화 도구가 아니라 테스팅의 사고방식을 확장할 수 있다는 점을 이 책을 통해 확실히 깨닫게 되었습니다.
소프트웨어 품질 향상을 고민하는 개발자, QA 담당자, IT 리더들에게 필독서로 추천 드립니다.

박인권_ QA코리아

생성형 AI가 일상 속에서 필수적인 도구로 자리 잡은 지금, 이 책은 생성형 AI를 소프트웨어 테스트 업계에 바로 적용할 수 있게 해주는 매우 고무적인 가이드입니다. 업계의 AI 테스팅 리터러시를 높이는 데 큰 기여를 할 것으로 기대합니다.

개념 설명과 쉬운 예시를 통해 입문자부터 중급자까지 모두 아우르는 내용을 담고 있어, 실무 중심의 개인이나 조직에서 반드시 참고해야 할 필독서입니다. 신입이나 주니어 레벨은 물론, 테스트 매니저, 연구소장, 개발부서장, 임원 등 매니저나 경영진에게도 생성형 AI를 배우고 활용 능력을 키울 수 있는 훌륭한 교재입니다.

생성형 AI가 테스팅에 접목된다면 생산성과 혁신에 크게 기여할 수 있다는 저자의 의견에 깊이 동의합니다. 이 책에 구체적인 연구 사례나 근미래에 대한 저자의 인사이트가 더해져, 독자들이 끝까지 읽으며 큰 동기부여를 받을 수 있을 것입니다.

이 분야의 선구자로서, 변화하는 AI 시대에 적응할 수 있는 기회를 주셔서 감사드립니다. 소프트웨어 테스팅 분야에 종사하는 모든 분들께 이 책을 적극 추천합니다.

이주민_ 경희사이버대학교

이제는 AI와 함께 일하는 시대, SW 테스팅도 예외가 아니다.
「생성형 AI 업무 활용 정석 - 테스팅 업무 적용편」은 AI가 단순한 자동화 도구를 넘어, 테스팅 과정에서 전략적 파트너로 활용될 수 있음을 명확히 보여준다. 실제 업무에 적용할 수 있는 구체적인 활용 사례를 통해 실무자들에게 실질적인 도움을 제공한다.

AI를 효과적으로 활용하면 업무 방식이 더욱 체계적이고 효율적으로 변화할 뿐만 아니라, 개인과 조직 차원에서 경쟁력을 확보할 수 있다. AI 시대의 테스팅 혁신을 선도하고 싶다면 반드시 읽어야 할 책이다.

나지훈_ 우리은행

이 책을 읽고 나니 테스트 업무에서 생성형 AI를 이렇게까지 활용할 수 있다는 생각에 놀랐습니다.

전체적으로 짜임새 있는 구성과 풍부한 예시들이 있어서, 테스트를 하시는 분들께 큰 도움이 될 것 같아요. 유용하고 실무적인 내용을 가능한 디테일하면서도 짜임새있게 담으려는 노력이 절실히 느껴지는 책입니다.

특히 테스트 단계별로 생성형 AI가 어떤 역할을 할 수 있는지, 그리고 이를 활용하기 위한 프롬프트의 구조와 방법을 실무 예시와 함께 제공해 주어 쉽게 이해할 수 있었습니다.

만약 제가 UX 분야에서 생성형 AI를 활용하는 책을 집필한다면 이 구조로 하고 싶다는 생각이 들 정도로 체계적이고 실용적이었습니다.

테스팅 업무에 생성형 AI를 도입하고자 한다면, 이 책보다 유용하고 실무적인 책은 없을 겁니다.

강승원_ 한국프로세스혁신협회

신간 「생성형 AI 업무 활용 정석 – 테스팅 업무 적용편」을 강력히 추천합니다.

최근 AI 시대가 도래하면서 테스팅 분야에서는 지속적인 혁신이 필요해졌습니다. 이 책은 이러한 변화에 발맞추어, 테스팅 업무에서 생성형 AI를 어떻게 활용할 수 있는지를 체계적으로 제시하고 있습니다.

저자는 STA테스팅컨설팅의 대표이사이자 ISO 소프트웨어 테스팅 국제 표준화 위원, 그리고 ISTQB 국내 지부(KSTQB) 설립자로서 방대한 경험과 지식을 쌓아왔습니다. 그의 깊이 있는 통찰력과 실무 경험은 이 책을 통해 더욱 빛을 발하고 있습니다.

이 책은 기본 개념과 함께 실제 사례를 통해 실무적인 내용을 명확히 전달합니다. 초보자와 경력자 모두에게 유용하며, 테스팅 업무에 AI를 효과적으로 적용하는 방법을 구체적으로 설명합니다. 독자들은 이 책을 통해 실제 업무에 적용 가능한 방향성을 얻을 수 있을 것입니다. 따라서 테스팅 분야에서 AI를 활용하고자 하는 모든 분들께 강력히 추천합니다.

이창섭_ STA

이 책은 소프트웨어 테스팅 시 생성형 AI를 효과적으로 활용하는 방법을 체계적으로 소개한 실용적인 가이드입니다.
생성형 AI를 활용한 소프트웨어 테스팅 방법에 대해 고민하던 중, 이 책을 통해 기존 소프트웨어 테스팅 방식에서 벗어나, AI를 활용한 테스트 방법론을 배우게 되어 큰 도움이 되었습니다.
특히 소프트웨어 테스팅 분야에서의 구체적인 활용 사례와 실습 자료를 통해 AI를 활용한 업무 효율성과 정확성을 높이는 방법을 쉽고 재미있게 설명합니다.
또한, 저자의 오랜 연구와 경험이 담긴 깊이 있는 통찰과 실무 노하우로, 테스트 자동화, 결함 분석, 프롬프트 엔지니어링 등 다양한 기법을 상세히 다루고 있습니다.
실무자와 경영진 모두에게 AI 시대의 소프트웨어 테스팅에 대한 새로운 시각을 제공하며, 테스팅 방식의 혁신을 추구하는 모든 IT 전문가들에게 강력히 추천합니다.

정일석_ 리탈코

이 책은 프롬프트 사용에 대한 구체적인 예시와 이론을 제시하여 다른 프롬프트 엔지니어링 서적보다 내용이 충실하고 이해하기 쉽게 구성되어 있습니다. 중간중간 삽입된 인포그래픽은 설명을 더욱 직관적으로 만들어 개념 이해에 큰 도움을 줍니다.

특히, 실제로 생성형 AI에 입력하는 프롬프트를 제공하고 어떤 답변이 생성되는지를 예시로 보여주어 실용성을 높입니다. 생성형 AI의 응답 예시가 주를 이루는 실습 가이드는 실무에 바로 적용할 수 있어 매우 유용합니다. 이 책을 읽는 분들이 이 부분을 놓치지 않고 꼭 보셨으면 합니다.

이창현_ 하만커넥티드서비시즈인크

이 책은 생성형 AI라는 최신 트렌드를 명확히 제시한 훌륭한 지침서로, 초반부에서는 AI의 다양한 접근법과 멀티모달 모델을 이해하기 쉽게 설명합니다. 이를 토대로 소프트웨어 테스팅에 어떻게 실제로 적용할 수 있는지 구체적인 방법을 제시하고 있습니다.

중반부에서는 프롬프트 엔지니어링에 대한 내용을 다루며, 실무에서 바로 활용 가능한 구조와 기법들을 소개합니다. 현업에서의 고민을 정확히 파악하고 대안을 제시하는 부분이 특히 인상적이었습니다.

후반부로 갈수록 테스트 설계, 리그레션 테스트, 평가와 개선까지 이어지는 체계적이고 실용적인 접근법이 돋보입니다.

신간 「생성형 AI 업무 활용 정석 - 테스팅 업무 적용편」은 AI 도입을 고민하는 테스터라면 반드시 읽어봐야 할 책이라고 생각합니다.

윤진수_ 국민은행

개인적으로 ISTQB를 공부한 입장에서, 생성형 AI를 어디까지 적용할 수 있을지 궁금했는데 이 책이 그 부분을 잘 설명하고 있다는 느낌을 받았습니다. 기존 테스팅 업무의 자동화와 테스팅 품질 향상의 측면에서 실무적으로 활용할 수 있는 실습이 있어서 좋았습니다.

특히, 책의 내용을 기반으로 실무 교육이 이루어지고 자격증 시험과도 연계되어 있어 실제로 테스팅 업무를 하거나 관심을 가진 분들에게 큰 도움이 될 것 같습니다.

천희철_ STA

소프트웨어 테스트의 패러다임이 변화하고 있습니다. 인공지능 기반의 테스트 자동화는 더 이상 선택이 아닌 필수입니다. 이 책은 LLM(Large Language Model)을 활용하여 테스트케이스를 보다 효율적이고 정교하게 설계하는 방법을 심도 있게 다룹니다.

테스트케이스 작성은 단순 반복 작업에서 벗어나 AI를 활용한 자동 생성 및 최적화 단계로 발전하고 있습니다. 이 책에서는 LLM이 테스트 설계를 어떻게 지원할 수 있는지, 기존 방식과 비교했을 때 어떤 장점이 있는지를 상세히 설명합니다. 복잡한 시나리오를 AI가 자동으로 분석하고, 빠르고 정확한 테스트케이스를 생성하는 과정을 직접 경험할 수 있습니다.

이론적인 설명에 그치지 않고, 실제 프로젝트에서 AI 기반 테스트 기법이 어떻게 적용되는지 실무 사례를 통해 학습할 수 있습니다. 다양한 실습 예제를 제공하여, AI가 생성한 테스트케이스를 검증하고 조정하는 과정까지 직접 따라 해 볼 수 있습니다. 이를 통해 자동화된 테스트 설계를 효과적으로 활용하는 방법을 익힐 수 있습니다.

테스트 자동화의 최신 트렌드를 반영한 이 책은 소프트웨어 품질을 향상시키고자 하는 모든 개발자와 테스터에게 꼭 필요한 가이드가 될 것입니다. 반복적인 테스트케이스 작성에서 벗어나 AI를 활용한 최적화된 테스트 전략을 수립함으로써 더 높은 품질과 효율성을 확보할 수 있습니다.

LLM을 활용한 테스트케이스 작성 방법을 익히고, 보다 스마트한 테스트 전략을 구축해 보세요. 이 책은 테스터로의 성장을 원하는 모든 이들에게 필수적인 지침서가 될 것입니다.

박재현_ STA

AI가 테스트 케이스를 대신 만들어 준다면? 이 책은 LLM을 활용하여 쉽고 빠르게 테스트 케이스를 작성하는 것은 물론, 테스트 프로세스 전반의 테스트 활동을 기존과 다른 방식으로 자동화하는 방법을 알려줍니다. 실습 예제까지 포함되어 있어 따라 하기만 하면 누구나 AI 기반 테스팅을 시작할 수 있습니다!"

임동현_ STA

소프트웨어 테스팅에 생성형 AI를 효과적으로 활용하는 방법을 체계적으로 정리한 필독서입니다. 실무에서 바로 적용할 수 있는 유용한 내용이 가득합니다. 최신 트렌드와 실전 활용 사례까지 담겨있어 테스팅 효율을 높이고자 하는 모든 IT 전문가에게 추천합니다.

박정현_ STA

생성형 AI를 활용한 테스팅 실무의 새로운 기준을 제시하며, 테스팅계의 새로운 패러다임을 여는 책입니다.
프롬프트 엔지니어링부터 실무 적용까지, AI 시대에 테스터가 반드시 알아야 할 실전 지침서로 큰 도움이 되었습니다.

김은경_ STA

어려운 기술 용어 거의 없이, LLM이 어떻게 테스트 케이스를 생성하는지 쉽게 설명해줘서 누구나 따라 할 수 있는 것 같습니다.
특히 실제 사례와 실습 방법까지 꼼꼼하게 정리되어 있어서 쉽고 정확하게 수행하고 싶은 분들에게 추천합니다.

송홍진_ STA

급변하는 IT 환경 속, 소프트웨어 테스팅의 혁신을 제시하는 필독서! "생성형 AI 업무 활용 정석"은 AI를 활용한 실질적인 테스팅 적용 사례를 상세히 담았습니다. 이론과 실무를 아우르는 풍부한 예시를 통해, 생성형 AI를 테스팅 실무에 적용하는 방법을 제시합니다. 이 책은 테스팅 전문가뿐 아니라 개발자, 기획자에게도 AI 시대의 테스팅 전략을 제시하는 필수 지침서입니다. 미래 테스팅을 위한 통찰력과 실용적 지식을 얻고 싶은 모든 이에게 강력히 추천합니다.

김은희_ STA

생성형 AI는 SW 테스팅의 새로운 가능성을 열고 있습니다.
이 책은 AI를 활용한 테스트 케이스 생성, 결함 예측, 테스트 데이터 생성 등의 실무 적용법을 제시하며, 더욱 효율적인 품질 관리를 가능하게 합니다.
더 스마트한 SW 테스팅을 원한다면, 꼭 읽어야 할 책!

고원희_ STA

『생성형 AI 업무 활용 정석 - 테스팅 업무 적용편』은 AI 혁신이 소프트웨어 테스팅을 어떻게 변화시키는시 명확하게 보여주는 실전 가이드입니다. 이 책에는 반복적인 테스트 업무에서 벗어나 보다 창의적인 문제 해결에 집중할 수 있도록, 생성형 AI를 활용한 테스트 업무 자동화 전략과 실무 적용 사례가 풍부하게 담겨 있습니다. 특히, 단순한 이론서가 아닌 실질적인 인사이트를 제공한다는 점이 인상적입니다.

SW 테스터, QA 엔지니어뿐만 아니라, AI 기반 업무 혁신을 고민하는 모든 실무자들에게 이 책을 추천하며, 이 책을 통해 생성형 AI가 테스팅 프로세스를 어떻게 혁신하는지 경험해 보시길 바랍니다.

김민석_ STA

소프트웨어 테스팅에 생성형 AI를 접목하는 방법을 다룬 이 책은 실무자 관점에서 많은 도움이 됐습니다. AI에 대한 기본 개념부터 시작해 테스팅 과정에서 어떻게 활용할 수 있는지 실용적인 예시를 통해 설명해주어 이해하기 쉬웠습니다.

테스트 케이스 작성이나 자동화 구현 단계에서 AI를 활용하는 방법, 그리고 실제 프로젝트에 적용했을 때의 장단점을 균형 있게 다루고 있어 현실적인 활용 방안을 고민해볼 수 있었습니다.

특히 프롬프트 작성 기법과 AI 도구 선택 시 고려사항은 바로 적용해볼 수 있는 유용한 내용이었습니다. 테스팅 업무에 AI를 도입하고자 하는 실무자들에게 좋은 참고서가 될 것 같습니다.

원다애_ STA

이 책은 생성형 AI를 소프트웨어 테스팅에 실용적으로 적용하는 방법을 체계적으로 설명합니다. 테스트 정책 수립부터 케이스 생성 및 자동화 실행까지 구체적인 예시를 통해 입문자부터 경력자, IT조직 경영진까지 다양한 독자층을 아우릅니다. 생성형 AI가 가져올 생산성 향상과 혁신에 대한 비전은 독자들에게 큰 동기부여가 될 것입니다.

소프트웨어 테스팅 분야의 모든 분들께 이 책을 적극 추천합니다. 이는 AI 시대에 적응하고 미래를 선도할 수 있는 귀중한 통찰과 실용적인 지식을 제공할 것입니다.

※ 이 책이 집필되는 과정에서 나서서 귀한 시간 내 읽어주시고, 추천의 글을 흔쾌히 작성해 주신 분들께 진심으로 감사의 말씀 전합니다.

그리고, 책이 완성되기 전 베타 리뷰를 통해 먼저 읽고 다양한 개선 의견을 주셨던 분들께 마음을 담아 감사 드립니다. 베타 리뷰에 참여해 주셨는데 여기에 안계신 분이 계시면 제 불찰로 누락됐으니 넓은 아량으로 양해 부탁 드립니다. 존칭 없이 이름만 적음도 양해 부탁 드립니다. 다시 한번 감사 드립니다!

베타 리뷰, 시범 교육 등 집필 과정에 참여해 주신 분들

전은진, 김진형, 조현길, 박인권, 이주민, 나지훈, 강승원, 최영재, 이창섭, 박정현, 이영준, 김희선, 천희철, 박재현, 임동현, 김은경, 김종훈, 이준범, 김은희, 김종훈, 원다애, 김민석, 고원희, 권선이, 천호정, 이순미, 김미숙, 김민성, 김성민, 권성민, 김문구, 여윤정, 권요한, 김은혜, 정수진, 최훈찬, 황성삼, 김도현, 정일석, 김용호, 전익수, 윤희욱, 윤진수, 전혜진, 이장규, 김용환, 한소영, 이준명, 김대현, 원석연, 신동혁, 김택호, 이경형, 최혜경, 김정섭, 이규택, 오상진, 임우택, 유인경, 김효, 박종웅, 곽민성, 황금빛, 홍성호, 승영걸, 조항현, 홍기창, 정연철, 정은, 김두환, 허성훈, 이연숙

고개 숙여 감사 드립니다.

ISTQB 생성형 AI 활용(SW 테스팅 분야) 국제자격증의 의미와 가치

최근 인공지능 기술의 비약적인 발전으로 인해 다양한 산업 분야에서 생성형 AI를 활용하는 사례가 급증하고 있습니다. 이러한 변화에 발맞춰 국제 소프트웨어 테스팅 자격위원회인 ISTQB는 '생성형 AI 활용 테스팅 스페셜리스트' 국제 자격증을 신설하고 있습니다. 이 자격증은 생성형 AI를 소프트웨어(SW) 테스팅 업무에 효과적으로 적용할 수 있는 길을 열어줄 것으로 기대됩니다.

ISTQB 지식체계(생성형 AI 활용 테스팅)의 의의

1. 지식의 체계화
그동안 산발적으로 진행되어 오던 생성형 AI 활용 테스팅 시도들을 통합해 표준화된 하나의 지식체계로 제공합니다. 이를 통해 통합된 지식을 체계적으로 습득할 수 있어 전문성이 향상됩니다.

2. 학습 기회 제공
생성형 AI에 관심 있는 모든 이들이 동일한 지식 체계를 세계 공통 언어와 용어로 학습할 수 있는 기회를 제공합니다. 체계적인 커리큘럼을 통해 효율적으로 학습할 수 있어 시간과 노력을 절약할 수 있습니다.

3. 전문성 인증
글로벌 자격증 취득을 통해 개인의 역량을 공식적으로 인증 받을 수 있습니다. 이는 조직 내에서 전문가를 양성하고 인정받는 기반이 되어, 개인과 조직 모두의 성장을 도모합니다.

ISTQB 자격증(생성형 AI 활용 테스팅)의 기대 효과

1. 조직 차원의 테스팅 생산성 향상

생성형 AI를 활용한 체계적이고 효율적인 테스팅 방법론이 조직 내에 정착되어 전체적인 생산성을 높일 수 있습니다. 이를 통해 전사적 차원의 일관된 접근이 가능해집니다.

2. 공통 이해 기반 구축

동일한 지식과 용어의 사용으로 구성원 간의 원활한 의사소통이 가능해지며, 팀 간 협업의 효율성이 증대됩니다. 이는 프로젝트의 성공적인 수행과 기업의 경쟁력 강화에 필수 요소입니다.

3. 지속적인 발전 기반 마련

실무 경험과 이론적 지식이 선순환 구조를 형성해 SW 테스팅 분야에서의 생성형 AI 활용이 혁신적으로 가속화됩니다. 이를 통해 업계 전체의 발전에 기여하게 됩니다.

경영진에게

이 자격증의 도입과 활용은 현 조직의 경쟁력을 강화하고 생산성을 향상시키는 가장 효율적인 전략적 선택입니다. 생성형 AI를 활용한 SW 테스팅은 비용 절감과 품질 향상을 동시에 달성할 수 있는 가장 효과적인 방법입니다.

대학생 및 예비 IT 전문가에게

현재, 그리고 미래의 핵심 역량을 습득할 수 있는 소중한 기회가 될 것입니다. 생성형 AI와 SW 테스팅에 대한 지식을 쌓고, 이 두가지 핵심 역량을 통합해 활용할 줄 아는 것은 급변하는 IT 업계에서 경쟁력을 갖추는 데 선택이 아닌 필수가 될 것이기 때문입니다.

변화의 속도는 이제 우리의 상상을 초월합니다. 생성형 AI는 더 이상 선택지가 아니라, 도태되지 않기 위한 생존의 문제가 되어가고 있습니다. 이 책을 통해 생성형 AI를 효과적으로 활용하는 방법을 익히고, ISTQB 국제 자격증으로 그 능력을 입증하십시오. 그리하여, 정신없이 몰아치는 혁신과 변화의 바다를 가르는 강력한 돛을 달고 나아가기 바랍니다.

이 책에서 다루지 않은 내용에 대하여

이 책은 생성형 AI를 소프트웨어 테스팅 업무에 실무적으로 활용하는 것에 초점을 맞춰 집필되었습니다. 이에 따라 생성형 AI의 다양한 측면 중 일부 주제들을 이번 에디션에서는 다루지 않았습니다. 이 책의 내용을 실무에 활용 시 이 점을 감안해 주기 바랍니다.

이 책에서 다루지 않은 관련 주제들은 다음과 같습니다:

- 소프트웨어 테스팅에서 생성형 AI의 리스크 관리
    - 환각, 추론 오류 및 편향 관리
    - 데이터 프라이버시와 사이버 보안 리스크
    - AI 규제, 표준 및 베스트 프랙티스 프레임워크
    - 에너지 소비와 환경 영향

- LLM 기반 소프트웨어 테스팅 솔루션
    - LLM 기반 SW 테스팅 솔루션의 아키텍처 접근법
    - 생성형 AI 파인튜닝과 LLMOps

- 테스팅 조직에서 생성형 AI의 배포 및 통합
    - 생성형 AI 도입 로드맵
    - 생성형 AI 도입 시 변화 관리

이러한 주제들은 생성형 AI를 소프트웨어 테스팅 분야에 효과적으로 적용하기 위해 고려해야 할 중요한 요소들입니다. 향후 업데이트에서는 이런 내용을 적절한 수준에서 다룰 예정입니다.

※ 이 책의 마지막 부분(첨부 I 직전)에 있는 "생성형 AI와 프로젝트 밀착 협업 제안"은 이 책을 집필하는 시점에서 여러 제약 사항으로 인해 다루지 못한 부분입니다. 그러나 생성형 AI를 업무에 활용함에 있어서 앞으로 매우 중요한 내용이므로 잊지 말기 바랍니다.

PART I
소프트웨어 테스팅을 위한 생성형 AI 소개

1장 생성형 AI의 기초와 핵심 개념

2장 소프트웨어 테스팅에서 생성형 AI 활용하기:
     핵심 포인트

1장 생성형 AI의 기초와 핵심 개념

생성형 AI(Generative AI; GenAI)는 대규모로 사전에 학습된 모델을 사용하여 텍스트, 이미지, 코드 등 인간이 만들어내는 것과 유사한 출력을 생성하는 인공지능의 한 분야입니다. 초기의 기계 학습 기술에서 오늘날의 딥러닝(deep learning) 방법으로 발전함에 따라, AI 시스템이 복잡한 인간의 의사 소통 및 문제 해결 능력을 모방할 수 있게 되었습니다.

대형 언어 모델(LLM; Large Language Model)은 방대한 텍스트 데이터셋으로 사전 학습된 생성형 AI 모델입니다. 이를 통해 문맥을 이해하고, 관련 있는 응답을 생성하며, 프롬프트(prompt)를 통한 다양한 요청에 대응할 수 있습니다.

생성형 AI의 핵심 개념은 아래와 같습니다.

- 토크나이제이션(tokenization): 텍스트를 효율적으로 처리하기 위해 단위(token)로 분할하는 과정
- 컨텍스트 윈도우(context window): 한 번에 고려되는 정보의 양을 제한하여 관련성을 유지하는 기술
- 멀티모달 모델(multimodal model): 텍스트, 이미지, 오디오 등 여러 데이터 타입을 처리하여 풍부한 상호 작용을 가능하게 하는 모델

생성형 AI는 소프트웨어(SW) 테스팅 워크플로우 전반에 걸쳐 다음과 같이 활용됩니다.

- 테스트 케이스 및 스크립트 생성: 요구사항에 따른 다양한 테스트 케이스를 자동으로 생성
- 잠재적 결함 식별: 코드를 분석하여 발생 가능한 잠재 결함 예측
- 결함 패턴 분석: 과거의 결함 데이터를 분석하여 유사한 패턴 발견
- 합성 테스트 데이터 생성: 개인정보를 보호하면서 현실적인 테스트 데이터 생성
- 문서 생성 지원: 테스트 결과 보고서나 사용자 매뉴얼 등의 문서를 자동으로 작성

1.1 AI 스펙트럼: 심볼릭 AI, 고전적 머신러닝, 딥러닝, 생성형 AI

인공지능의 유형

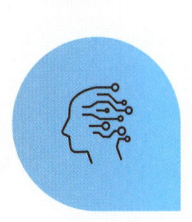

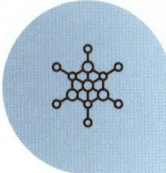

심볼릭 AI
규칙 기반 시스템을 사용하여 인간의 의사 결정 과정을 모방하는 AI.

고전적 머신러닝
데이터 중심 접근 방식으로 패턴 학습을 기반으로 하는 AI.

딥러닝
뉴럴 네트워크 구조를 사용하여 데이터로부터 자동으로 특징을 학습하는 기계 학습의 한 분야.

생성형 AI
학습된 데이터의 패턴을 기반으로 새로운 데이터를 생성하는 AI.

인공지능(AI; Artificial Intelligence)은 여러 가지 기술을 포괄하는 광범위한 분야이며, 각 기술은 고유한 문제 해결 방식을 가지고 있습니다. 주요 AI 유형은 다음과 같습니다.

참고 인공지능은 상호 배타적(mutually exclusive)으로 구분되지 않기 때문에 여기에서의 유형 구분은 명확하지 않은 부분이 존재합니다. 예를 들어, 고전적 머신러닝과 딥러닝은 물론, 딥러닝과 생성형 AI가 서로 중첩되는 부분이 있어 차이점이 확실하지 않습니다. 그럼에도 서로 구분되는 포인트가 있고, 이해의 편의를 위해 유형을 구분했다는 것을 감안하기 바랍니다.

1. 심볼릭 AI(Symbolic AI)

규칙 기반 시스템(rule-based system)을 사용하여 인간의 의사 결정 과정을 모방하는 AI.

- 지식을 심볼(symbol)과 논리적 규칙(logical rules)으로 표현.
- 결정 트리(decision tree), 전문가 시스템(expert system) 등이 포함됨.

장점	단점
• 규칙이 명확하여 해석이 쉬움 • 복잡한 논리 체계 구현 가능	• 규칙의 수가 많아지면 관리가 어려움 • 새로운 상황에 대한 적응력이 낮음

【예시】
- 재고 관리 시스템: 재고 수준에 따라 자동으로 주문을 생성하거나 중지하는 규칙을 설정.
- 할인 정책 적용: 특정 조건에 따라 할인 또는 프로모션을 적용하는 시스템.

2. 고전적 머신러닝(Classical Machine Learning)

데이터를 통한 패턴 학습을 기반으로 하는 데이터 중심 접근 방식의 AI.

- 데이터 준비, 특징 선택(feature selection), 모델 학습(model training) 과정 필요.
- 버그 분류나 소프트웨어의 문제점 예측 등의 업무에 사용될 수 있음
- 지도 학습(supervised learning), 비지도 학습(unsupervised learning), 강화 학습(reinforcement learning) 포함.

장점	단점
• 다양한 분야에서 적용 가능 • 예측 및 분류 작업에 효과적	• 대량의 라벨링된 데이터 필요 • 특징 선택에 전문 지식 요구

【예시】
- 고객 이탈 예측: 고객의 구매 이력과 활동을 분석하여 이탈 가능성 예측.
- 상품 추천 시스템: 고객의 선호도를 기반으로 맞춤형 상품 추천.

3. 딥러닝(Deep Learning)

뉴럴 네트워크(neural network)를 사용하여 데이터로부터 자동으로 특징을 학습하는 기계 학습의 한 분야.

- 이미지, 음성, 자연어 처리 등 대량의 데이터 세트에서 복잡한 패턴 인식과 다양한 데이터 타입 처리 가능
- 사용자 정의 특징 설계 불필요

장점	단점
• 높은 정확도 달성 가능 • 복잡한 문제 해결에 적합	• 학습에 많은 계산 자원 필요 • 해석 가능성이 낮음(블랙박스 문제)

【예시】
- 이미지 기반 상품 검색: 고객이 업로드한 이미지와 유사한 상품을 찾아줌.
- 챗봇 서비스: 자연스러운 대화를 통해 고객 문의에 대응.

4. 생성형 AI(Generative AI)

학습된 데이터의 패턴을 기반으로 새로운 데이터를 생성하는 AI.

- 대형 언어 모델(LLM; Large Language Model) 등을 활용
- 텍스트 생성, 코드 작성, 문제 해결 시뮬레이션 등 가능
- 기존 AI 시스템보다 더 창의적인 출력 생성

장점	단점
◦ 다양한 분야에서 창의적인 콘텐츠 생성 가능 ◦ 추가 학습 없이도 다양한 작업에 적용	◦ 출력의 정확성 검증 필요 ◦ 편향된 데이터로 인한 오류 가능성

【예시】
- 결제 오류 메시지 생성: 사용자 친화적인 오류 안내 메시지 작성.
- 상품 설명 자동 생성: 새로운 상품의 상세 페이지 내용 작성.
- 마케팅 카피 작성: 프로모션을 위한 이메일 또는 광고 문구 생성.

AI 유형별 비교

AI 유형	주요 특징	장점	단점
심볼릭 AI	규칙 기반, 명확한 로직	• 규칙이 명확하여 해석이 쉬움 • 복잡한 논리 체계 구현 가능	• 규칙의 수가 많아지면 관리가 어려움 • 새로운 상황에 대한 적응력 낮음
고전적 기계 학습	데이터 기반 패턴 학습, 특징 선택 필요	• 다양한 분야에서 적용 가능 • 예측 및 분류 작업에 효과적	• 대량의 라벨링된 데이터 필요 • 특징 선택에 전문 지식 요구
딥러닝	뉴럴 네트워크 활용, 대량 데이터 처리	• 높은 정확도 달성 가능 • 복잡한 문제 해결에 적합	• 학습에 많은 계산 자원 필요 • 해석 가능성이 낮음 (블랙박스 문제)
생성형 AI	새로운 데이터 생성, 대형 모델 활용	• 다양한 분야에서 창의적인 콘텐츠 생성 가능 • 추가 학습 없이도 다양한 작업에 적용	• 출력의 정확성 검증 필요 • 편향된 데이터로 인한 오류 가능성

AI는 각기 다른 강점과 한계를 가진 다양한 기술로 발전해 왔으며, 서로를 대체하기보다는 상호 보완적으로 활용됩니다. 특히 소프트웨어 테스팅에서 생성형 AI(GenAI)는 사전 학습된 모델을 활용해 추가 학습 없이도 테스팅 작업에 바로 적용할 수 있다는 점에서 큰 장점을 제공합니다.

1.2 생성형 AI와 대형 언어 모델의 기초

대형 언어 모델(LLMs, Large Language Models)은 책, 기사, 웹사이트 등 매우 큰 데이터셋으로 학습되는 생성형 AI 모델입니다. 이때 사용되는 AI 모델은 생성형 사전훈련 트랜스포머(Generative Pre-trained Transformer, GPT)라는 신경망 아키텍처 기반의 딥러닝 모델입니다.

소형 언어 모델(SLMs, Small Language Models)은 대형 언어 모델(LLMs)에 비해 더 적은 파라미터를 가진 컴팩트한 모델로, 경량화되고 특정한 분야에 집중된 생성형 AI(GenAI, Generative AI) 솔루션을 제공하도록 설계되었습니다.

멀티모달 대형 언어 모델(Multimodal LLMs)은 텍스트뿐만 아니라 이미지, 오디오, 비디오 등 다양한 유형의 콘텐츠를 동시에 처리하고 생성하여 더 복잡한 상호작용과 출력을 가능하게 합니다.

여기서 LLM은 이러한 하위 카테고리를 포괄하는 일반적인 용어로 사용됩니다.

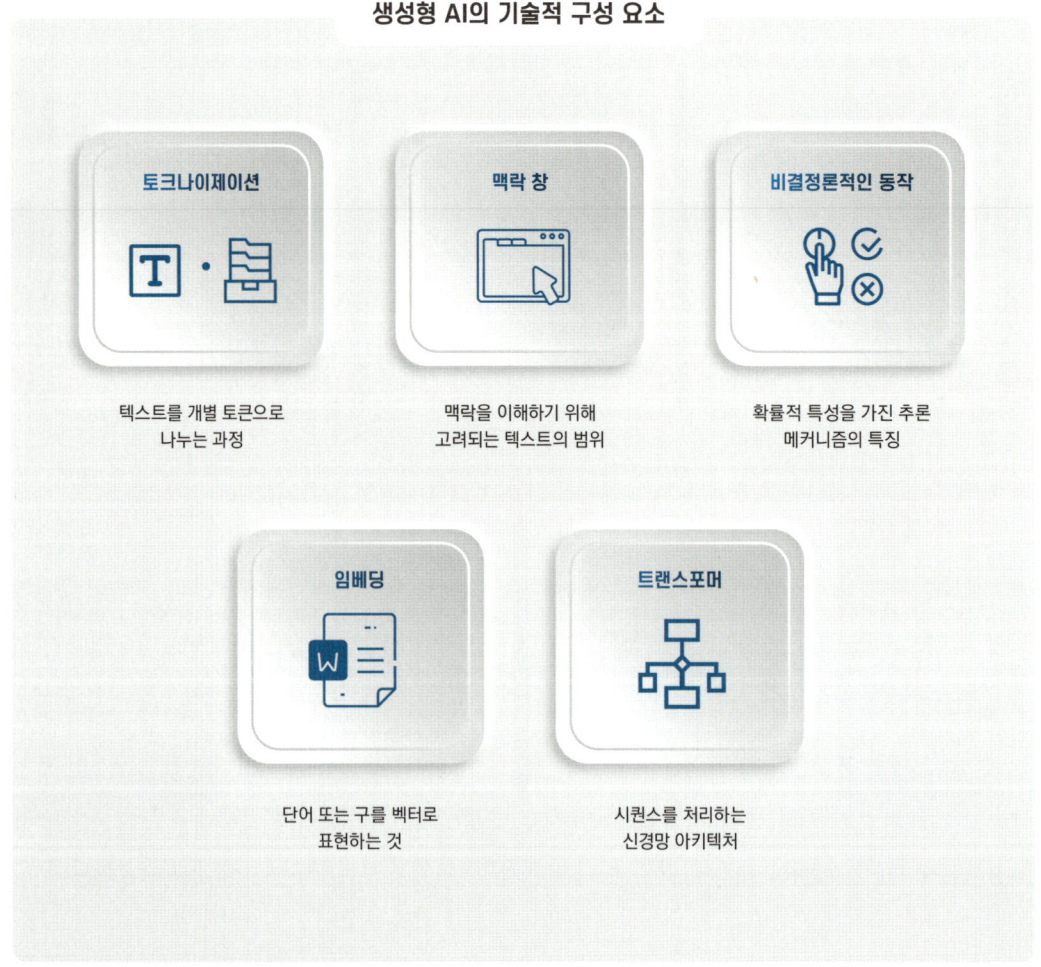

생성형 AI의 기술적 구성 요소

LLM은 언어의 뉘앙스와 토큰 간의 맥락 의존성을 처리하고 일관된 콘텐츠를 생성할 수 있습니다. LLM이 콘텐츠를 처리하고 생성하는 데 도움이 되는 두 가지 핵심 개념은 토크나이제이션(tokenization)과 임베딩(embedding)입니다. 이들은 언어를 모델이 효과적으로 처리할 수 있는 수학적인 형태로 변환합니다.

- 토크나이제이션(Tokenization)은 언어 모델에서 텍스트를 토큰(token)이라고 하는 더 작은 단위로 분해하는 과정입니다.
    - 토큰은 문자만큼 작을 수도 있고, 서브워드(sub-word)나 단어(word)만큼 클 수도 있습니다.
    - LLM이 문장을 처리할 때, 먼저 입력을 토큰화하여 각 토큰을 개별적으로 이해할 수 있게 하면서도 전체 맥락을 유지합니다.

  토크나이제이션은 LLM이 언어의 구조를 이해하고 처리하는 데 필수적입니다. 이를 통해 모델은 복잡한 문장도 효율적으로 분석할 수 있습니다. 예를 들어, 소프트웨어 테스팅 도메인에서 복잡한 오류 메시지를 토큰화하여 분석하면 더 정확한 자동화된 문제 진단이 가능합니다.

- 임베딩(Embedding)은 이러한 토큰의 의미를 모델이 작업할 수 있는 방식으로 포착하는 수치적 표현입니다.
    - 각 토큰은 고차원 공간에서의 위치를 나타내는 벡터(vector, 숫자의 리스트)로 변환됩니다.
    - 유사한 의미를 가진 토큰들은 서로 가까운 임베딩을 가지며, 이는 LLM이 단어 간의 관계를 이해하고 일관된 응답을 생성하는 데 도움이 됩니다.

  임베딩을 사용하면 의미적으로 관련된 단어나 문장이 공간적으로 가까워지므로, 모델이 유의어, 반의어 등의 관계를 파악하는 데 유용합니다. 소프트웨어 테스팅에서 테스트 케이스들의 임베딩을 비교하여 유사한 테스트 케이스를 식별하고 중복을 줄일 수 있습니다.

LLM은 트랜스포머(Transformer)라고 알려진 신경망 아키텍처를 활용합니다. 트랜스포머는 광범위한 텍스트 시퀀스의 맥락을 처리하고, 문장의 기본 구성 요소인 토큰들이 서로 어떻게 관련되는지 학습함으로써 언어 작업에서 뛰어난 성능을 발휘합니다.

추론 시, LLM은 학습된 관계를 활용하여 시퀀스에서 다음 토큰을 예측하고, 이를 통해 일관되고 맥락적으로 적절한 텍스트를 생성합니다. 트랜스포머 모델은 훈련 데이터와 프롬프트(prompt)를 기반으로 통계적으로 그럴듯한 새로운 텍스트를 생성하는 데 사용됩니다. 그러나 그럴듯하다는 것이 반드시 정확함을 의미하는 것은 아닙니다.

트랜스포머의 핵심 메커니즘은 셀프 어텐션(self-attention)으로, 이는 모델이 입력 시퀀스 내에서 단어 간의 관계를 포착할 수 있게 합니다. 이를 통해 긴 문장이나 문단도 효과적으로 처리할 수 있습니다. 소프트웨어 테스팅에서는 트랜스포머를 활용하여 로그 데이터에서 오류 패턴을 발견하거나, 자연어로 작성된 요구사항에서 테스트 케이스를 자동으로 생성할 수 있습니다.

LLM은 주로 추론 메커니즘의 확률적 성질로 인해 비결정론적인(non-deterministic) 동작을 보입니다. 이러한 고유한 무작위성은 동일한 입력이 여러 번 제공되더라도 출력에 변화를 일으킬 수 있습니다.

이는 LLM이 생성하는 응답이 항상 동일하지 않을 수 있음을 의미하며, 다양한 응답을 얻기 위해서는 유용하지만, 일관성이 필요한 소프트웨어 테스팅에서는 주의가 필요합니다. 예를 들어, 테스트 결과의 재현성을 확보하기 위해서는 모델의 설정을 고정하거나 시드(seed)를 설정하는 방법 등을 고려해야 합니다.

LLM 분야에서 맥락 창(context window)은 모델이 응답을 생성할 때 고려할 수 있는 이전 텍스트의 양을 의미하며, 토큰(token) 단위로 측정됩니다.

더 큰 맥락 창은 모델이 더 긴 구절에서도 일관성을 유지하도록 지원하기 때문에, 예를 들어 대용량 소프트웨어 로그를 분석할 때 유용합니다.

그러나 맥락 창에 포함되는 토큰 수를 늘리면 모델이 효과적으로 동작하는 데 필요한 계산 복잡도와 처리 시간도 증가합니다.

맥락 창의 크기는 모델의 성능과 자원 활용에 직접적인 영향을 미칩니다. 소프트웨어 테스팅에서 긴 문서나 다수의 테스트 케이스를 처리해야 하는 경우, 맥락 창이 충분히 커야 하지만, 이는 자원 소모를 증가시킬 수 있습니다. 따라서 필요한 작업에 따라 적절한 맥락 창 크기 선택과, 효율적인 프롬프트 설계가 중요할 수 있습니다.

실습 HO-1.2: 토크나이제이션과 토큰 수 평가 실습

이 실습은 토크나이제이션(Tokenization)과 토큰 수(Token Count)가 대형 언어 모델(LLM; Large Language Model)의 동작에 어떻게 영향을 미치는지 탐구하는 데 초점을 맞춥니다. 특히 소프트웨어 테스팅에서 이러한 개념을 이해하고 효과적으로 활용하는 방법을 배웁니다.

토크나이제이션
- 토크나이저(Tokenzier)를 사용하여 샘플 텍스트를 토큰화합니다.
- 다양한 구문이 어떻게 토큰으로 표현되는지 결과를 분석합니다.

토큰 수 평가
- LLM을 사용할 때 다양한 입력의 토큰 수가 영향을 미치는 방식을 측정합니다.

이 실습을 통해 다음을 습득합니다.
- 토크나이제이션과 토큰 수의 개념을 이해합니다.
- 소프트웨어 테스팅에서 LLM과 함께 이 개념들을 효과적으로 사용하는 방법을 배웁니다.

■ 상세한 실습 가이드는 첨부I(HO-1.2)에 있습니다.

1.3 LLM의 종류: 파운데이션 LLM, 명령어 튜닝 LLM, 추론 LLM

대형 언어 모델(LLM) 분야에서는 모델을 다양한 작업에 더 잘 맞게 향상시키기 위한 여러 훈련 방법과 전문화된 기법이 등장하고 있습니다. LLM은 크게 세 가지로 분류할 수 있습니다. 파운데이션 모델, 명령어 튜닝 모델, 그리고 추론 모델입니다.

1. 파운데이션 모델(Foundation models)

- 방대한 데이터셋으로 훈련된 대규모 생성형 인공지능(GenAI) 모델입니다.
  - 방대한 양의 텍스트, 이미지, 음성 데이터 등 대규모 데이터셋을 사용합니다.
- 이 모델들은 폭넓은 훈련을 통해 자연어 처리(NLP), 컴퓨터 비전(Computer Vision), 음성 인식(Speech Recognition) 등 여러 도메인에서 작업을 수행할 수 있습니다.
  - 예를 들어, 텍스트 요약, 이미지 분류, 음성 변환 등의 다양한 작업이 가능합니다.
- 파운데이션 모델은 특정 용도에 맞게 파인튜닝(fine-tuning)될 수 있는 다용도의 플랫폼 역할을 합니다. 파인튜닝은 파운데이션 모델에 추가적인 훈련 데이터를 제공하여 특정 작업에 맞게 모델을 세부 조정하는 과정입니다. 이를 통해 모델의 성능을 향상시킬 수 있습니다.

2. 명령어 튜닝 모델(Instruction-tuned models)

- 파운데이션 모델을 변형하여, 사용자의 명령이나 질문에 더 잘 반응하도록 최적화한 모델입니다.
  - 자연어로 된 명령이나 질문에 대해 더 정확하고 적절한 답변을 제공합니다.
- 파인튜닝 외에도 전문화된 훈련(specialized training)을 통해 사용자 지시를 정확하게 이해하고 응답하는 능력을 향상시켰습니다.
  - 이 훈련은 모델이 사용자의 프롬프트(prompt)에 대한 반응성을 향상시키는 데 초점을 맞춥니다.

예를 들어, 사용자가 "사용자 로그인 기능의 테스트 케이스를 작성해줘"라고 요청하면, 정확하고 상세한 테스트 케이스를 생성합니다.

3. 추론 모델(Reasoning models)

- 명령어 튜닝 모델을 기반으로 하여, 인간과 유사한 사고 과정을 모방하도록 향상시킨 모델입니다.
  - 연쇄적 사고(chain-of-thought reasoning)를 통해 복잡한 문제를 단계별로 해결합니다.
- 논리적 추론(logical inference), 문제 해결(problem-solving), 의사 결정(decision-making)과 같은 고차원적인 작업을 수행하도록 훈련됩니다.
  - 여러 데이터 소스를 통합하고, 단계별 추론을 수행하며, 맥락을 깊이 있게 이해합니다.

추론 모델은 복잡하고 다단계적인 문제를 해결하는 데 유용하며, 소프트웨어 테스팅에서 발생하는 복잡한 버그의 원인을 찾아내거나 시스템의 동작을 분석하는 데 활용될 수 있습니다.

현재 생성형 AI를 활용한 소프트웨어 테스팅에서는 명령어 튜닝 모델(종종 비추론 모델이라고도 함)과 추론 모델이 모두 사용되고 있습니다. 어떤 모델을 선택할지는 테스팅 작업의 맥락과 특성에 따라 달라집니다.

예를 들어, 단순히 테스트 스크립트를 생성하는 작업에는 명령어 튜닝 모델이 적합할 수 있지만, 시스템의 복잡한 동작을 예측하거나 분석하는 다단계의 추론이 필요한 작업에는 추론 모델이 더 적합합니다.

1.4 멀티모달 LLM과 비전 - 언어 모델

현대의 대형 언어 모델(LLM)은 텍스트뿐만 아니라 다양한 형태의 데이터를 처리할 수 있도록 발전하고 있습니다. 이러한 멀티모달 LLM은 전통적인 트랜스포머(Transformer) 모델을 확장하여 여러 종류의 데이터를 다룹니다.

1. 멀티모달 LLM

멀티모달 LLM의 특징

- 텍스트, 이미지, 소리, 비디오 등 다양한 데이터 형식을 처리할 수 있습니다.
  - 이를 통해 모델이 인간과 유사한 방식으로 세상을 이해할 수 있게 됩니다.
- 방대하고 다양한 데이터셋으로 훈련되어 서로 다른 유형의 데이터 간의 관계를 학습합니다.
  - 예를 들어, 이미지와 그에 해당하는 설명 텍스트 간의 연관성을 이해합니다.
- 각 데이터 유형에 맞게 토크나이제이션(tokenization)이 조정됩니다.
  - 이미지 처리 예시: 이미지는 트랜스포머 프레임워크에서 처리되기 전에 비전 모델(vision model)을 사용하여 임베딩(embedding)으로 변환됩니다.

*임베딩은 이미지를 수치 벡터로 변환하는 과정으로, 이를 통해 이미지 데이터를 모델이 이해할 수 있습니다.

2. 비전-언어 모델(Vision-Language models)

- 멀티모달 LLM의 한 종류로, 시각 정보와 텍스트 정보를 통합하여 작업을 수행합니다.
  - 이미지 설명 생성(image captioning): 이미지에 대한 설명 문장을 생성합니다.
  - 시각적 질의 응답(visual question answering): 이미지에 대한 질문에 답변합니다.
  - 일관성 분석: 텍스트 설명과 이미지가 서로 일치하는지 검증합니다.

비전-언어 모델은 시각 정보와 텍스트 정보를 동시에 활용할 수 있어, 멀티미디어 데이터의 복합적인 이해와 처리가 가능합니다.

3. 멀티모달 LLM과 소프트웨어 테스팅

멀티모달 LLM과 비전-언어 모델은 소프트웨어 테스팅에서 다음과 같이 활용됩니다.

1) 애플리케이션의 시각적 요소 분석
- 스크린샷(screenshot), GUI 와이어프레임(GUI wireframe) 등의 시각적 요소를 버그 보고서(bug report), 사용자 스토리(user story)와 같은 관련 텍스트 설명과 함께 분석합니다.
- 이를 통해 예상되는 동작(예: 인수 기준(acceptance criteria))과 시각적 요소 간의 불일치를 찾아냅니다.
  【예시】 GUI 디자인이 요구사항을 충족하는지 자동으로 확인할 수 있습니다.

2) 풍부하고 현실적인 테스트 시나리오 생성
- 텍스트 데이터와 시각적 단서를 모두 포함하는 테스트 시나리오를 생성합니다.
- 이를 통해 전체적인 테스트 커버리지(test coverage)를 향상시킬 수 있습니다.
  사용자 인터페이스의 다양한 상태를 시뮬레이션하여 테스트 케이스를 생성함으로써, 더 많은 버그를 사전에 발견할 수 있습니다.

3) 추가적인 활용 방안:
- 시각적 리그레션 테스트(Visual Regression Testing): 이전 버전과의 UI 변경 사항을 비교하여 의도하지 않은 변경을 감지합니다.
- 접근성 테스트(Accessibility Testing): 화면의 시각적 요소가 접근성 기준에 부합하는지 확인합니다.
- 자동화된 문서화: 애플리케이션의 화면을 분석하여 자동으로 사용자 관점의 테스트 케이스나 사용자 매뉴얼, 사용 가이드 등을 자동으로 생성합니다.

멀티모달 LLM과 비전-언어 모델의 도입으로 소프트웨어 테스팅 분야는 혁신적인 변화를 맞이하고 있습니다. 이들 모델은 시각적 요소와 텍스트 정보를 통합하여 더욱 정교하고 포괄적인 테스트를 가능하게 합니다.

테스터와 테스트 매니저는 이러한 기술을 활용하여 테스트 과정을 효율화하고 제품 품질을 높일 수 있습니다. 앞으로의 소프트웨어 테스팅은 단순한 기능 검증을 넘어, 사용자 경험(UX)을 포함한 전체적인 품질 향상을 목표로 합니다. 멀티모달 LLM과 비전-언어 모델은 이러한 목표를 달성하는 데 핵심적인 역할을 할 것입니다.

실습 HO-1.4: 멀티모달 LLM 모델을 위한 프롬프트 작성 및 실행

이 실습에서는 텍스트와 이미지 입력을 모두 사용하여 소프트웨어 테스팅 과제를 해결하기 위해, 멀티모달 대형 언어 모델(LLM)을 대상으로 프롬프트를 작성하고 실행합니다.

실습은 두 단계로 진행됩니다.
1. 입력 준비
    - 관련 있는 이미지를 선택합니다. (예: GUI의 와이어프레임)
    - 해당되는 텍스트 입력을 선택합니다. (예: 사용자 스토리)
    - 그런 다음, 프롬프트(prompt)를 작성합니다.
2. 프롬프트 실행 및 결과 검증
    - 멀티모달 LLM을 사용하여 이미지와 텍스트를 동시에 입력합니다.
    - 모델이 이러한 다양한 입력을 어떻게 처리하는지 관찰합니다.

이 실습을 통해 다음을 습득합니다.
- 텍스트와 이미지 입력을 모두 사용하여 소프트웨어를 테스트할 때 멀티모달 LLM을 어떻게 활용하는지 학습
- 이러한 접근 방식의 이점과 잠재적인 도전 과제 이해

■ 상세한 실습 가이드는 첨부I(HO-1.4)에 있습니다.

2장 소프트웨어 테스팅에서 생성형 AI 활용하기: 핵심 포인트

생성형 AI(Generative AI; GenAI), 특히 대형 언어 모델(LLM; Large Language Models)은 다양한 소프트웨어(SW) 테스팅 활동에서 혁신적인 기능을 제공합니다. LLM은 자연어와 코드를 처리하여 일관성 있는 텍스트나 코드를 생성하고, 질문에 답변하며, 정보를 요약하고, 언어를 번역하고, 멀티모달(multimodal) 환경에서 이미지를 분석하는 데 뛰어납니다. 이러한 기능은 소프트웨어 테스팅 워크플로우를 개선하는 데 효과적으로 활용될 수 있습니다.

소프트웨어 테스팅 전문가는 테스터, 테스트 매니저, 테스트 분석가, 기술 테스트 분석가, 테스트 엔지니어, 테스트 자동화 엔지니어 등 다양한 역할에서 GenAI를 활용할 수 있습니다. 이들은 소프트웨어 테스팅 워크플로우에서 생성형 AI를 활용하여 다음과 같은 작업을 수행할 수 있습니다.

- 요구사항 분석 및 개선
- 테스트 케이스 생성 지원
- 테스트 데이터 생성
- 테스트 자동화 지원
- 테스트 결과 분석
- 문서 작성 지원

또한 이들은 아래의 두 가지 상호 보완적인 방식으로 GenAI를 활용할 수 있습니다.

- GenAI 챗봇(chatbot)을 통해 즉각적인 질문에 대한 응답 수신
- 테스팅 도구에 통합된 LLM 기반 솔루션 활용

이러한 접근 방식은 테스팅 프로세스의 속도와 품질을 향상시키는 데 도움이 됩니다. 예를 들어, 테스터는 생성형 AI 챗봇을 통해 테스트 케이스 생성에 대한 아이디어를 즉시 얻을 수 있고, 테스트 자동화 엔지니어는 LLM이 통합된 도구를 사용하여 복잡한 스크립트를 더 빠르게 작성할 수 있습니다.

2.1 테스팅 작업을 위한 주요 LLM 기능

생성형 AI(GenAI)는 소프트웨어(SW) 테스팅의 다양한 활동에서 중요한 역할을 합니다. 특히 대형 언어 모델(LLM)은 다양한 기능을 통해 테스팅 프로세스를 향상시키는 데 도움을 줍니다.

먼저 LLM은 사양서(specification), 요구사항, 스크린샷, 코드, 테스트 케이스, 버그 보고서 등 다양한 테스트 기반 자료(test basis)를 해석할 수 있어, 테스팅 프로세스 전반에 필요한 정보를 이해하고 명확하게 파악할 수 있습니다.

또한 LLM은 다음과 같은 테스트 생성 및 요약 작업을 수행하여 테스팅의 효율성을 높입니다.

- 테스트 조건(test conditions), 테스트 케이스, 테스트 스크립트(test scripts) 생성
- 진행 보고서(progress reports)와 편차(deviations) 요약

이를 통해 실행 중인 테스트의 커버리지(coverage)를 평가하고 부족한 부분을 보완하여, 소프트웨어 테스팅에 투입되는 노력을 최적화하고 테스트 실행의 가치를 높일 수 있습니다.

아래는 소프트웨어 테스팅과 관련된 주요 LLM 기능입니다.

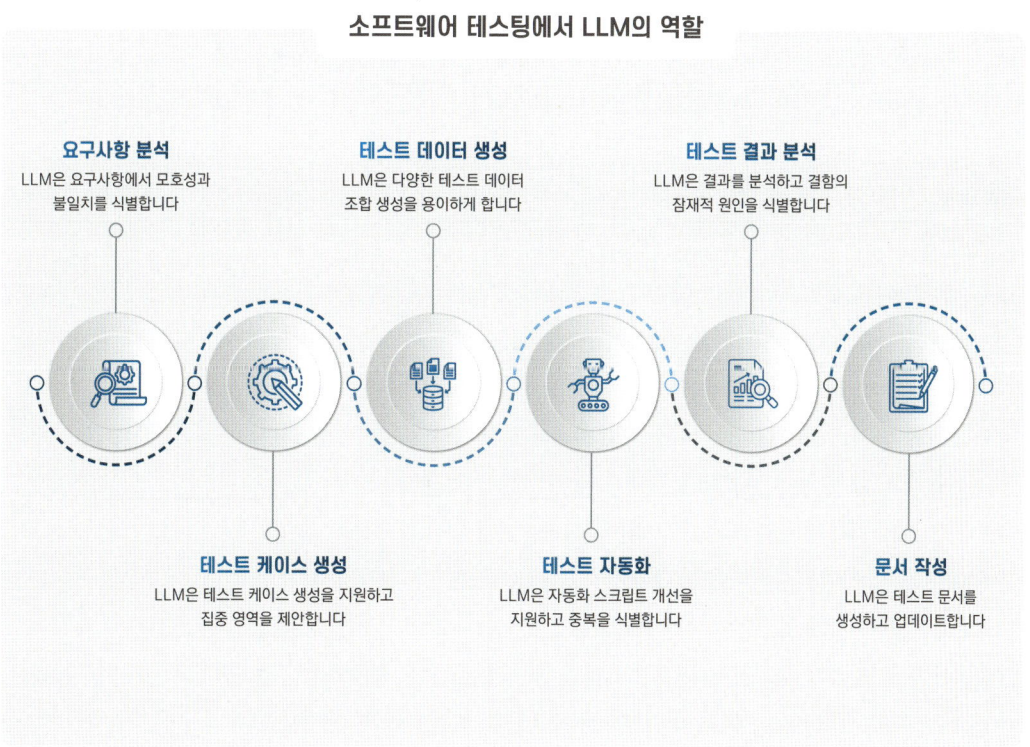

소프트웨어 테스팅에서 LLM의 역할

1. 요구사항 분석 및 개선

LLM은 요구사항을 분석하여 모호성(ambiguities), 불일치(inconsistencies) 또는 누락된 정보(missing information)를 식별하는 데 도움을 줍니다. 또한 이해 관계자(stakeholders)와의 논의를 위해 의미 있는 질문을 생성하여 요구사항을 더욱 명확하게 할 수 있습니다.

【예시】 이커머스 웹사이트의 새로운 결제 시스템을 개발 중입니다. 요구사항 문서에는 "사용자는 다양한 결제 옵션을 통해 결제할 수 있어야 한다"라고 기술되어 있습니다.
- LLM을 사용하여 요구사항을 분석하면 다음과 같은 모호성을 발견할 수 있습니다:
  - "다양한 결제 옵션"이 구체적으로 무엇인지 명확하지 않습니다."
  - 어떤 결제 수단을 지원해야 하는지, 예를 들어 신용카드, PayPal, 모바일 결제 등이 포함되는지 확인이 필요합니다.
- LLM은 이러한 모호성을 기반으로 다음과 같은 질문을 생성합니다:
  - "지원해야 하는 결제 옵션의 구체적인 목록은 무엇인가요?"
  - "각 결제 옵션별로 특정한 요구사항이나 제한사항이 있나요?"
- 이러한 질문을 통해 요구사항을 더욱 명확하게 하고, 이후의 개발 및 테스팅 과정에서 발생할 수 있는 혼선을 미리 방지할 수 있습니다.

2. 테스트 케이스 생성 지원

LLM은 시스템 요구사항, 사용자 스토리(user stories) 또는 기타 테스트 기반 자료(테스트 베이시스, test basis)를 토대로 테스트 케이스를 생성하고, 테스트를 집중할 영역(test focuses)을 제안하여 테스팅의 효과성과 효율성을 높입니다.

【예시 1】 "사용자는 상품을 장바구니에 추가하고, 수량을 변경한 후 결제할 수 있어야 한다"는 사용자 스토리가 있습니다.
- LLM에게 이 사용자 스토리를 입력하고, 관련된 테스트 케이스를 생성하도록 요청합니다.
- LLM은 다음과 같은 테스트 케이스를 제안합니다:
  - 테스트 케이스 1: 상품을 장바구니에 추가하고 수량을 1개에서 5개로 변경한 후 결제를 진행한다.
    기대 결과: 총 금액이 올바르게 계산되고 결제가 정상적으로 완료된다.
  - 테스트 케이스 2: 수량을 최대 허용 수량 이상으로 설정해 본다.
    기대 결과: 사용자에게 적절한 오류 메시지가 표시된다.
- 테스트 커버리지를 향상시키고 중요한 시나리오를 놓치지 않도록 합니다.

【예시 2】 주문 취소 기능에 대한 사용자 스토리를 기반으로 LLM을 활용하면 정상적인 주문 취소, 이미 배송된 주문의 취소 시도, 부분 취소 등 다양한 시나리오의 테스트 케이스를 생성할 수 있습니다.

3. 테스트 데이터 생성

LLM은 대규모 데이터셋을 생성하고, 경계값(boundary)를 설정하며, 다양한 조합의 테스트 데이터를 생성하는 데 도움을 줍니다. 이를 통해 다양한 시나리오를 검증할 수 있습니다.

【예시】 회원 가입 기능을 테스트하기 위해 다양한 사용자 정보를 입력해야 합니다.
- LLM에게 현실적인 사용자 프로필 데이터를 생성하도록 요청합니다.
- 예를 들어, 이름, 이메일, 전화번호, 주소 등이 다양한 국가와 언어로 생성됩니다.
- 경계 값을 설정하여 나이 제한(예: 만 18세 미만 또는 100세 이상) 등의 테스트 데이터도 생성할 수 있습니다.
- 현실적이고 다양한 테스트 데이터를 통해 더 많은 결함을 발견하고 제품의 안정성을 높일 수 있습니다.

4. 테스트 자동화 지원

LLM은 자동화된 테스팅을 더욱 효율적/효과적으로 만들기 위해 다음과 같은 지원을 제공합니다.

- 기존 테스트 자동화 스크립트의 변경 사항 탐지 및 제시
- 적절한 테스트 설계 패턴(test design patterns) 식별을 통한 스크립트 개선
- 다양한 자동화 프레임워크용 스크립트 생성
- 중복된 스크립트 식별 및 제거

【예시】 Selenium을 사용하여 결제 프로세스의 자동화 스크립트를 작성하고 있습니다.
- LLM에게 기존의 자동화 스크립트를 제공하고 개선점을 제안하도록 요청합니다.
- LLM은 코드에서 중복되는 부분을 식별하고, 리팩토링(refactoring)하여 더 효율적인 코드 구조를 제안합니다.
- 또한 다른 자동화 프레임워크(예: Cypress, Appium 등)를 사용하기 위해 스크립트를 변환하는 데 도움을 줄 수 있습니다.

5. 테스트 결과 분석

LLM은 테스트 결과를 분석하여 요약을 생성하고, 결함의 잠재적인 원인을 식별하며, 결함을 심각도(severity)와 영향도(impact)에 따라 분류할 수 있습니다. 이를 통해 테스터는 문제를 깊이 이해하고 해결책의 우선순위를 정하는 데 도움을 받을 수 있습니다.

【예시】 배포 전 최종 테스트에서 여러 결함이 발견되었습니다.
- 각 버그 리포트를 LLM에게 입력하고, 결함의 원인과 영향을 분석하도록 요청합니다.
- LLM은 다음과 같이 분석합니다:
  - 결함 1: 결제 페이지에서 오류가 발생함.
    - 원인: 특정 결제 옵션에서의 API 호출 실패.

- 심각도: 높음.
- 영향도: 높음(구매 불가로 매출 손실 발생)
◦ 결함 2: 상품 이미지가 모바일 화면에서 제대로 표시되지 않음.
- 원인: 반응형 디자인 미흡.
- 심각도: 중간.
- 영향도: 높음(사용자 경험 저하)

6. 문서 작성 지원

LLM은 테스트 계획(test plans), 테스트 보고서(test reports), 기타 관련 문서를 생성하고, 프로젝트 진행 상황에 따라 업데이트할 수 있습니다.

【예시】 새로운 기능 출시를 위한 테스트 계획을 수립해야 합니다.
- 프로젝트의 개요와 주요 기능 목록을 LLM에게 제공하고, 테스트 계획 초안을 생성하도록 요청합니다.
- LLM은 테스트 범위, 일정, 자원 할당, 리스크 요소 등을 포함한 테스트 계획을 작성합니다.
- 프로젝트 진행에 따라 변경 사항이 발생하면 업데이트된 정보를 제공하여 문서를 최신 상태로 유지합니다.
- 문서화에 소요되는 시간을 절약하고, 팀원들과의 효과적인 커뮤니케이션을 지원합니다.

LLM의 추가적인 기능:

- [버그 예측 및 예방] LLM은 과거 데이터와 패턴을 분석하여 잠재적인 결함을 예측하고 예방 조치를 제안할 수 있습니다.
- [리그레션 테스트 대상 선정] 예시: 새로운 프로모션 코드 적용 기능이 추가되었을 때, LLM은 이 기능이 장바구니 및 결제 과정에 영향을 미칠 수 있음을 파악하여 관련된 기존 기능에 대한 리그레션 테스트를 수행하도록 제안합니다.
- [교육 및 지식 공유] LLM은 새로운 팀원에게 필요한 지식을 전달하고 교육 자료를 생성하는 데 도움을 줍니다.
- [현지화 및 다국어 테스트 지원] LLM의 언어 번역 능력을 활용하여 다국어 지원에 대한 테스트를 수행할 수 있습니다.

이러한 기능들은 LLM이 소프트웨어 테스팅의 다양한 측면, 즉 테스트 계획 수립, 테스트 설계 및 실행, 테스트 프로세스 유지 및 개선에 어떻게 기여할 수 있는지를 보여줍니다.
LLM은 테스터와 테스트 매니저 등에게 강력한 도구가 될 수 있습니다. LLM의 활용은 테스트 종사자가 반복적이고 시간이 많이 소요되는 작업에서 벗어나 보다 전략적인 테스팅 활동에 집중할 수 있도록 도와줍니다.

2.2 테스팅을 위한 AI 챗봇과 LLM 기반 테스팅 애플리케이션

생성형 AI(GenAI)는 소프트웨어(SW) 테스팅을 지원하기 위해 두 가지 주요 상호작용 모델을 제공합니다.

- AI 챗봇(AI Chatbots)
- 테스팅 도구와 워크플로우에 통합된 LLM 기반 테스팅 애플리케이션

이 두 접근 방식은 모두 테스터를 지원하지만, 목적과 유연성 측면에서 차이가 있습니다. AI 챗봇은 대화형 인터페이스를 통해 테스터가 인공지능과 직접 소통할 수 있게 해주며, LLM 기반 애플리케이션은 기존의 테스팅 도구에 AI 기능을 통합하여 보다 전문화된 업무를 지원합니다.

1. AI 챗봇(AI Chatbots)

1) 직관적인 인터페이스 제공

- 테스터들은 AI 챗봇을 통해 대형 언어 모델(LLM)과 대화형으로 상호 작용할 수 있습니다.
- 자연어로 질문이나 요청을 입력하면 즉각적인 응답을 받을 수 있습니다.

【예시 1】 테스터가 "장바구니에 상품을 추가했는데 총액이 갱신되지 않는 현상을 어떻게 테스트할 수 있을까요?"라고 챗봇에 질문하면, 챗봇은 해당 현상을 검증하기 위한 테스트 시나리오와 고려해야 할 요소들을 안내해 줍니다.

【예시 2】 테스터가 AI 챗봇에게 "신규 프로모션 코드 적용 시나리오에 대한 테스트 케이스를 생성해줘."라고 요청합니다. AI 챗봇은 다양한 테스트 케이스를 즉각적으로 제공합니다. 예: 유효한 코드 적용, 만료된 코드 적용, 이미 사용된 코드 적용 등.

2) 캐스케이딩 프롬프트(cascading prompts)를 통한 반복적 개선

- 테스터는 초기 응답을 기반으로 추가 질문이나 지시를 이어나가며 원하는 결과를 점진적으로 구체화하고 개선할 수 있습니다.
  【예시】
    1. 테스터: "상품 검색 기능의 테스트 케이스를 만들어 주세요."
    2. 챗봇: "상품명으로 검색, 카테고리로 검색, 가격 범위로 검색 등의 케이스를 생성했습니다."
    3. 테스터: "사용자 리뷰 평점으로 필터링하는 케이스도 추가해 주세요."
    4. 챗봇: "네, 리뷰 평점으로 필터링하는 테스트 케이스를 추가했습니다."

이러한 상호 작용은 비정형적이고 일상적인 테스팅 업무에 적합하며, 별도의 복잡한 설정 없이도 필요한 정보를 빠르게 얻을 수 있습니다. 예를 들어, 테스트 중 발생한 에러 메시지를 챗봇에 입력하여 가능한 원인과 해결 방법을 즉시 받아볼 수 있습니다.

2. LLM 기반 테스팅 애플리케이션(LLM-Powered Testing Applications)

LLM 기반 테스팅 애플리케이션은 LLM API를 통해 특정 테스팅 작업을 수행하며, 더 큰 유연성과 구성 가능성을 제공합니다.

- 테스팅 조직과 도구 공급업체는 LLM 기능을 테스팅 도구와 워크플로우에 직접 통합할 수 있습니다.
- 특정 테스팅 작업에 대한 맞춤형 솔루션을 만들 수 있으며, 복잡한 프로젝트에서 AI 활용을 확대하는 데 효과적입니다.
- 테스팅 프로세스의 자동화와 효율성 향상에 기여합니다.

    【예시】 대형 이커머스 기업은 매일 수천 건의 주문 처리를 테스트해야 합니다.
    - [LLM 기반 애플리케이션 활용] 기업은 자체적인 테스팅 도구에 LLM을 통합하여 주문 처리 시나리오를 자동으로 생성하고 실행합니다.
    - LLM은 다양한 결제 방식, 배송 옵션, 할인 적용 등의 복합적인 시나리오를 만들어냅니다.
    - 테스트 결과를 분석하여 오류를 감지하고 보고서를 생성합니다.
    - 대규모 테스트를 자동화하여 인적 자원을 절감하고, 테스트 품질을 향상시킵니다.

LLM 기반 애플리케이션은 조직의 필요에 맞게 커스터마이징되어 복잡한 테스팅 과제를 효율적으로 처리할 수 있게 합니다.

두 가지 상호작용 모델의 주요 차이점은 다음 표와 같습니다.

비교 항목	AI 챗봇	LLM 기반 테스팅 애플리케이션
사용 방식	대화형 인터페이스를 통한 직접 상호작용	테스팅 도구나 워크플로우에 AI 기능을 통합
주요 기능	빠른 응답 및 제안, 비정형적 작업에 적합	특정 테스팅 작업의 자동화, 맞춤형 솔루션 제공
유연성	높은 유연성, 즉각적인 요청 처리 가능	고도화된 설정 및 구성 가능, 대규모 적용에 효과적
적용 사례	테스트 아이디어 브레인스토밍, 간단한 정보 조회	대규모 테스트 스위트 관리, 자동화 스크립트 생성
기술 요구 사항	별도의 기술 지식 불필요	LLM API 활용을 위한 기술적 지식 필요

각각의 접근 방식은 상호 보완적이며, 상황과 필요에 따라 선택하여 사용할 수 있습니다.

3. 성공적인 생성형 AI 적용을 위한 공통 요소

두 가지 상호작용 모델 모두에서 프롬프트 엔지니어링(prompt engineering)은 GenAI를 성공적으로 업무에 활용하는데 필요한 핵심 요소입니다.

- 정교한 프롬프트와 명확한 지침은 LLM의 출력이 특정 테스트 목적에 적합하도록 보장합니다.
- 올바른 프롬프트 작성은 GenAI의 효율성을 극대화하고, 잘못된 결과를 방지합니다.

【예시】테스터가 AI 챗봇에 "로그인 페이지를 테스트할 때 주의할 점이 뭐야?"라고 질문합니다.
- 개선된 프롬프트: "이커머스 웹사이트의 로그인 페이지에서 보안 및 유효성 검사를 위한 테스트 케이스를 생성해줘."
- 구체적이고 명확한 프롬프트를 통해 챗봇은 보안 관련 테스트 케이스(예: SQL 인젝션 시도, 약한 비밀번호 입력 등)를 제공할 수 있습니다.

프롬프트 엔지니어링은 AI를 효과적으로 활용하기 위한 핵심 기술로, 테스터는 명확하고 구체적인 요청을 통해 원하는 결과를 얻을 수 있습니다.

핸즈온 데모 HO-2.2: AI 챗봇과 LLM 기반 테스팅 애플리케이션의 차이점 인식하기

이 데모에서는 소프트웨어 테스팅에서 AI 챗봇(AI Chatbots)과 LLM 기반 테스팅 애플리케이션(LLM-Powered Testing Applications)의 역할에 따른 차이점을 보여줍니다.

목적: AI 챗봇과 LLM 기반 테스팅 애플리케이션의 기능과 적용 방식을 이해합니다.

이 데모는 실무에서 이 두 가지 도구를 어떻게 활용할 수 있는지 구체적으로 제시해, 테스터와 테스트 매니저가 상황에 맞는 도구를 선택하도록 지원하고, 이를 효과적으로 사용할 수 있도록 도와줍니다.

■ 상세한 데모 가이드는 첨부I(HO-2.2)에 있습니다.

PART II
효과적인 소프트웨어 테스팅을 위한 생성형 AI 활용

3장 효과적인 프롬프트 개발
     - 프롬프트 구조 및 기법

4장 테스팅 업무 별 생성형 AI 활용 방안 및 사례

5장 테스트 작업에 대한 생성형 AI 결과 평가
     및 프롬프트 개선

3장 효과적인 프롬프트 개발 - 프롬프트 구조 및 기법

효과적인 프롬프트 설계는 생성형 AI(Generative AI; GenAI) 도구가 소프트웨어 테스팅 작업을 정확하고 효율적으로 수행하도록 보장하는 데 도움이 됩니다. 구조화된 프롬프트는 다양한 구성 요소로 이루어져 있으며, 이러한 각 구성 요소는 프롬프트를 명확하고 정확하게 만들어 줍니다. 이는 대형 언어 모델(LLM; Large Language Model)에게 사용자의 요구사항과 기대치를 효과적으로 전달하는 데 도움이 됩니다.

프롬프트를 체계적으로 구성하면 GenAI가 제공된 요청을 보다 잘 이해하고 정확한 응답을 제공할 수 있습니다.

프롬프트 체이닝(prompt chaining), 퓨샷 프롬프팅(few-shot prompting), 메타 프롬프팅(meta prompting)과 같은 프롬프트 엔지니어링 기법(prompt engineering techniques)은 프롬프트의 효과를 향상시킵니다. 이러한 다양한 기법은 복잡한 소프트웨어 테스팅 과제를 해결하는 데 도움이 됩니다.

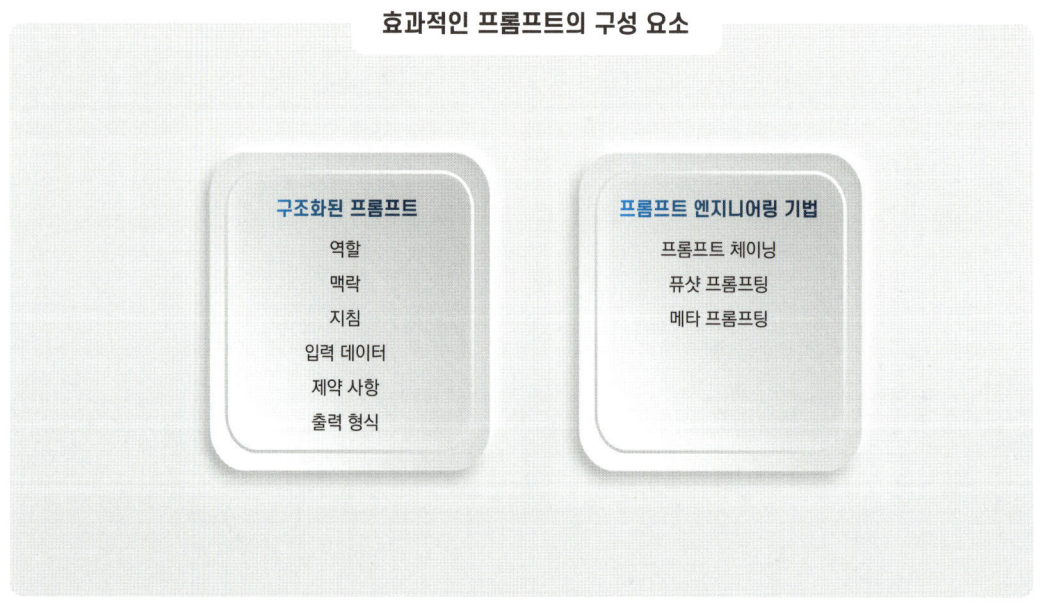

효과적인 프롬프트의 구성 요소

이러한 기법은 테스트 작업의 난이도나 특성에 따라 적절히 활용되어야 합니다.
구조화된 프롬프트 작성과 핵심 프롬프트 엔지니어링 기법을 결합하면, 소프트웨어 테스팅 작업을 위해 LLM을 활용할 때 더 좋은 결과를 얻을 수 있습니다.

3.1 생성형 AI 프롬프트의 구조(테스팅 맥락)

구조화된 프롬프트는 일반적으로 다음 여섯 가지 구성 요소로 이루어집니다.

1. 역할(Role)
2. 맥락(Context)
3. 지침(Instruction)
4. 입력 데이터(Input Data, 입력 자료)
5. 제약 사항(Constraints)
6. 출력 형식(Output Format)

이 여섯 가지 요소를 명확히 제시하면 GenAI가 일반적으로 더 정확하고 일관된 응답을 생성합니다.

구조화된 프롬프트의 구성 요소

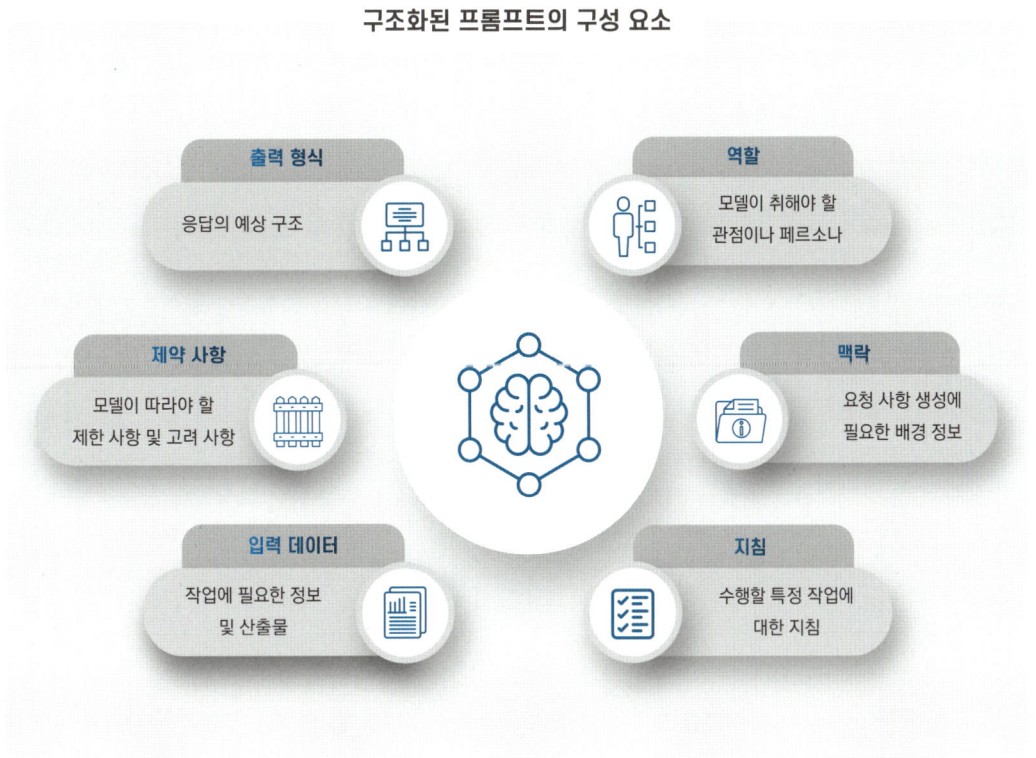

1. 역할(Role)

- GenAI 모델이 응답을 생성할 때 취해야 할 관점이나 페르소나를 정의합니다.
- 역할을 지정하면 LLM이 자신의 책임을 파악하고 적절한 어조나 접근 방식을 채택할 수 있습니다.
- 테스트 설계자, 테스트 매니저, 테스트 자동화 엔지니어 등이 페르소나 예시입니다.

- 활용 예시:

> 당신은 "ShopPlus" 이커머스 플랫폼의 테스트 매니저(Test Manager)입니다.

2. 맥락(Context)

- GenAI 모델이 테스트 시나리오를 결정하는 데 필요한 배경 정보를 제공합니다.
- 테스트 대상 객체, 조사할 특정 기능, 관련된 상황 정보 등이 맥락을 구성합니다.

- 활용 예시:

> "ShopPlus" 이커머스 플랫폼의 상품 추천 기능을 테스트하려고 합니다.

3. 지침(Instruction)

- GenAI에게 수행할 특정 작업을 설명하는 명령입니다.
- 명확하고 간결한 지침은 작업 설명과 관련 요구사항 또는 제한사항으로 구성됩니다.

- 활용 예시:

> 상품 추천 기능에 대한 테스트 케이스를 작성해 주세요.

4. 입력 데이터(Input Data)

- 작업을 완료하는 데 필요한 자료 또는 정보나 산출물(artifacts)입니다.
- 사용자 스토리, 인수 기준, 스크린샷, 코드, 기존 테스트 케이스 등이 입력 데이터(입력 자료) 예시입니다.
- 상세하고 구조화된 입력 데이터는 LLM이 더 정확하고 맥락에 맞는 결과를 생성하도록 도와줍니다.

- 활용 예시:

> - 사용자 스토리: 고객은 과거 구매 이력을 기반으로 개인화된 상품 추천을 받을 수 있어야 한다.
> - 인수 기준:
>   - 추천 상품은 고객의 관심사와 일치해야 한다.
>   - 추천 목록은 최소 5개의 상품을 포함해야 한다.

5. 제약 사항(Constraints)

- LLM이 따라야 할 제약된 사항이나 특별한 고려 사항을 명시합니다.
- 프롬프트 핵심 구성 요소인 지침(Instruction)이 입력 데이터를 어떻게 사용하는지 구체적으로 가이드 하는 요소입니다.

- 활용 예시:

> - 주어진 테스트 케이스의 상세한 수준을 반영해 유사하거나 더 상세한 수준으로 테스트 케이스가 작성되어야 합니다.
> - 테스트 케이스는 한국어로 작성되어야 합니다.

6. 출력 형식(Output Format)

- 응답의 예상 형식, 구조 또는 특성을 지정합니다.
- LLM의 출력물을 원하는 형태로 얻을 수 있도록 도와줍니다.

- 활용 예시:

> 각 테스트 케이스는 다음과 같은 형식을 따라야 합니다:
> - 시나리오: [테스트 케이스 제목]
> - Given [사전 조건]
> - When [테스트 단계]
> - Then [기대 결과]

참고로, 프롬프트의 구성 요소는 상호간에 경계가 모호한 부분이 있습니다. 예를 들어, '지침'의 일부가 LLM의 응답 요구사항을 명시하면서 제한적인 요구사항을 다루면 '제약 사항'과 겹치는 부분이 생깁니다. 또한 출력의 형식을 제한하는 '제약 사항'은 '출력 형식'과 경계가 모호할 수 있습니다.

활용 예시 종합: 전체 프롬프트 작성하기

[역할] 당신은 "ShopPlus" 이커머스 플랫폼의 테스트 매니저입니다.
[맥락] "ShopPlus"의 상품 추천 기능을 테스트하려고 합니다.
[지침] 상품 추천 기능에 대한 테스트 케이스를 작성해 주세요.

[입력 데이터]
- 사용자 스토리: 고객은 과거 구매 이력을 기반으로 개인화된 상품 추천을 받을 수 있어야 한다.
- 인수 기준:
  ◦ 추천 상품은 고객의 관심사와 일치해야 한다.
  ◦ 추천 목록은 최소 5개의 상품을 포함해야 한다.

[제약 사항]
- 테스트 케이스 구조는 Given-When-Then 방식을 따라 주세요.
- 테스트 케이스는 한국어로 작성되어야 합니다.

[출력 형식]
- 시나리오: [테스트 케이스 제목]
- Given [사전 조건]
- When [테스트 단계]
- Then [기대 결과]

예상 LLM 응답:

- 테스트 케이스 1
  ◦ 시나리오: 고객이 개인화된 상품 추천을 받는다
  ◦ Given 고객이 "ShopPlus"에 로그인한 상태로 과거에 전자제품을 구매한 적이 있다
  ◦ When 고객이 메인 페이지에 접속한다
  ◦ Then 고객의 관심사인 전자제품 관련 추천 상품 5개 이상이 표시된다

- 테스트 케이스 2
  ◦ 시나리오: 고객의 관심사와 일치하지 않는 상품이 추천되지 않는다
  ◦ Given 고객이 "ShopPlus"에 로그인한 상태로 과거에 의류만 구매한 적이 있다
  ◦ When 고객이 메인 페이지에 접속한다
  ◦ Then 전자제품이나 기타 카테고리의 상품이 아닌 의류 관련 추천 상품만 표시된다

- 테스트 케이스 3
    - 시나리오: 구매 이력이 없는 신규 고객에게 인기 상품이 추천된다
    - Given 고객이 "ShopPlus"에 첫 가입하여 구매 이력이 없다
    - When 고객이 메인 페이지에 접속한다
    - Then 전체 이용자들의 인기 상품 5개 이상이 추천 상품으로 표시된다.

■ GenAI의 프롬프트 구조를 적용하는 상세하고 구체적인 추가 예시는 첨부II(HO-3.1)에 있습니다.

핸즈온 데모 HO-3.1: 프롬프트 구성 요소 관찰 및 분석하기

이번 데모에서는 AI 챗봇(AI chatbot)을 활용하여 여러 개의 구조화된 프롬프트(structured prompts)를 테스트합니다. 이때 각 프롬프트는 특정 소프트웨어 테스팅 작업에 맞춰져 있습니다.

이러한 프롬프트는 다음의 여섯 가지 핵심 구성 요소로 이루어진 구조화된 형식을 따릅니다.

1. 역할(Role)
2. 맥락(Context)
3. 지침(Instruction)
4. 입력 데이터(Input Data)
5. 제약 사항(Constraints)
6. 출력 형식(Output Format)

이 데모의 목적은 구조화된 프롬프트를 관찰하고 분석하는 것입니다. LLM이 소프트웨어 테스팅 작업을 수행하는 데, 프롬프트의 각 구성 요소가 어떻게 관련된 유용한 통찰을 제공하는지 강조할 것입니다.

참고 이 데모를 통해 우리는 생성형 AI를 활용하여 결제 시스템의 테스트 케이스를 생성하고, 프롬프트의 구성 요소가 결과에 어떤 영향을 미치는지 살펴볼 것입니다.

■ 상세한 데모 가이드와 내용은 첨부II(HO-3.1)에 있습니다.

3.2 테스팅을 위한 핵심 프롬프팅 기법

최근 몇 년 사이에, 다양한 LLM 프롬프팅 기법(prompting techniques)이 제안되어 여러 생성형 AI(GenAI)의 활용에 적용되고 있습니다.

이 중에서도 아래의 세 가지 핵심 프롬프팅 기법이 앞서 설명한 6가지 구성 요소로 이루어진 프롬프트 구조와 함께, 소프트웨어 테스팅 작업에 적절하게 사용될 수 있습니다.

- 프롬프트 체이닝(prompt chaining)
- 퓨샷 프롬프팅(few-shot prompting)
- 메타 프롬프팅(meta prompting)

참고 앞서 소개된 6가지 프롬프트 구성 요소는 역할(Role), 맥락(Context), 지침(Instruction), 입력 데이터(Input Data), 제약 사항(Constraints), 출력 형식(Output Format)입니다.

1. 프롬프트 체이닝(Prompt Chaining)

프롬프트 체이닝은 작업을 일련의 중간 단계로 나눠, 즉 여러 개의 프롬프트로 분할해 원하는 결과를 이끌어 내는 기법입니다. 각 단계의 결과를 다음 단계로 진행하기 전에 수동으로 또는 자동으로 확인하고 개선할 수 있습니다. 이 접근 방식은 각 응답이 다음 프롬프트에 정보를 제공하므로 더 높은 정확성을 제공합니다.

프롬프트 체이닝

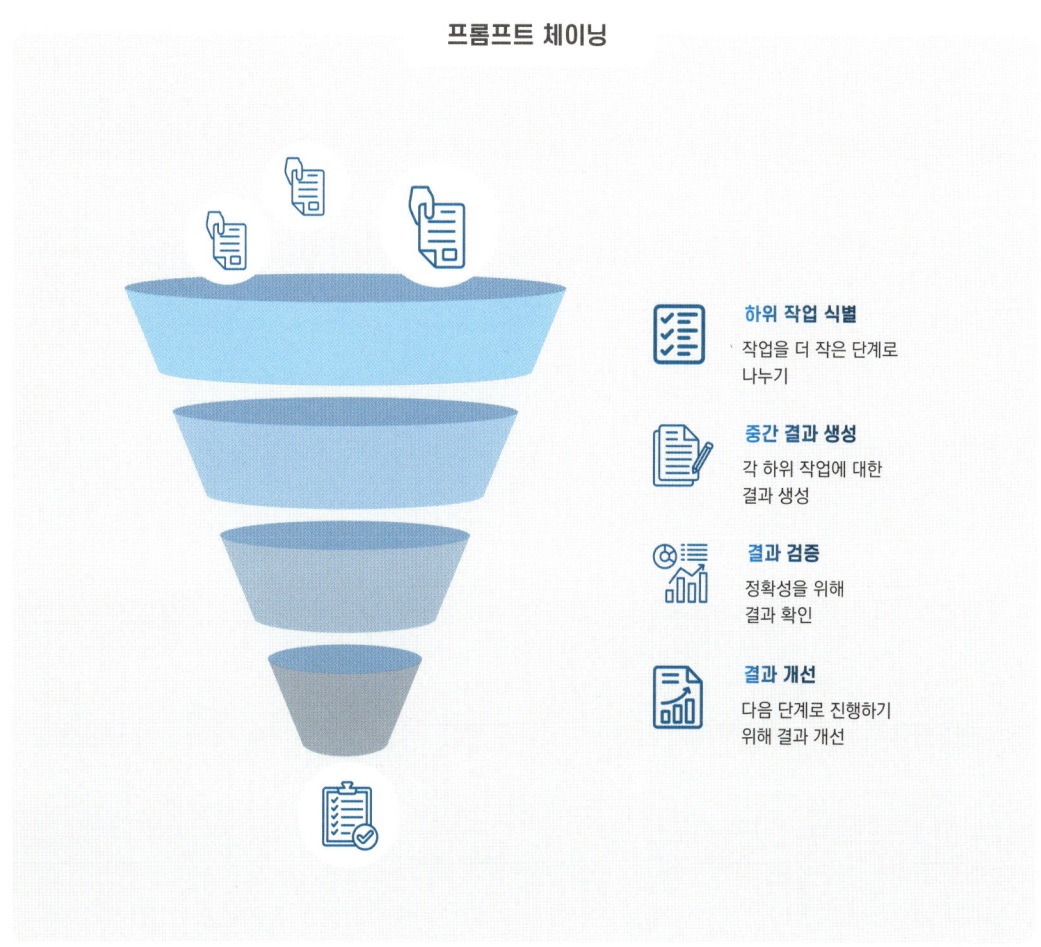

프롬프트 체이닝은 어떤 테스팅 작업이 복잡해서 하위 작업으로 분해되어야 하고 중간 결과의 체계적인 검증이 필요한 경우에 특히 유용합니다. 또한 테스팅 워크플로우에서 동적인 상호 작용을 가능하게 합니다.

유의할 점은, 연쇄적 사고 프롬프팅(chain-of-thought prompting)은, 이름은 비슷하지만, 사용자가 아닌 LLM이 스스로 복잡한 작업을 하위 작업으로 분해하고 각 하위 작업을 자동으로 수행하는 기법이므로 프롬프트 체이닝 기법과는 구별된다는 것입니다.

참고 여기에서는 연쇄적 사고 프롬프팅 기법을 별도로 다루지 않습니다.

적용 예시: 이커머스 주문 처리 시스템 테스트

【예시 상황】 이커머스 플랫폼 "ShopEasy"에서 주문 처리 시스템을 테스트해야 합니다. 주문 프로세스는 다음과 같은 단계로 이루어져 있습니다.
  1. 상품 선택 및 장바구니에 담기
  2. 배송 정보 입력
  3. 결제 정보 입력
  4. 주문 확인 및 완료

작업이 복잡하므로 프롬프트 체이닝을 통해 각 단계를 순차적으로 테스트 케이스로 생성합니다.

첫 번째 프롬프트 – 상품 선택 및 장바구니에 담기

> [역할] 당신은 ShopEasy 이커머스 플랫폼의 테스트 엔지니어입니다.
> [맥락] 고객이 상품을 선택하고 장바구니에 담는 기능을 테스트하고자 합니다.
> [지침] 상품 선택 및 장바구니 담기 기능에 대한 테스트 케이스를 작성해 주세요.
> [제약 사항]
> - 테스트 케이스는 정상 시나리오와 비정상 시나리오를 모두 포함해야 합니다.
> - 각 테스트 케이스는 단계별로 상세히 작성해 주세요.
>
> [출력 형식] 각 테스트 케이스는 다음과 같은 형식을 따라야 합니다:
> - 테스트 케이스 제목:
> - 사전 조건:
> - 테스트 단계:
> - 기대 결과:

두 번째 프롬프트 – 배송 정보 입력

이전 단계에서 생성된 테스트 케이스를 검토한 후, 다음 단계로 진행합니다.

> [맥락, 지침] 앞서 생성된 테스트 케이스에 이어서, 배송 정보 입력 기능에 대한 테스트 케이스를 작성해 주세요.
> [입력 데이터]
> - 올바른 배송 주소
> - 잘못된 배송 주소 (예: 우편번호 오류)
>
> [제약 사항] 각 테스트 케이스는 앞선 단계와 연계하여 작성해 주세요.

세 번째 프롬프트 – 결제 정보 입력

[맥락] 배송 정보 입력 후 결제 정보 입력 기능을 테스트하려고 합니다.
[지침] 결제 정보 입력에 대한 테스트 케이스를 작성해 주세요.
[입력 데이터]
- 유효한 결제 정보 (신용카드, PayPal)
- 무효한 결제 정보 (만료된 카드, 잔액 부족 등)

[제약 사항] 이전 단계의 결과를 고려하여 작성해 주세요.

네 번째 프롬프트 – 주문 확인 및 완료

[맥락] 결제 정보 입력 후 주문이 정상적으로 완료되는지 테스트하려고 합니다.
[지침] 주문 확인 및 완료 단계에 대한 테스트 케이스를 작성해 주세요.
[제약 사항]
- 주문 완료 메시지 표시 여부 확인
- 주문 내역에 주문 정보 저장 여부 확인

■ 프롬프트 체이닝 기법을 활용하는 상세하고 구체적인 추가 예시는 첨부II(HO-3.2a, 1.프롬프트 체이닝 실습)에 있습니다. 추가적으로 프롬프트 체이닝 기법을 선택하는 이유 설명과 함께 적용하는 예시는 첨부II(HO-3.3)에 있습니다.

2. 퓨샷 프롬프팅(Few-Shot Prompting)

퓨샷 프롬프팅은 LLM에게 사용자가 원하는 결과를 예시로 제시해 원하는 응답을 유도하는 기법입니다. 원샷(one-shot)은 하나의 예시, 퓨샷(few-shot)은 여러 개의 예시 제공을 의미합니다. 이 기법은 명확한 참고 자료를 제공하여 LLM이 일관되고 기대에 부합하는 결과를 생성하도록 가이드 합니다.

퓨샷 프롬프팅

퓨샷 프롬프팅은 예시를 통해 요구되는 동작을 설명할 수 있는 작업에 특히 적합하며, LLM이 해당 작업을 효과적으로 일반화하고 이해하여 신뢰할 수 있는 결과를 생성하도록 유도합니다.

적용 예시: 상품 리뷰 분석

【예시 상황】 ShopEasy에서 고객들의 상품 리뷰를 분석하여 긍정적인지 부정적인지 분류하는 테스트를 수행하려고 합니다.

1) 퓨샷 프롬프팅을 위한 예시 제공

> [입력 데이터]
> 다음은 상품 리뷰의 감성 분석 예시입니다:
> - 리뷰: "이 제품은 너무 좋아요! 품질도 훌륭하고 배송도 빠릅니다." 분류: 긍정적
> - 리뷰: "상품이 생각보다 별로예요. 다시는 구매하지 않을 것 같습니다." 분류: 부정적
>
> [지침] 아래의 리뷰를 읽고, 긍정적 또는 부정적으로 분류해 주세요.
> 리뷰: "{리뷰 내용}"
> [제약 사항]
> 분류 결과만 작성해 주세요.

2) 테스트할 리뷰 입력
   리뷰: "가격 대비 성능이 뛰어나네요. 만족합니다."

3) 결과 확인
   AI는 예시를 참고하여 해당 리뷰를 "긍정적"으로 분류할 것입니다.

■ 퓨샷 프롬프팅 기법을 활용하는 상세하고 구체적인 추가 예시는 첨부II(HO-3.2a, 2.퓨샷 프롬프팅 실습)에 있습니다. 추가적으로 퓨샷 프롬프팅 기법을 선택하는 이유 설명과 함께 적용하는 예시는 첨부II(HO-3.3)에 있습니다.

---

3. 메타 프롬프팅(Meta Prompting)

메타 프롬프팅은 GenAI의 프롬프트 생성 능력 또는 개선 능력을 활용하는 것입니다. 반복적인 사이클에서, LLM은 프롬프트를 생성하고, 테스터가 이를 평가하고 개선할 수 있습니다. 이 접근 방식은 지속적인 개선을 통해 프롬프트의 품질을 최적화하며, 점진적으로 더 나은 결과를 이끌어냅니다.

참고 메타 프롬프팅은 효과적인 프롬프트를 설계하는 데 필요한 수동 노력을 줄여주므로, 효율성과 프롬프트 최적화가 중요한 경우에 특히 유용합니다.

메타 프롬프팅

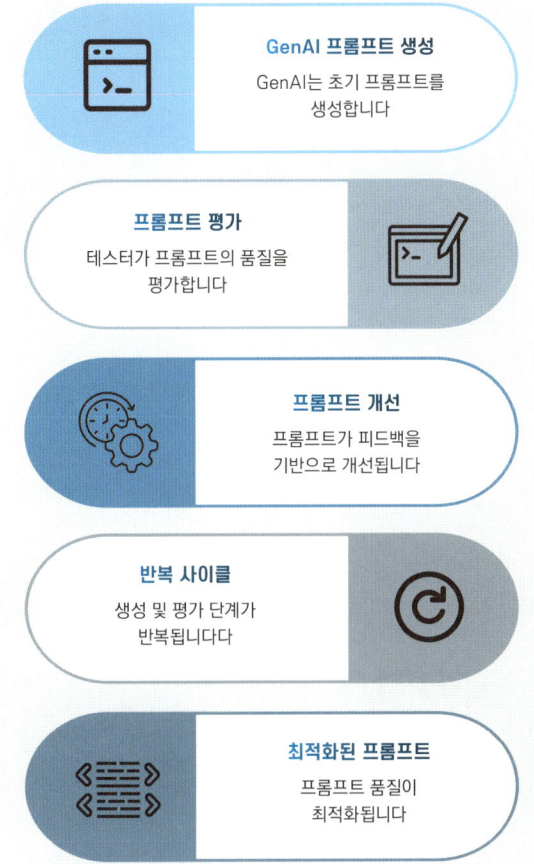

적용 예시: 테스트 시나리오 생성

[예시 상황] ShopEasy에서 신규 기능에 대한 테스트 시나리오를 생성해야 하지만, 어떤 테스트 케이스가 필요한지 정확히 모르는 상황입니다.

GenAI에게 프롬프트 생성을 요청

> [지침] '빠른 구매'라는 신규 기능에 대한 효과적인 테스트 케이스를 생성하기 위한 프롬프트를 작성해 주세요.
> [제약 사항]
> - 프롬프트는 명확하고 구체적이어야 합니다.
> - 테스트 케이스 작성에 필요한 정보를 포함해야 합니다.

GenAI가 생성한 프롬프트 확인(예시)

> 당신은 ShopEasy의 테스트 엔지니어입니다.
> [맥락] 새로운 '빠른 구매' 기능을 테스트하려고 합니다. 이 기능은 장바구니에 담지 않고 바로 구매할 수 있게 합니다.
> [지침] '빠른 구매' 기능에 대한 테스트 케이스를 작성해 주세요.
> [제약 사항]
> - 정상 및 비정상 시나리오를 모두 포함해야 합니다.
> - 각 테스트 케이스는 단계별로 상세히 작성돼야 합니다.

생성된 프롬프트의 평가 및 개선

필요한 정보가 누락되었는지 확인하고, 추가 또는 수정합니다.

> [수정된 제약 사항]
> - 결제 수단 선택, 배송 정보 입력 등 '빠른 구매' 과정의 모든 단계를 포함해야 합니다.
> - 오류 메시지 및 예외 처리에 대한 테스트도 포함해 주세요.

개선된 프롬프트를 기반으로 GenAI에게 테스트 케이스 생성을 요청합니다.

■ 메타 프롬프팅 기법을 활용하는 상세하고 구체적인 추가 예시는 첨부II(HO-3.2a, 3.메타 프롬프팅 실습)에 있습니다. 추가적으로 메타 프롬프팅 기법을 선택하는 이유 설명과 함께 적용하는 예시는 첨부II(HO-3.3)에 있습니다.

이러한 프롬프팅 기법들은 상호 배타적이지 않으며, LLM의 결과를 향상시키기 위해 효과적으로 결합하여 사용할 수 있습니다.

적용 예시: 기법의 조합

ShopEasy의 결제 시스템에 대한 복잡한 테스트를 수행하기 위해 다양한 프롬프팅 기법을 결합합니다.

1) 프롬프트 체이닝 적용
   주문 생성부터 결제 완료까지의 과정을 단계별로 분리하여 프롬프트를 작성합니다.

2) 퓨샷 프롬프팅 추가

각 단계에서 원하는 결과에 대한 예시를 제공합니다.

3) 메타 프롬프팅 활용

AI에게 각 단계에서 필요한 추가 정보를 요청하거나, 프롬프트를 개선하도록 유도합니다.

■ 프롬프트 기법을 조합해 사용하는 상세하고 구체적인 내용과 예시는 '3.3절, 2.프롬프팅 기법의 조합을 통한 최적의 결과 달성'에 있습니다.

핸즈온 데모 HO-3.2a: 소프트웨어 테스팅 작업에서 프롬프트 체이닝, 퓨샷 프롬프팅, 메타 프롬프팅을 관찰하고 논의하기

이 데모의 목표는 GenAI 챗봇에서 프롬프트 체이닝(prompt chaining), 퓨샷 프롬프팅(few-shot prompting), 메타 프롬프팅(meta prompting)을 시도해 보며, 각각을 특정 소프트웨어 테스팅 작업에 적용하는 것입니다. 이 데모는 소프트웨어 테스팅의 맥락에서 프롬프팅 기법을 탐구하고 논의하는 것을 목표로 하며, 각 기법이 LLM 출력의 정확성과 완전성에 어떻게 기여하는지를 강조합니다.

참고 프롬프트 체이닝, 퓨샷 프롬프팅, 메타 프롬프팅은 생성형 AI를 활용한 소프트웨어 테스팅에서 매우 중요한 기법입니다. 이번 데모에서는 이 세 가지 기법을 실제로 적용하는 사례 또는 예시를 통해 그 효과를 이해할 수 있도록 상세하게 살펴보겠습니다.

■ 상세한 실습 가이드는 첨부II(HO-3.2a)에 있습니다.

실습 HO-3.2b: 주어진 예시에서 프롬프팅 기법 식별하기

실습 참가자들은 소프트웨어 테스팅과 관련된 일련의 프롬프트 예시를 읽고, 적용된 프롬프트 엔지니어링 기법을 식별할 것입니다. 핵심은 프롬프트 체이닝(prompt chaining), 퓨샷 프롬프팅(few-shot prompting), 메타 프롬프팅(meta prompting)과 같은 방법들을 인식하고, 이의 뚜렷한 특징과 실무적 활용성을 명확히 파악하는 것입니다.

이 활동은 다양한 프롬프팅 기법을 사용해 어떻게 GenAI를 소프트웨어 테스팅 과정에서 효과적으로 활용할 수 있는지를 참가자들에게 제시하고 깊이 있게 이해시키는 것을 목표로 합니다.

■ 상세한 데모 가이드는 첨부II(HO-3.2b)에 있습니다.

3.3 테스팅을 위한 적절한 프롬프팅 기법 선택

소프트웨어 테스팅에서 GenAI를 효과적으로 활용하기 위해서는 올바른 프롬프팅 기법(Prompting Technique)을 선택하는 것이 중요합니다. 테스트 작업의 특성에 따라 어떤 프롬프팅 기법이 적합한지 알아보겠습니다.

1. 테스트 작업의 특성과 프롬프팅 기법의 적합성

다음 표는 프롬프팅 기법이 테스트 작업의 특성에 얼마나 적합한지, 어떤 기법을 어떤 작업에 적용하는 게 적절한지를 보여줍니다.

기법	주요 특징	적용되는 작업	주요 적용 분야
프롬프트 체이닝 (Prompt Chaining)	작업을 작은 단계로 분할하여 각 단계의 결과를 정확하게 확인할 수 있음	단계별로 사용자의 확인이 필요한 정밀하고 복잡한 작업	테스트 분석, 테스트 설계, 테스트 자동화 등
퓨샷 프롬프트 (Few-shot Prompting)	GenAI에게 예시를 제공하여 반복적으로 특정 패턴에 따라 결과물을 생성하게 유도함	반복적이거나 특정/제약된 출력 형식이 요구되는 작업	형식을 갖춘 테스트 케이스 생성, 키워드 주도 테스트(keyword-driven testing) 생성, 특정 출력 형식의 테스트 보고서 작성 등
메타 프롬프트 (Meta Prompting)	GenAI의 동작을 안내하는 상위레벨의 지침을 제공함	새롭거나 익숙지 않은 작업으로 유연성과 역동성이 필요한 작업	탐색적 테스팅, 결함 분석, 맞춤형 테스트 보고서 작성 등

각 프롬프팅 기법은 그 특성에 따라 특정한 테스트 작업에 더 효과적일 수 있습니다. 따라서 작업의 특성에 맞는 기법을 선택하는 것이 중요합니다.

2. 프롬프팅 기법의 조합을 통한 최적의 결과 달성

이러한 핵심 프롬프팅 기법을 조합하면, 특히 복잡한 테스트 작업에서 더 나은 결과를 얻을 수 있습니다.

프롬프트 기법의 조합 사용 예시

- 메타 프롬프팅 사용: AI에게 상위 수준의 지침 제공 → 초기 프롬프트 세트 생성
- 프롬프트 체이닝 적용:
  - 작업을 작은 단계로 나누기
  - 각 단계의 결과 검토 및 확인
- 퓨샷 프롬프팅 적용: 원하는 출력 형식의 예시 제공 → 일관된 형식의 결과 생성

【예시】

1) 메타 프롬프트를 사용하여 초기 프롬프트 세트 생성
   - 새로운 테스팅 작업에 대해 GenAI에게 상위레벨의 지침을 제공합니다.
   - 예: "이커머스 웹사이트의 상품 주문 프로세스에 대한 테스트 케이스를 생성하는데 사용할 프롬프트를 제시해 주세요."

2) 프롬프트 체이닝을 통해 작업을 중간 단계로 분해하고 검증
   - 작업을 작은 단계로 나누고, 각 단계별로 결과를 검증합니다.
   - 예:
     - 단계 1: 상품 검색 기능 테스트 케이스 생성
     - 단계 2: 상품 선택 및 상세 정보 확인 테스트 케이스 생성
     - 단계 3: 장바구니 추가 기능 테스트 케이스 생성

     각 단계에서 생성된 테스트 케이스를 검토하고 정확성을 확인합니다.

3) 퓨샷 프롬프트를 사용하여 출력 형식의 일관성 확보
   - 원하는 출력 형식의 예시를 제공하여 GenAI가 일관된 형식으로 결과를 생성하도록 합니다.
   - 예: 단계 1, 단계 2, 단계 3의 테스트 케이스 생성 시, 각 단계별로 Gherkin 스타일의 테스트 케이스 예시를 제공하여, 이후 생성되는 테스트 케이스가 동일한 형식을 따르도록 합니다.

이러한 기법의 조합을 통해 복잡한 작업을 효과적으로 처리하고, 원하는 품질과 형식의 결과를 얻을 수 있습니다.

실무 적용 예시

이커머스 플랫폼의 상품 주문 프로세스에 대한 테스트 케이스를 생성하기 위해 프롬프팅 기법을 적용합니다. 이를 통해 실제로 프롬프트를 작성하고 GenAI를 활용하여 테스트 케이스를 생성해볼 수 있습니다.

1) 일반적인 **프롬프트로 초기 테스트 아이디어 확보**
   GenAI에게 이커머스 웹사이트의 상품 주문 프로세스에 대한 전체적인 테스트 케이스 생성을 요청합니다.

- 프롬프트 예시:

> 당신은 소프트웨어 테스팅 전문가입니다. 이커머스 웹사이트의 상품 주문 프로세스에 대한 테스트 케이스를 생성해 주세요.

- 기대되는 LLM 출력:
   GenAI가 상품 주문 프로세스에 대한 전체적인 테스트 케이스를 생성합니다.

> 1. 상품 검색 기능 테스트
> 2. 상품 상세 페이지 확인 테스트
> 3. 장바구니 추가 기능 테스트
> 4. 주문서 작성 및 확인 테스트
> 5. 결제 진행 및 완료 테스트
> 6. 주문 내역 확인 테스트

2) **프롬프트 체이닝을 통해 작업 분해 및 단계별 검증**
   생성된 전체 테스트 케이스를 기반으로 각 단계별로 세부 테스트 케이스를 생성하고 결과를 검증합니다.

- 프롬프트 예시:
   [단계 1] 상품 검색 기능 테스트 케이스 상세화

> 앞서 생성된 테스트 케이스 중 "1. 상품 검색 기능 테스트"에 대해 상세한 테스트 케이스를 작성해 주세요.

- 기대되는 LLM 출력:

> ◦ 검색어를 입력하고 결과가 올바르게 표시되는지 테스트
> ◦ 존재하지 않는 상품명을 입력했을 때 적절한 메시지가 표시되는지 테스트
> ◦ 상품 카테고리별로 필터링 기능이 동작하는지 테스트
> ◦ 인기 상품 및 추천 상품이 적절히 노출되는지 테스트

각 단계별로 동일한 방식으로 진행하며, 생성된 결과를 검토하고 필요하면 수정하거나 추가합니다.

3) 퓨샷 프롬프트를 사용하여 출력 형식의 일관성 확보

원하는 출력 형식의 예시를 제공하여 GenAI가 동일한 형식으로 테스트 케이스를 생성하도록 합니다.

- 프롬프트 예시:

> 아래의 예시와 같은 형식으로 장바구니 추가 기능 테스트 케이스를 작성해 주세요.
> 예시:
> ◦ 시나리오: 상품 검색 기능 테스트
> ◦ 주어진 상황에서: 사용자가 검색창에 "노트북"을 입력했을 때
> ◦ 조건: 관련된 노트북 상품 목록이 표시된다.
> ◦ 결과: 상품 리스트에 "노트북" 키워드가 포함된 상품들만 나타난다.

- 기대되는 LLM 출력:

GenAI가 제공한 예시와 동일한 형식으로 장바구니 추가 기능 테스트 케이스를 생성합니다.

> ◦ 시나리오: 장바구니 추가 기능 테스트
> ◦ 주어진 상황에서: 사용자가 상품 상세 페이지에서 "장바구니에 추가" 버튼을 클릭했을 때
> ◦ 조건: 해당 상품이 장바구니에 추가된다
> ◦ 결과: 장바구니 페이지에서 해당 상품이 목록에 표시된다

■ 실제 소프트웨어 테스팅 작업에서 프롬프팅 기법을 별도로 또는 조합해 적용하는 추가적인 '실무 적용 예시'는 첨부II(HO-4.1b, HO-4.2a, HO-4.2b, HO-4.2c, HO-4.3a) 실습 가이드에 있습니다.

실습 HO-3.3: 주어진 테스트 작업에 적합한 프롬프팅 기법 선택하기

이 실습에서는 다양한 테스트 맥락과 작업에 대해 적절한 프롬프팅 기법(Prompting Techniques)을 선택하는 방법을 집중적으로 다룹니다.

참가자들은 다양한 특성을 갖는 여러 테스트 시나리오를 접하게 됩니다. 각 시나리오마다 작업의 특성을 평가하여, 정확성이 필요한지 또는 반복적인 구조가 필요한지 등을 고려하고, 해당 맥락에 가장 적합한 프롬프팅 기법을 제안해야 합니다. 또한, 참가자들은 선택한 기법이 해당 작업의 구체적인 요구사항을 어떻게 충족하는지 설명하여 선택 이유를 정당화해야 합니다.

이 실습은 다양한 프롬프팅 기법이 실제 테스트 상황에서 어떻게 효과적으로 사용될 수 있는지에 대한 이해를 깊게 하기 위해 설계되었습니다.

■ 상세한 실습 가이드는 첨부II(HO-3.3)에 있습니다.

3.4 시스템 프롬프트와 사용자 프롬프트

시스템 프롬프트(system prompt)와 사용자 프롬프트(user prompt)는 LLM과의 상호작용에서 서로 다른 목적을 가지고 있으며, LLM과의 대화에서 각각 고유한 역할을 합니다.

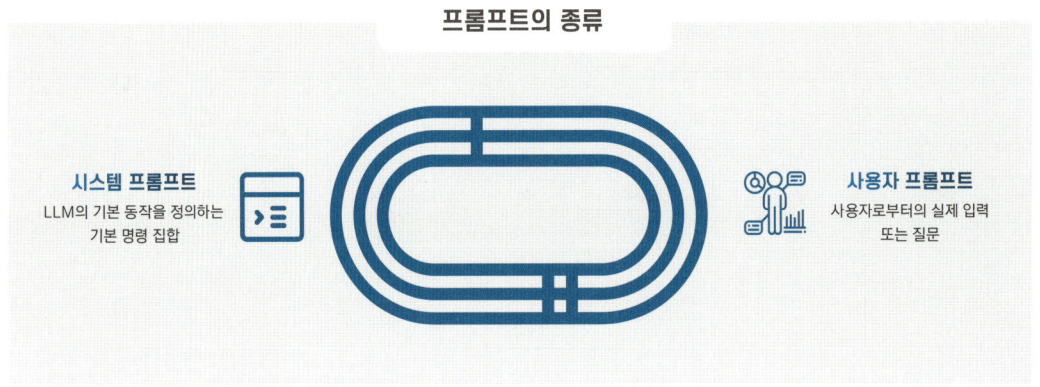

1. 시스템 프롬프트(System Prompt)

LLM의 동작 방식, 성격, 운영 파라미터를 정의하는 기본적인 명령 집합입니다.
- 규칙, 제약 사항 및 전체 대화의 맥락을 설정합니다.
- 일반적으로 최종 사용자에게는 숨겨져 있습니다.
- 상호작용 세션 내내 변하지 않고 지속됩니다.
- LLM이 어떻게 응답해야 하는지에 대한 기본적인 지침을 제공합니다.

참고 시스템 프롬프트는 LLM의 "초기 설정"과 같으며, LLM의 기본적인 행동 방식을 결정합니다.

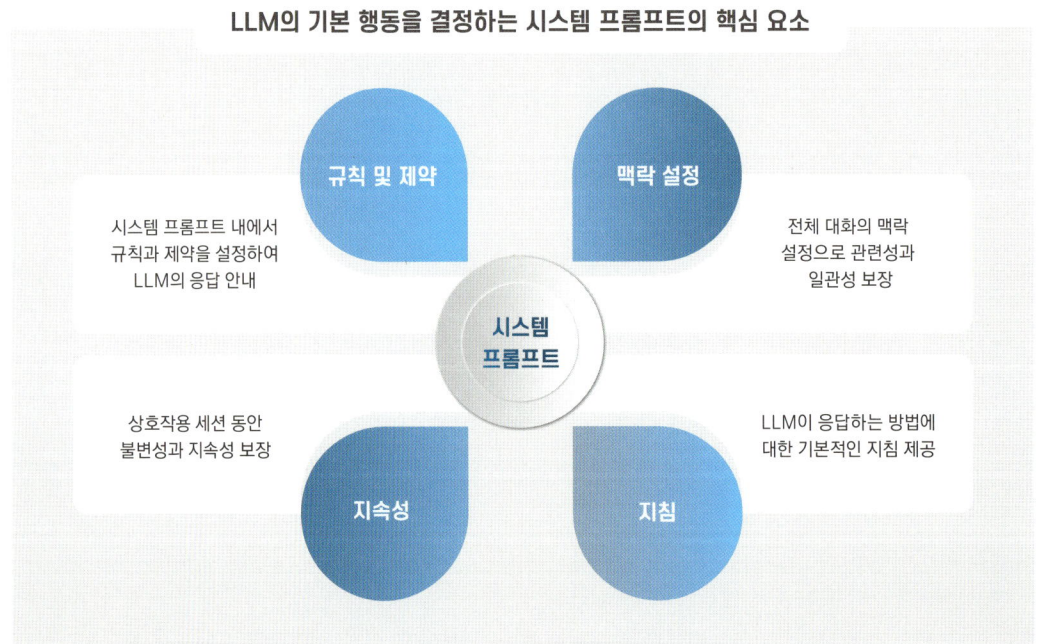

2. 사용자 프롬프트(User Prompt)

사용자가 입력하는 실제 입력 또는 질문입니다.

- 각 상호작용마다 변경됩니다.
- 사용자 입장에서 LLM이 다뤘으면 하는 특정 지침, 질문 또는 작업이 이에 해당합니다.
- 시스템 프롬프트와는 달리, 사용자에게 직접적으로 보이며 각 응답에 직접적인 영향을 줍니다.

참고 사용자 프롬프트는 LLM과의 대화에서 사용자가 입력하는 모든 내용입니다.

사용자 프롬프트 구성 요소

3. 시스템/사용자 프롬프트의 일반적인 사용 방법

- 시스템 프롬프트 설정
  - 대화의 시작 시 한 번 시스템 프롬프트를 설정합니다.
- 연속적인 사용자 프롬프트 입력
  - 이후 각 상호작용마다 사용자 프롬프트를 순차적으로 보냅니다.
- LLM의 응답 생성
  - LLM은 변하지 않는 시스템 프롬프트와 현재의 사용자 프롬프트를 함께 고려하여 응답을 생성합니다.

시스템 및 사용자 프롬프트 상호작용

시스템 프롬프트 설정
시스템 프롬프트는 대화의 시작 시 한 번 설정됨

사용자 프롬프트 입력
각 사용자 프롬프트는 순차적으로 상호작용을 위해 입력됨

LLM 응답 생성
LLM은 시스템 및 현재 사용자 프롬프트를 모두 고려하여 응답 생성

- 효과적인 프롬프트 구현 방안
    - 시스템 프롬프트는 LLM의 역할과 제한 사항에 대해 명확하고 구체적이어야 합니다.
    - 사용자 프롬프트는 집중적이고 구조화되어야 하며, 관련된 맥락과 기대하는 출력에 대한 명시적인 지침을 다뤄야 합니다.

실무 적용 예시: 이커머스 고객 지원 챗봇 구축

- 이커머스 플랫폼 "ShopEase"에서 고객 지원 챗봇을 구축하려고 합니다.
- 챗봇은 주문 상태 조회, 반품 요청, 배송 문의 등의 작업을 처리해야 합니다.

1) 시스템 프롬프트 설정하기
- LLM에게 시스템 프롬프트를 설정합니다.
    - 챗봇의 기본적인 동작 방식과 역할을 정의합니다.
- 시스템 프롬프트 작성 예시

> [역할] 당신은 ShopEase의 고객 지원 챗봇입니다.
> - 고객의 질문에 친절하고 정확하게 답변합니다.
> - 주문 조회, 반품 처리, 배송 문의 등에 대한 정보를 제공합니다.
>
> [제약 사항]
> - 개인 정보(예: 신용카드 번호, 비밀번호 등)는 요청하지 않습니다.
> - 명확하고 간결하게 답변합니다.

참고 시스템 프롬프트에서는 챗봇의 역할, 지켜야 할 규칙, 금지 사항 등을 명시합니다.

2) 사용자 프롬프트 활용하기
- 사용자가 질문을 입력합니다.
- 예시 사용자 프롬프트:

> "내 주문 번호 12345의 배송 상태가 어떻게 되나요?"

- LLM은 시스템 프롬프트와 사용자 프롬프트를 함께 고려하여 응답합니다.
- LLM의 예상 응답:

> "안녕하세요! 주문 번호 12345의 현재 배송 상태는 '배송 중'입니다. 예상 도착 날짜는 5월 25일입니다."

참고 LLM은 시스템 프롬프트에서 정의한 역할과 제약 사항에 따라 일관성 있는 응답을 제공합니다.

3) 추가 사용자 프롬프트 활용: 반품 요청 처리
- 예시 사용자 프롬프트:

> "상품을 반품하고 싶어요. 어떻게 해야 하나요?"

- LLM의 예상 응답:

> "반품을 도와드리겠습니다. 주문 번호를 알려주시면 상세한 안내를 드리겠습니다."

4장 테스팅 업무 별 생성형 AI 활용 방안 및 사례

프롬프트 엔지니어링 기법을 소프트웨어 테스팅에 적용하면, 생성형 AI(GenAI; Generative AI)가 테스트 분석, 테스트 설계, 테스트 자동화, 테스트 케이스 우선순위 설정, 결함 탐지, 커버리지 분석, 테스트 모니터링 및 제어와 같은 다양한 테스트 활동을 효과적으로 지원할 수 있습니다.

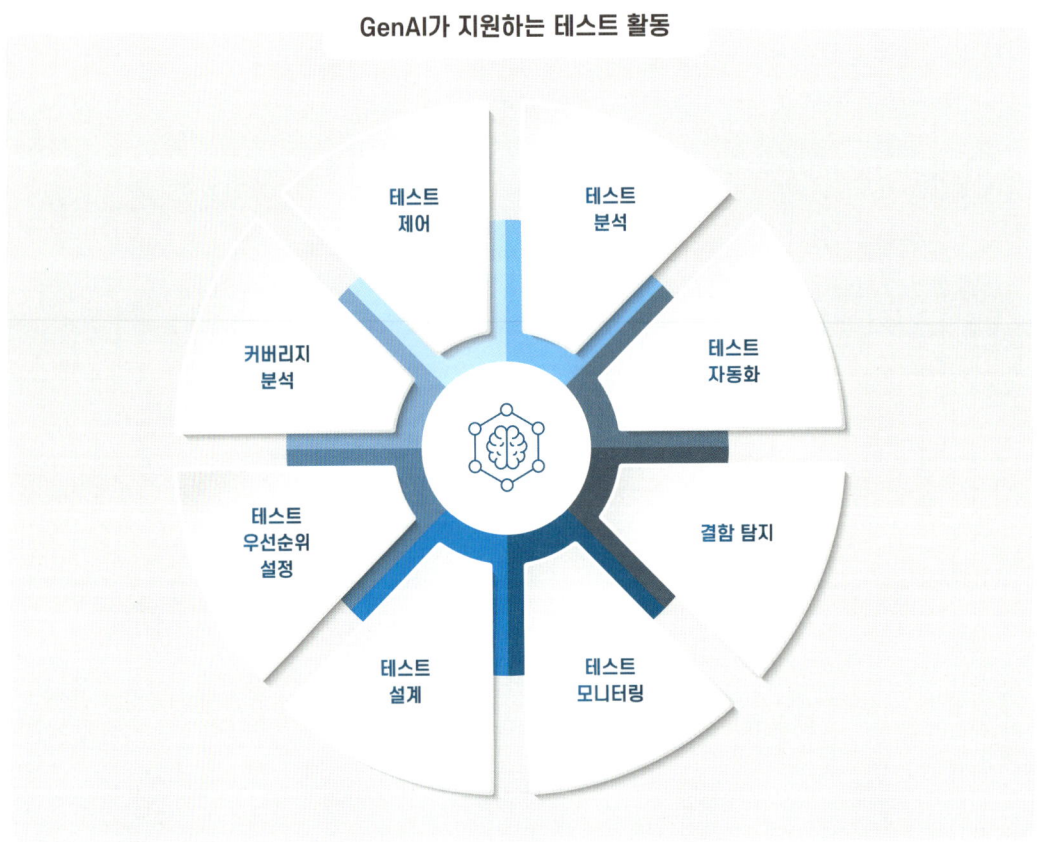

GenAI가 지원하는 테스트 활동

테스트 팀은 프롬프트 구성 요소를 고려하고 프롬프트 체이닝(prompt chaining), 퓨샷 프롬프팅(few-shot prompting), 메타 프롬프팅(meta prompting)과 같은 기법을 개별적으로 또는 조합해 사용합니다. 이러한 기법들을 통해 프롬프트를 특정 테스트 상황에 맞게 조정하여 더욱 정확하고 관련성 높은 결과를 얻을 수 있습니다.

이때 테스터는 GenAI에게 제공되는 입력 데이터(입력 자료)의 품질이 의미 있는 결과를 달성하는 데 매우 중요하다는 점을 고려해야 합니다.

프롬프트 엔지니어링은 GenAI와의 의사소통을 최적화하는 기술로, 이를 통해 소프트웨어 테스팅 과정에서 GenAI의 활용 가치를 극대화할 수 있습니다.

4.1 생성형 AI를 활용한 테스트 분석

생성형 AI(GenAI)는 테스트 컨디션(test condition)의 생성 및 우선순위 설정, 테스트 기반 자료의 결함 식별, 커버리지 분석 지원 등을 통해 테스트 분석 작업을 지원할 수 있습니다.

이때 사용할 수 있는 입력 자료(입력 데이터)는 아래와 같습니다.

- 요구사항
- 사용자 스토리
- 기술 사양
- 와이어프레임(wireframes)
- 인수 기준 등 기타 테스트 기반 자료(test basis, 테스트 베이시스)

출력 결과는 우선순위가 설정된 테스트 컨디션, 테스트 기반 자료의 결함 보고서 등과 같은 일반적인 테스트 분석 작업 산출물로 이루어집니다.

참고 "테스트 베이시스"는 테스트를 위해 필요한 정보 또는 산출물의 집합으로, 요구사항 문서, 설계 명세서 등이 포함됩니다.

다음은 GenAI가 지원할 수 있는 일반적인 테스트 분석 활동입니다.

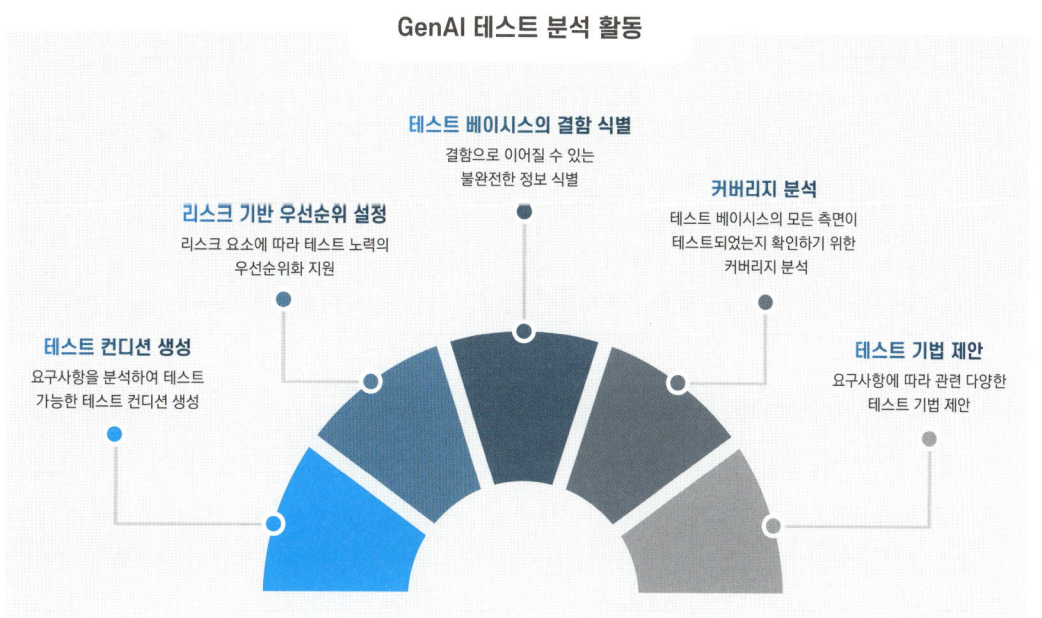

GenAI 테스트 분석 활동

- **테스트 베이시스의 결함 식별**: 결함으로 이어질 수 있는 불완전한 정보 식별
- **리스크 기반 우선순위 설정**: 리스크 요소에 따라 테스트 노력의 우선순위화 지원
- **커버리지 분석**: 테스트 베이시스의 모든 측면이 테스트되었는지 확인하기 위한 커버리지 분석
- **테스트 컨디션 생성**: 요구사항을 분석하여 테스트 가능한 테스트 컨디션 생성
- **테스트 기법 제안**: 요구사항에 따라 관련 다양한 테스트 기법 제안

1. 요구사항/사용자 스토리에 기반한 테스트 컨디션 생성

- 대형 언어 모델(LLM)은 요구사항, 사용자 스토리, 인수 기준을 분석하여 테스트할 수 있는 가능성(testability)이 높고 명확한 테스트 컨디션을 생성할 수 있습니다.
- 자연어 처리를 통해 요구사항의 의미를 해석하고 이를 측정 가능하고 테스트 가능한 명제로 분해합니다.
- 이는 요구사항을 구체적인 테스트 컨디션으로 변환하는 데 도움이 됩니다.

【예시】 이커머스 웹사이트에서 "사용자가 상품을 장바구니에 추가할 수 있어야 한다"는 요구사항이 있을 때, LLM은 이를 기반으로 다음과 같은 테스트 컨디션을 생성할 수 있습니다.
  - 상품 상세 페이지에서 '장바구니에 추가' 버튼이 정상 작동하는지 확인한다.
  - 재고가 없는 상품에 대해 '장바구니에 추가' 버튼이 비활성화되는지 확인한다.

실무 적용 예시: 테스트 컨디션 생성

이커머스 플랫폼에 새로운 '빠른 결제' 기능이 추가되었고, 테스터는 이 기능에 대한 테스트 컨디션을 생성해야 합니다.

- 입력 데이터(자료) 제공
  - '빠른 결제' 기능에 대한 요구사항 문서
  - 사용자 스토리: "사용자는 상품을 빠른 결제를 통해 한 번의 클릭으로 구매할 수 있어야 한다."
  - 기술 사양: 결제 과정의 흐름도 및 인터페이스 정의

- 테스트 컨디션 생성
  - LLM은 제공된 정보를 분석하여 테스트 컨디션을 생성합니다.
  - LLM이 생성한 예시 테스트 컨디션
    - 사용자 프로필에 저장된 결제 정보로 빠른 결제가 정상적으로 이루어지는지 확인한다.
    - 결제 정보가 누락된 경우 오류 메시지가 나타나는지 확인한다.
    - 재고가 없는 상품에 대해 빠른 결제가 차단되는지 확인한다.

■ GenAI를 활용한 '테스트 컨디션 또는 인수 기준 생성'을 상세하고 구체적으로 다루는 '실무 적용 예시'는 첨부II(HO-4.1a) 실습 가이드에 있습니다.

---

2. 리스크에 기반한 테스트 컨디션 우선순위 설정

- 각 테스트 컨디션의 구현 난이도(실패 가능성)와 영향도 정보를 활용하여, LLM은 테스트 노력의 우선순위를 정하는 데 도움을 줄 수 있습니다.
- 규제 준수, 기능의 사용자 노출 정도, 과거 결함 데이터 등을 고려하여 우선순위 수준을 추천합니다.
- 이를 통해 중요한 영역에 테스트 자원을 효율적으로 할당할 수 있습니다.

【예시】 결제 기능과 같이 사용자에게 직접적인 영향을 미치고 비즈니스에 중요한 부분은 높은 우선순위로 설정됩니다.

■ '리스크에 기반한 테스트 컨디션 우선순위 설정'에 직접적으로 활용할 수 있는 상세하고 구체적인 '실무 적용 예시'는 첨부II(HO-4.2c)에 있습니다. 테스트 케이스의 우선순위를 설정하는 예시로 적용 방법은 대동소이 합니다.

3. 테스트 기반 자료(test basis, 테스트 베이시스)의 잠재적 결함 식별

- GenAI는 요구사항, 사용자 스토리, 설계 문서 등의 테스트 기반 자료를 분석하여 불일치, 모호성 또는 결함으로 이어질 수 있는 불완전한 정보를 식별할 수 있습니다.
- 유사한 요구사항 패턴을 비교하거나 이전 결함 보고서의 지식을 토대로 잠재적인 문제를 식별하고 개선 사항을 제안합니다.
- 초기 단계에서 결함을 발견하여 이후에 결함을 수정하는 비용을 절감할 수 있습니다.

【예시】 "사용자는 다양한 결제 옵션을 사용할 수 있어야 한다"는 요구사항에서 '다양한 결제 옵션'이 구체적이지 않다면, LLM은 이를 지적하고 구체적인 결제 수단을 명시할 것을 제안할 수 있습니다.

실무 적용 예시: 요구사항의 모호성 식별

이커머스 앱에서 '추천 상품 표시' 기능에 대한 요구사항이 주어졌습니다.

- 입력 데이터(자료) 제공
  - 요구사항: "사용자의 이전 구매 이력에 기반하여 추천 상품을 표시한다."

- 잠재적 결함 식별
  - LLM은 요구사항의 모호성을 식별합니다.
  - 문제점
    ▸ '이전 구매 이력'의 기간이 명확하지 않습니다.
    ▸ 추천 상품의 수가 지정되어 있지 않습니다.
    ▸ 개인정보 보호 측면에서의 고려사항이 누락되있습니다.

- 개선 사항 제안
  - LLM이 구체화한 요구사항: "사용자의 최근 6개월 이내의 구매 이력을 기반으로 최대 5개의 추천 상품을 표시한다. 사용자의 개인정보 설정에 따라 추천 기능을 활성화하거나 비활성화할 수 있다."

■ 실제 테스트 기반 자료의 결함 식별에 활용할 수준의 '실무 적용 예시'는 첨부II(HO-4.1b) 실습 가이드를 참고하기 바랍니다.

4. 테스트 커버리지 분석 지원

- LLM은 요구사항과 사용자 스토리를 테스트 컨디션과 매핑하여 커버리지 분석을 수행할 수 있습니다.
- 복잡한 요구사항이 있는 프로젝트의 경우, 테스트 기반 자료(테스트 베이시스)의 모든 측면이 커버되었는지 확인하여, 누락된 테스트로 인한 결함 발생을 예방할 수 있습니다.

■ '테스트 커버리지 분석 지원'에 직접적으로 활용할 수 있는 상세하고 구체적인 '실무 적용 예시'는 첨부II(HO-4.2a)에 있습니다. 요구사항(사용자 스토리)과 테스트 케이스 간의 매핑 표를 생성하는 예시로 적용 방법은 대동소이 합니다.

5. 테스트 기법 제안

- GenAI는 테스트하려는 요구사항이나 사용자 스토리의 유형을 분석하여 경계값 분석(boundary value analysis), 동등 분할(equivalence partitioning) 등의 관련 테스트 기법을 제안할 수 있습니다.
- 테스터가 특정 테스트 컨디션에 가장 효과적인 접근 방식을 적용하도록 지원합니다.

【예시】 할인 코드를 입력하는 기능에 대해 경계값 분석을 활용하여 최대, 최소, 그리고 허용되지 않는 값을 테스트하도록 제안합니다.

LLM이 생성하는 출력(응답)의 정확성과 정밀도는 테스터가 제공하는 입력 데이터(입력 자료)의 품질과 직결돼 있습니다. 또한 입력 데이터가, 테스터가 하려는 작업과 얼마나 관련성이 있는지가 응답의 정확성과 정밀도에 직접적인 영향을 미칩니다.

보다 포괄적이고 잘 구조화된 정보를 입력하면, LLM은 테스트 기반 자료의 세부 차이점과 의존성을 더 잘 이해하여 보다 포괄적이고 실용적인 테스트 인사이트를 제공합니다.

쓰레기 같은 입력이 들어가면 쓰레기 같은 출력이 나온다는 'GIGO(Garbage In, Garbage Out)' 원칙이 GenAI 활용에도 적용됩니다. 따라서 정확하고 관련성 높은 데이터를 제공하는 것이 중요합니다.

실습 HO-4.1a: GUI 기반의 사용자 스토리에서 인수 기준을 생성하기 위한 구조화된 멀티모달 프롬프트 작성 연습

이 실습은 멀티모달 입력(텍스트와 이미지)을 사용하여 구조화된 프롬프트를 작성하는 연습입니다. 목표는 사용자 스토리와 GUI 와이어프레임(wireframe)을 기반으로 잘 구성되고 명확하며 완전한 인수 기준(acceptance criteria)을 생성하는 것입니다.

참고 '인수 기준'은 기능이 올바르게 구현되었는지를 판단하기 위한 구체적인 조건으로, 테스트 케이스를 작성하는 데 중요한 역할을 합니다.

[멀티모달 입력 활용] 텍스트와 이미지(예: GUI 와이어프레임)를 사용하여 프롬프트를 작성합니다.
[인수 기준 생성] 사용자 스토리와 GUI를 기반으로 높은 품질의 인수 기준을 생성합니다.

[추가 맥락 제공] 입력 필드에 대한 제약 사항이나 데이터 처리에 적용될 비즈니스 룰 등을 추가하여 맥락을 풍부하게 합니다.

참고 입력 필드 제약 사항은 UI의 입력 필드에 넣을 수 있는 값의 형식이나 범위 등을 의미하며, 비즈니스 룰은 데이터 처리 시 적용되어야 하는 비즈니스상의 규칙을 말합니다.

[프롬프트 수정 및 결과 평가] 프롬프트를 여러 번 수정하고, 각 시도에서 LLM으로부터 받은 결과를 평가합니다. 이를 통해 프롬프트의 6가지 구성 요소(역할, 맥락, 지침, 텍스트 및 이미지 입력 데이터, 제약 사항, 출력 형식)의 조정이 결과에 미치는 영향을 측정합니다.

6가지 프롬프트 구성 요소:

구성 요소	설명
역할(Role)	LLM에게 부여하는 역할 또는 페르소나
맥락(Context)	작업에 대한 배경 정보
지침(Instruction)	LLM이 수행할 작업에 대한 구체적인 지시
(텍스트 및 이미지) 입력 데이터	LLM이 처리해야 할 텍스트와 이미지 데이터
제약 사항(Constraints)	출력 결과에 적용될 제약 조건
출력 형식(Output Format)	LLM이 결과를 제공해야 하는 형식

■ 상세한 실습 가이드와 실습 수행 결과는 첨부II(HO-4.1a)에 있습니다.

실습 HO-4.1b: 프롬프트 체이닝과 휴먼 검증을 통한 사용자 스토리 분석 및 인수 기준 개선 연습

프롬프트 체이닝(prompt chaining) 기법을 사용해 주어진 사용자 스토리를 점진적으로 분석하고 인수 기준을 개선하는 실습입니다. 먼저 모호성을 식별하고, 그 다음 테스트 가능성(testability)을 평가하며, 마지막으로 완전성을 평가합니다. 이 실습은 단계별 접근법을 통해 단계별로 분석한 내용을 개선하여, 인수 기준이 잘 구성되고 테스트 목적에 맞도록 보완합니다.

각 단계에서 LLM이 제공한 결과를 수동으로 검증하고, 필요한 경우 출력 결과를 조정하거나, LLM과의 연속적인 프롬프팅 과정을 통해 수정합니다. 이를 통해 다음 단계에서 이전 단계의 정제된 결과를 사용하여 인수 기준을 개선하는 측면도 경험합니다.

> 이 실습을 통해 복잡한 작업을 하위 작업으로 분해하고 각 단계의 결과를 LLM 사용자가 검증함으로써 얻을 수 있는 이점을 실제로 경험해 볼 수 있습니다.
>
> 참고 '프롬프트 체이닝(prompt chaining)'은 복잡한 문제를 작은 단계로 나누어 LLM과 상호작용하는 기법입니다. 이를 통해 더 명확하고 정확한 결과를 얻을 수 있습니다.
>
> ■ 상세한 실습 가이드와 실습 수행 결과 예시는 첨부II(HO-4.1b)에 있습니다.

4.2 생성형 AI를 활용한 테스트 설계와 구현

테스트 설계 및 구현은 소프트웨어 테스팅 과정에서 매우 중요한 단계입니다.

■ 참고로 ISTQB 기반 레벨(foundation level) 지식체계(실러버스)에서 다루는 테스트 설계 및 구현을 축약한 내용은 첨부III (HA-4.2)에 있습니다.

GenAI는 다양한 테스트 설계 및 구현 활동을 지원하여 테스트 프로세스의 효율성과 효과성을 높일 수 있습니다.

- GenAI는 테스트 케이스, 테스트 데이터 등 다양한 테스트 산출물을 생성하고 그 품질을 평가하는 데 도움을 줍니다.
- 테스트 스크립트를 자동으로 생성하고, 우선순위를 지정하며, 테스트 실행 계획을 반영해 이를 적절히 배열할 수 있습니다.
- 테스트 실행의 우선순위를 결정하고 관련 계획을 수립할 수 있습니다.

GenAI가 지원할 수 있는 대표적인 테스트 설계 및 구현 활동의 보다 자세한 내용은 다음과 같습니다.

GenAI 테스트 설계 및 구현 활동

- **테스트 케이스 생성**: 요구사항을 기반으로 테스트 케이스 초안 작성
- **테스트 스크립트 생성**: 테스트 케이스에서 스크립트를 자동으로 생성
- **테스트 데이터 생성**: 테스트 시나리오에 사용될 합성 테스트 데이터 생성
- **테스트 실행 계획 수립**: 우선순위를 반영한 테스트 실행 계획 최적화

1. 테스트 케이스 생성

- 자연어 처리(NLP; Natural Language Processing)를 주로 활용하여 기능적, 비기능적 요구사항에 기반한 테스트 케이스의 초안을 작성합니다.
- 프롬프트를 통해 적절히 요청하면, LLM은 테스트 입력 조건, 예상 결과, 커버리지 관련 정보 등을 제안할 수 있습니다.
- 기본적인 기능 검증부터 복잡한 시나리오 기반 테스트에 이르는, 다양한 테스트 니즈를 충족하는 테스트 케이스를 생성합니다.

【예시】 기능 요구사항 기반 테스트 케이스 생성

- 이커머스 플랫폼에 새로운 할인 쿠폰 기능이 도입되어 다양한 할인 조건과 시나리오에 대한 테스트 케이스를 작성해야 합니다.
- LLM에게 기능 요구사항과 비즈니스 룰을 제공하고 테스트 케이스 생성을 요청합니다.
- LLM이 생성한 테스트 케이스 예시:
  - 테스트 케이스 1:
    - 입력: 10% 할인 쿠폰 적용, 최소 구매 금액 충족
    - 예상 결과: 총 결제 금액에 10% 할인 적용
  - 테스트 케이스 2:
    - 입력: 20% 할인 쿠폰 적용, 최소 구매 금액 미충족
    - 예상 결과: 쿠폰 적용 불가 메시지 표시

- 테스트 케이스 3:
  - 입력: 유효기간이 지난 쿠폰 적용 시도
  - 예상 결과: 쿠폰 만료 메시지 표시
- ■ GenAI를 활용한 '테스트 케이스와 시나리오 생성'을 상세하고 구체적으로 다루는 '실무 적용 예시'는 첨부II(HO-4.2a, HO-4.2b) 실습 가이드에 있습니다.

2. 테스트 데이터 생성

- GenAI는 실제 운영 데이터와 유사하면서도 개인정보를 보호하는 합성 테스트 데이터(synthetic test data)를 생성합니다.
- 이 합성 테스트 데이터는 엣지 케이스(edge cases)와 다양한 시나리오를 커버하며, 기능, 보안, 성능 테스트에 활용할 수 있습니다.
- GenAI로 생성된 테스트 데이터셋은 테스트 대상의 요구에 맞게 조정되어 민감한 정보를 노출하지 않으면서도 현실적인 시나리오를 시뮬레이션 합니다.

【예시】
- 사용자 행동 패턴 데이터 생성
  LLM에게 사용자 행동 패턴의 특성을 설명하고 테스트 데이터를 생성하도록 합니다.
  - 생성할 테스트 데이터 예시:
    - 사용자 A: 주로 전자제품을 검색하고 구매하는 30대 남성
    - 사용자 B: 화장품과 패션 아이템을 즐겨보는 20대 여성
    - 사용자 C: 아동용품을 자주 구매하는 40대 부모
- 이커머스 주문 데이터 생성
  - 다양한 사용자 프로필(연령, 지역, 구매 이력 등)
  - 다양한 상품 정보(카테고리, 가격대, 재고 수량 등)
  - 주문 상태(주문 완료, 배송 중, 취소 등)별 데이터 생성
- 보안 테스트를 위한 데이터 생성
  - SQL 인젝션 공격을 시뮬레이션하기 위한 특수 문자 입력 데이터
  - XSS(Cross-Site Scripting) 취약점을 테스트하기 위한 스크립트 입력 데이터

합성 테스트 데이터를 사용하면 실제 고객의 개인정보를 보호하면서도 다양한 테스트 시나리오를 검증할 수 있습니다.

3. 테스트 스크립트 자동 생성

- GenAI는 구조화된 테스트 케이스로부터 수동 테스트나 자동화 테스트에 필요한 스크립트를 자동으로 생성합니다.

- 테스트 케이스나 스크립트의 워크플로우를 해석하여 이를 다양한 테스트 프레임워크에서 호환 가능한 코드로 변환합니다.
- 기능, 성능, 보안 테스팅을 위한 스크립트를 생성하여 테스트 실행 속도를 높이고 스크립트의 품질을 표준화합니다.
- 새로운 요구사항에 따라 이 스크립트를 업데이트하거나 확장할 수 있습니다.

【예시】 Selenium(WebDriver)용 자동화 스크립트 생성
- 테스트 시나리오: 사용자 로그인 및 상품 검색
- LLM이 생성한 코드 예시:

```python
from selenium import webdriver

# WebDriver 설정
driver = webdriver.Chrome()

# 웹사이트 접속
driver.get('[https://www.example-ecommerce.com](https://www.example-ecommerce.com)')

# 로그인 과정
driver.find_element_by_id('login_email').send_keys('user@example.com')
driver.find_element_by_id('login_password').send_keys('password123')
driver.find_element_by_id('login_button').click()

# 상품 검색
driver.find_element_by_id('search_bar').send_keys('노트북')
driver.find_element_by_id('search_button').click()

# 결과 확인 등...
```

LLM은 테스트 케이스를 기반으로 자동화 스크립트를 생성하여 테스터의 코딩 시간을 절약해 줍니다.

■ GenAI를 활용한 '테스트 스크립트 자동 생성'에 대한 보다 구체적인 실무 적용 예시는 첨부II(HO-4.3a, [1부] 키워드 주도 테스트 스크립트 자동 생성 및 관리)에 있습니다.

4. 테스트 실행 계획 수립 및 우선순위 지정

- GenAI는 테스트 케이스와 그 상호 의존성 분석을 토대로 우선순위를 지정할 수 있습니다.
- 리소스 가용성, 테스트 목표 등을 감안하여 테스트 실행 일정을 최적화합니다.
- 테스트의 실제 실행을 반영해 실행 순서를 동적으로 정렬할 수 있습니다. 이를 통해 중복되는 테스트 실행을 줄임으로써 테스트 효율성을 향상시킵니다.
- 이는 코드 변경에 대한 신속한 피드백이 중요한 지속적 통합/지속적 배포(CI/CD; Continuous Integration/Continuous Delivery) 환경에서 특히 중요합니다.

【예시】

- 우선순위 지정 기준
    - 핵심 기능(예: 결제, 주문 처리)에 대한 테스트를 최우선으로 실행
    - 최근에 수정된 코드 영역과 관련된 테스트 케이스를 우선 실행
    - 버그 발생 이력이 많은 영역의 테스트를 우선시함
- LLM이 생성한 테스트 실행 계획 예시:
    1. 결제 기능 테스트 케이스 실행
    2. 신규 추가된 상품 추천 기능 테스트
    3. 회원 가입 및 로그인 기능 테스트
    4. 상품 검색 및 필터링 기능 테스트
    5. 장바구니 기능 테스트

■ GenAI를 활용한 '테스트 케이스 실행을 위한 우선 순위 선정'에 실제로 적용할 수 있는 수준의 '실무 적용 예시'는 첨부II(HO-4.2c) 실습 가이드에 있습니다.

추가로 '테스트 케이스 우선 순위 조정'은 테스트 제어(test control) 활동 중 한가지 입니다. 테스트 진행 상황을 모니터링하다가 필요에 따라 테스트 케이스의 우선 순위를 조정하고 이를 테스트 실행 계획에 반영합니다.

■ GenAI를 활용한 '테스트 제어 자동화'에 대한 실무 적용 예시가 첨부II(HO-4.4, 6.결과 해석 및 의사 결정 지원)와 첨부III(HE-4.4)에 있으니 관계된 내용을 미리 확인해 실무적 인사이트를 더하기 바랍니다.

실습 HO-4.2a: 프롬프트 체이닝, 구조화된 프롬프트 및 메타 프롬프팅을 사용해 사용자 스토리로부터 기능 테스트 케이스 생성

이 실습은 GenAI를 활용하여 사용자 스토리로부터 기능 테스트 케이스를 개발하는 데 초점을 맞춥니다. 철저한 테스트 커버리지를 보장하는 테스트 케이스를 생성하기 위해 프롬프트 체이닝(prompt chaining), 구조화된 프롬프트(structured prompts), 메타 프롬프팅(meta prompting) 기법을 사용합니다.

참고 프롬프트 체이닝은 복잡한 작업을 여러 단계로 나누어 GenAI와 상호작용하는 기법입니다. 프롬프트 구조화는 명확하고 일관된 형식으로 GenAI에게 지침(instruction)을 제공하는 방법이며, 메타 프롬프팅은 GenAI에게 프롬프트 자체를 생성하거나 개선하도록 요청하는 기법입니다.

실습할 내용은 아래와 같습니다.

1. 프롬프트 생성
   - GenAI에게 주어진 인수 기준(acceptance criteria)을 기반으로 기능 테스트 케이스(functional test cases)를 생성하도록 지시하는 프롬프트를 작성합니다.
   - 특정한 출력 형식(output format)을 따르도록 합니다.
2. 생성된 테스트 케이스의 완전성 검증
   - 생성된 테스트 케이스가 모든 인수 기준을 커버하는지 확인합니다.
   - GenAI에게 커버리지를 요약한 표를 생성하도록 지시하여 각 인수 기준이 어떻게 테스트 케이스에 반영되었는지 검증합니다.
3. 메타 프롬프트 생성
   - 엔드 투 엔드(end-to-end) 테스트 시나리오의 생성을 돕기 위한 메타 프롬프트를 작성합니다.
   - 이 메타 프롬프팅은 프롬프트를 개선하여 포괄적인 엔드 투 엔드 테스트를 생성하도록 지원합니다. 이때 효과를 극대화하기 위해서는 반복적 개선이 권장됩니다.

참고 '엔드 투 엔드 테스트'는 시스템의 처음부터 끝까지 전체적인 기능을 검증하는 테스트입니다.

■ 상세한 실습 가이드와 실습 수행 결과 예시는 첨부II(HO-4.2a)에 있습니다.

실습 HO-4.2b: 퓨샷 프롬프팅 기법을 사용하여 주어진 테스트 컨디션과 테스트 케이스를 기반으로, 사용자 스토리에서 Gherkin 스타일의 테스트 시나리오 생성하기

이 실습은 퓨샷 프롬프팅(few-shot prompting) 기법을 활용하여 사용자 스토리로부터 Gherkin 스타일의 테스트 시나리오를 생성하는 것입니다. 주어진 테스트 컨디션과 테스트 케이스를 참고하여, GenAI가 원하는 출력 형식을 학습하도록 예시를 제공하고, 이를 통해 새로운 사용자 스토리에 대한 테스트 시나리오를 생성합니다.

참고 '퓨샷 프롬프팅'은 몇 개의 예시를 GenAI에게 제공하여 원하는 출력 패턴을 학습하도록 하는 기법입니다. Gherkin은 BDD(Behavior Driven Development; 행동 주도 개발)에서 사용하는 간단한 규칙을 갖는 언어로, 'Given-When-Then' 형식의 테스트 시나리오를 작성하는 데 사용됩니다.

이 실습은 아래와 같이 구성됩니다.

1. Gherkin 문법과 예시 검토
    - 미리 정의된 예시와 Gherkin 문법을 살펴봅니다.
2. 예시 선택 및 프롬프트 작성
    - 프롬프트에 포함할 n개의 예시를 선택합니다.
    - 각 예시는 사용자 스토리, 테스트 컨디션, 예상되는 Given-When-Then 스타일의 테스트 시나리오로 구성됩니다.
3. 새로운 사용자 스토리에 적용
    - 작성된 프롬프트를 새로운 사용자 스토리에 적용하여 새로운 Gherkin 시나리오를 생성합니다.
    - 생성된 시나리오가 원래의 테스트 컨디션을 반영하는지 확인합니다.
4. 결과 검토 및 프롬프트 개선
    - 결과가 정확하지 않다면, 퓨샷 프롬프팅에 사용된 예시나 프롬프트를 수정하여 개선합니다.

이 실습을 통해 다음을 습득합니다.
- 일관된 테스트 시나리오 생성(현실적인 테스트 설계 및 구현 과제)에 GenAI를 활용하는 방법
- Gherkin 스타일의 테스트 시나리오 작성 능력 향상
- 퓨샷 프롬프팅 기법의 실제 적용 경험

■ 상세한 실습 가이드와 실습 수행 결과 예시는 첨부II(HO-4.2b)에 있습니다.

실습 HO-4.2c: 주어진 테스트 스위트 및 리스크/종속성 데이터를 기반으로 프롬프트 체이닝을 활용한 테스트 케이스 우선순위 지정

이 실습의 목적은 GenAI를 활용하여 주어진 테스트 스위트(test suite)의 테스트 케이스 우선순위를 개선하는 것입니다. 이때 고려해야 할 사항은 관련된 리스크 분석(risk analysis) 결과와 테스트 케이스 간의 종속성(dependencies) 등 입니다.

참고 '테스트 스위트'는 특정 테스트 목표를 달성하기 위해 그룹화된 테스트 케이스의 모음입니다.

이 실습의 구성은 아래와 같습니다.

1. 우선순위 지정 전략(prioritization strategies)의 이해
   - 리스크 기반(risk-based) 우선순위 지정
   - 커버리지 기반(coverage-based) 우선순위 지정
   - 요구사항 기반(requirements-based) 우선순위 지정

2. 주어진 테스트 스위트 검토
   - 각 테스트 케이스의 리스크 수준, 커버리지 기여도 및 종속성, 요구사항 중요도 등을 파악합니다.

3. 프롬프트 작성 및 우선순위 계획 생성
   - 다양한 우선순위 전략이 반영된 실행 가능한 우선순위 계획을 생성하기 위해 프롬프트를 작성합니다.
   - 작업에 따라 적절한 프롬프팅 기법을 선택합니다.

4. LLM 결과 검증
   - 프롬프트와 입력 데이터를 기반으로 LLM이 생성한 결과를 수동으로 검증하여 LLM의 추론 오류(reasoning errors)를 감지합니다.

이 실습을 통해 다음을 습득합니다.
   - 리스크, 커버리지 기여도 및 종속성, 요구사항 중요도 등을 고려하여 테스트 케이스 우선순위를 지정하는 방법을 학습합니다.
   이는 다중 기준 추론 능력이 필요한 테스트 작업에서 GenAI를 활용하는 것입니다.
   - 우선순위 지정 전략에 따라 테스트 케이스 실행 순서가 어떻게 달라지는지를 이해합니다

■ 상세한 실습 가이드와 실습 수행 결과 예시는 첨부II(HO-4.2c)에 있습니다.

4.3 생성형 AI를 활용한 리그레션 테스트(테스트 실행 중심)

리그레션 테스트(Regression Testing)는 최근에 이루어진 변경 사항이나 버그 수정이 기존의 기능을 의도치 않게 방해해 망가뜨리지 않도록 보장하는 중요한 과정입니다. 이러한 변경 사항은 변경이 발생한 구성 요소(component)뿐만 아니라, 상호 연결된 시스템과 관계성이 적은 다른 시스템에도 영향을 미칠 수 있습니다.

예를 들어, 이커머스 사이트에서 결제 기능을 개선했을 때, 이 변경이 상품 주문이나 재고 관리 시스템에 예기치 않은 영향을 미칠 수 있습니다.

새로운 반복(iteration)이나 릴리즈(release)가 완료될 때마다, 실행 항목인 리그레션 테스트 케이스의 수는 일반적으로 증가합니다. 증가하는 리그레션 테스트 케이스는 자동화의 이상적인 후보가 됩니다. 특히 지속적 통합(CI: Continuous Integration)과 데브옵스(DevOps) 환경에서는 리그레션 테스트 자동화가 더욱 중요합니다.

- 이커머스 플랫폼에서 신규 기능이 추가될 때마다 기존 기능과의 상호 작용을 확인하기 위해 테스트 케이스가 기하급수적으로 늘어날 수 있습니다.
- 이커머스 시스템에서는 코드가 변경될 때마다 자동으로 빌드되고 테스트되어야 하므로, 자동화된 리그레션 테스트는 필수적입니다.

리그레션 테스트에서 GenAI의 역할은 다음과 같습니다.

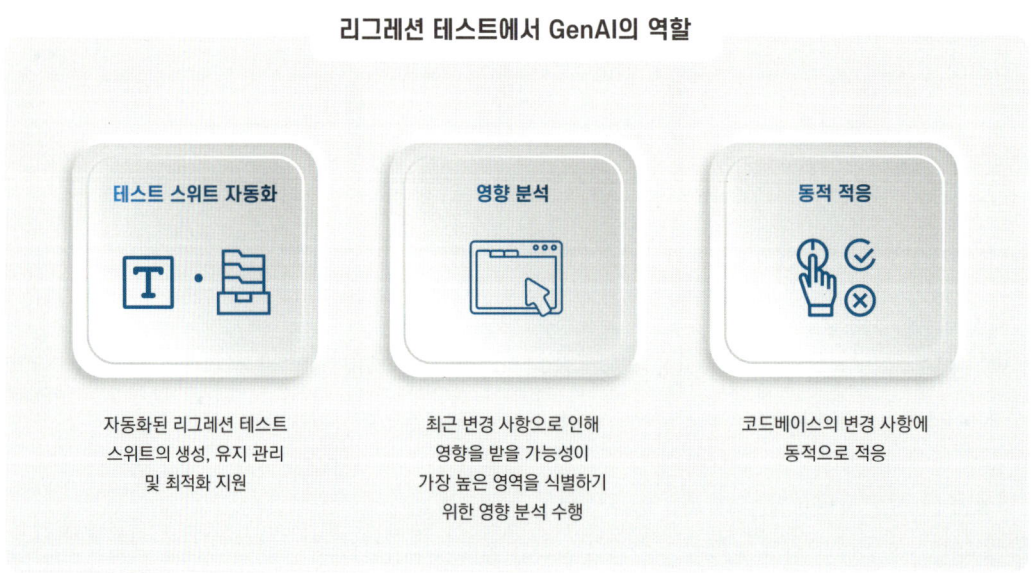

- GenAI는 자동화된 리그레션 테스트 스위트의 생성, 유지 관리, 최적화를 지원하여 리그레션 테스트 프로세스를 간소화할 수 있습니다.

참고 GenAI는 대량의 데이터를 처리하고 패턴을 인식하는 데 뛰어나므로, 테스트 자동화의 여러 측면에서 유용하게 활용될 수 있습니다.
- GenAI는 영향 분석(impact analysis)을 수행해, 최근의 수정으로 인해 영향 받을 가능성이 가장 높은 소프트웨어의 영역을 식별할 수 있습니다.
- GenAI는 코드베이스의 변경 사항에 동적으로 적응할 수 있습니다.
즉, 새로운 기능이 추가되거나 기존 기능이 수정될 때, GenAI가 자동으로 해당 변경 사항을 감지하고 필요한 테스트를 제안합니다.

이로서 테스터는 리그레션 테스트 노력을 가장 필요한 곳에 집중함으로써 효율성을 높일 수 있습니다.

예를 들어, GenAI의 지원으로 리그레션 테스트 관련 활동 시간과 노력을 줄여, 사업적으로 중요성이 높은 결제 프로세스나 고객 데이터 처리와 관련된 부분에 테스트를 집중시켜 품질 확보 가능성을 높일 수 있습니다.

GenAI가 지원하는 테스트 실행과 관련된 대표적인 리그레션 테스트와 관련 보고 활동은, 키워드 주도 자동화를 통한 테스트 스크립트 구현, 영향 분석과 테스트 최적화, 자가 치유와 적응형 테스트, 자동화된 보고 및 인사이트 제공, 향상된 버그 문서화 및 근본 원인 분석 입니다. 이의 자세한 내용과 실무적인 사례는 아래와 같습니다.

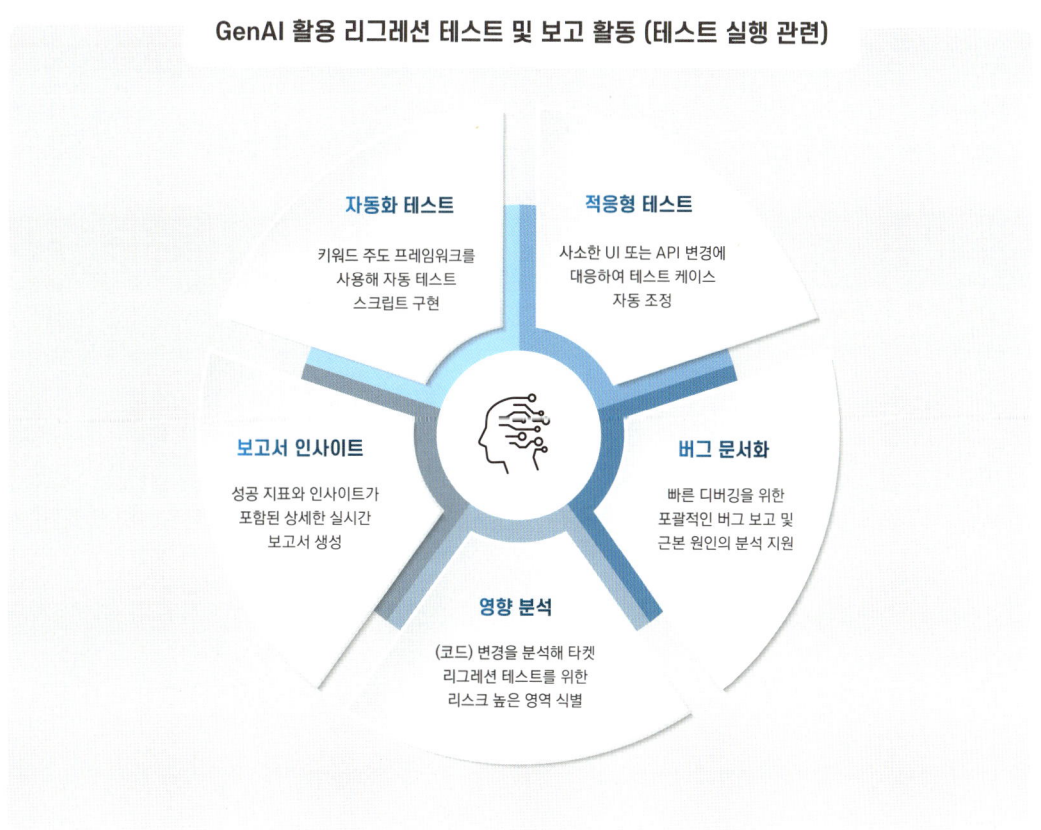

GenAI 활용 리그레션 테스트 및 보고 활동 (테스트 실행 관련)

1. 키워드 주도 자동화로 테스트 스크립트 자동 구현

- GenAI는 키워드 주도 자동화 프레임워크를 기반으로 테스트 스크립트를 구현하는 데 사용될 수 있습니다. 키워드 주도 자동화에서는 사전에 정의된 키워드가 일반적인 테스트 동작이나 기능을 나타냅니다.
- GenAI는 이러한 키워드를 특정 테스트 케이스에 매핑하고, 스크립트를 자동으로 생성하여, 테스터와 테스트 자동화 엔지니어를 지원할 수 있습니다.

【예시】 '로그인', '상품검색', '장바구니추가', '결제실행' 등의 키워드를 사용하여 테스트 스크립트를 자동으로 생성합니다.

실무 적용 예시: 이커머스 플랫폼에서 키워드 주도 자동화를 사용하여 테스트 스크립트 구현하기

1) 키워드 목록 정의

먼저, 플랫폼의 주요 기능과 동작을 대표하는 키워드를 정의합니다.

키워드	설명
로그인	사용자 로그인 동작 수행
로그아웃	사용자 로그아웃 동작 수행
상품검색	키워드를 사용한 상품 검색 수행
상품선택	검색 결과에서 특정 상품 선택
장바구니추가	선택한 상품을 장바구니에 추가
장바구니확인	장바구니 내용을 확인
결제실행	결제 프로세스 시작 및 완료
주문확인	주문 내역 및 상태 확인

이처럼 키워드를 정의하면 테스트 시나리오를 쉽게 조합하고 재사용할 수 있습니다.

2) 테스트 시나리오 설계

- 키워드를 조합하여 다양한 테스트 시나리오를 설계합니다.

  시나리오 1: 신규 사용자 주문 프로세스 테스트

  로그인 → 상품검색 → 상품선택 → 장바구니추가 → 장바구니확인 → 결제실행 → 주문확인 → 로그아웃

  시나리오 2: 로그아웃 상태에서 장바구니 유지 여부 테스트

  상품검색 → 상품선택 → 장바구니추가 → 로그아웃 → 로그인 → 장바구니확인

3) GenAI를 활용한 테스트 스크립트 생성
- GenAI에게 키워드와 그에 해당하는 동작을 학습시킵니다.

  【예시】 키워드 로그인은 로그인 페이지로 이동하여 이메일과 비밀번호를 입력하고 로그인 버튼을 클릭하는 동작으로 정의됩니다.

- 테스트 시나리오를 입력하면 GenAI가 각 키워드에 해당하는 스크립트 코드를 자동으로 생성합니다.

  예시 코드 (Selenium WebDriver 사용):

  def 로그인(이메일, 비밀번호):

      driver.get("https://www.example.com/login")

      driver.find_element(By.ID, "email").send_keys(이메일)

      driver.find_element(By.ID, "password").send_keys(비밀번호)

      driver.find_element(By.ID, "login-button").click()

  전체 시나리오 스크립트 생성:

  \# 시나리오 1: 신규 사용자 주문 프로세스 테스트

  로그인("user@example.com", "password123")

  상품검색("노트북")

  상품선택("게이밍 노트북")

  장바구니추가()

  장바구니확인()

  결제실행()

  주문확인()

  로그아웃()

  GenAI가 키워드와 매개변수를 활용하여 실제 테스트 스크립트를 자동으로 생성합니다.

4) 테스트 스크립트 실행 및 유지 보수
- 생성된 스크립트를 테스트 자동화 도구(Selenium, Appium 등)에서 실행합니다.
- UI나 기능 변경 시, 키워드 동작만 수정하면 관련된 모든 스크립트가 자동으로 업데이트됩니다.

■ GenAI를 활용한 '키워드 주도 자동화로 테스트 스크립트 자동 구현'에 대한 더 구체적인 실무 적용 예시는 첨부 II(HO-4.3a, [1부] 키워드 주도 테스트 스크립트 자동 생성 및 관리)에 있습니다.

이 예시는 키워드 라이브러리 각각에 대한 키워드 함수를 정의하는 부분은 물론 GenAI를 통한 스크립트 검증, 추가 테스트 스크립트를 통한 테스트 커버리지 확대 등 보다 구체적이고 포괄적인 내용을 다룹니다.

2. 영향 분석과 테스트 최적화

GenAI는 코드 변경을 분석하여 변경된 부분은 물론 변경이 영향을 줄 수 있는 리스크 높은 영역(high-risk areas)을 식별하는 데 사용될 수 있습니다.
이를 통해 가장 필요한 곳에 타겟팅된 리그레션 테스트 수행을 가능하게 합니다.

【예시】 새로운 결제 방식을 추가했을 때, 해당 부분이 다른 기능에 미치는 영향을 GenAI가 분석합니다.

실무 적용 예시: 코드 변경에 따른 영향 분석을 통해 리그레션 테스트 최적화

① 코드 변경 사항 추출
- 버전 관리 시스템(Git 등)을 통해 최신 코드 변경 사항을 추출합니다.

【예시】 최근 커밋에서 결제 모듈과 관련된 파일이 수정되었습니다.

② GenAI를 통한 영향 분석 수행
- GenAI에게 코드 변경 사항과 시스템 구성 정보를 제공합니다.

【예시】 수정된 파일 목록과 각 파일이 어떤 기능과 관련되어 있는지에 대한 정보를 GenAI에게 프롬프트를 통해 입력합니다.

- 변경된 코드가 시스템에 미치는 영향을 GenAI가 분석합니다.
    - 어떤 기능들이 직접적으로 영향을 받는지 식별
    - 변경 사항이 다른 모듈에 어떤 간접적인 영향을 미칠 수 있는지 추론

GenAI는 코드 의존성, 호출 관계, 데이터 흐름 등을 고려하여 분석합니다.

③ 테스트 케이스 우선순위 지정
- 영향 분석 결과를 기반으로 테스트 케이스의 우선순위를 결정합니다.
    - 직접 영향을 받는 기능의 테스트 케이스는 우선순위 높음
    - 간접적인 영향을 받는 기능의 테스트 케이스는 우선순위 중간
    - 영향이 없는 기능의 테스트 케이스는 우선순위 낮음

【예시】 결제 기능 테스트 케이스는 우선순위 높음, 주문 확인 기능은 우선순위 중간으로 지정합니다.

④ 테스트 실행 계획 수립 및 수행
- 우선순위에 따라 테스트 실행 계획을 수립하고, 제한된 시간 내에 중요한 테스트 케이스를 우선적으로 실행합니다.
- 자동화된 테스트 스위트를 활용하여 효율적으로 테스트를 수행합니다.

3. 자가 치유와 적응형 테스트

GenAI는 사소한 UI나 API 변경에 대응하여 테스트 케이스를 자동으로 조정할 수 있습니다. 작은 수정으로 인한 불필요한 실패를 방지하고, 테스트 스위트가 시간에 따라 안정적으로 유지되도록 보장합니다.

【예시】 버튼의 위치나 이름이 변경되었을 때, GenAI가 이를 감지하여 스크립트를 수정합니다.

실무 적용 예시: UI 변경에 따른 테스트 스크립트의 자동 수정으로 안정적인 테스트 유지

① 테스트 스크립트 실패 감지
- 자동화된 테스트 실행 중에 스크립트가 실패한 부분을 감지합니다.
  【예시】 로그인 버튼을 찾지 못해 테스트가 실패합니다.

② GenAI를 통한 변경 사항 분석
- GenAI에게 실패한 테스트 케이스의 로그와 스크린샷을 제공합니다.
- GenAI는 오류 메시지와 화면 정보를 분석하여 원인을 파악합니다.
- GenAI가 변경 사항을 감지하고, 변경된 UI 요소의 새로운 속성(id, name, xpath 등)을 식별합니다.
  【예시】 로그인 버튼의 id 속성이 변경되었음을 감지합니다.

③ 테스트 스크립트 자동 수정
- GenAI가 변경된 UI 요소에 맞게 스크립트를 수정합니다.
  - 새로운 속성(id, name, xpath 등)을 사용하여 요소를 식별
  - 동적 로케이터(dynamic locators)를 적용하여 UI 변경에 탄력적으로 대응
  【예시】 driver.find_element(By.ID, "login-button-new")로 수정

④ 수정된 스크립트 검증 및 적용
- 수정된 스크립트를 다시 실행하여 정상 동작을 확인합니다.
- 문제없이 동작하면 스크립트를 저장하고, 버전 관리 시스템에 커밋합니다.

---

4. 자동화된 리그레션 테스트 보고 및 인사이트 제공

GenAI는 리그레션 테스트의 성과 지표(예, 테스트 성공율, 기능별 결함 발생 빈도 등), 장애, 핵심 인사이트를 담은 실시간 상세 보고서와 대시보드를 생성할 수 있습니다. 여기서 대시보드는 이해관계자에게 테스트 추이를 명확히 보여줍니다. 또한 특정 지점의 장애 발생 가능성에 대한 통찰을 제공합니다.

실무 적용 예시: 실시간 대시보드와 보고서를 통한 테스트 결과의 시각화

① 테스트 결과 수집 및 저장
- 자동화된 테스트 실행 시 결과 데이터를 중앙화된 저장소(데이터베이스 등)에 저장합니다. 각 테스트 케이스의 실행 시간, 성공 여부, 에러 메시지 등을 저장합니다.

② GenAI를 활용한 데이터 분석
- GenAI가 수집된 데이터를 분석하여 주요 성과 지표(KPI)를 산출합니다.
    - 테스트 성공률, 실패율
    - 기능별, 모듈별 결함 발생 빈도
    - (이전 테스트 사이클과의 비교를 통한) 추이(trend) 분석
        ‣ 결함 발생/수정 추이
        ‣ 테스트 커버리지 변화 추이
        ‣ 리스크 증가/감소 추이

【예시】 결제 모듈의 실패율이 지난주 대비 10% 증가하였음을 발견

③ 맞춤형 대시보드 생성
- 이해관계자별로 필요한 정보를 담은 대시보드를 생성합니다.
    - 개발팀용 대시보드: 상세한 에러 정보, 재현 가능한 시나리오
    - 매니저용 대시보드: 전체적인 테스트 진행 상황, 리스크 영역
    - 경영진용 대시보드: 출시 준비 상태, 품질 지표

④ 예측 인사이트 제공
- GenAI가 미래의 잠재적 문제를 예측합니다.
    - 특정 모듈에서 결함 발생 추세를 분석하여 향후 리스크 레벨 평가
    - 테스트 커버리지와 결함 발견률의 상관관계 분석

【예시】 주문 처리 모듈에서 결함 발생이 증가 추세이므로 추가적인 테스트가 필요함을 경고

⑤ 자동화된 보고서 배포
- 정기적으로 자동 생성된 보고서를 이메일이나 협업 도구(Slack, Teams 등)를 통해 공유합니다.

■ GenAI를 활용한 '자동화된 리그레션 테스트 보고 및 인사이트 제공'과 관련된 실무 적용 예시는 첨부II(HO-4.3b, HO-4.4, 5.대시보드 및 자연어 요약 생성)에 있습니다.

5. 향상된 리그레션 버그 문서화 및 근본 원인 분석

GenAI는 테스트 로그, 스크린샷, 테스트 환경 데이터가 포함된 종합적인 버그 보고서를 자동으로 작성할 수 있습니다.

또한 테스트 실패의 근본 원인을 가능한 선에서 식별하여 더 빠른 디버깅과 해결을 지원합니다.

> **실무 적용 예시: 자동화된 버그 보고서와 GenAI 기반의 근본 원인 분석으로 문제 해결 시간 단축하기**
>
> ① 자동화된 버그 보고서 생성
> - 테스트 실패 시 GenAI가 자동으로 버그 보고서를 생성합니다.
>   포함 내용:
>   - 실패한 테스트 케이스의 이름과 설명
>   - 에러 로그와 스택 트레이스(stack trace)
>   - 스크린샷 또는 화면 녹화 영상
>   - 테스트 실행 환경 정보(OS, 브라우저 버전 등)
>
>   필요한 다양한 정보가 포함되어 있어 개발자가 문제를 재현하기 쉽게 지원합니다.
>
> ② GenAI 기반 근본 원인 분석
> - GenAI가 수집된 데이터를 분석하여 잠재적인 근본 원인을 식별합니다.
>   - 오류 패턴(결함 발생 유형) 분석
>   - 과거 유사한 결함과의 비교
>   - 코드 변경 이력과의 상관관계 분석
>
>   【예시】 최근에 업데이트된 특정 함수에서 null pointer 예외가 발생했을 가능성이 높음을 제시
>
> ③ 결함(버그) 추적 시스템과 연동
> - 자동 생성된 결함 보고서를 Jira, Asana 등의 결함 추적 시스템에 등록합니다.
>   태그, 결함 수정의 우선순위, 담당자 등을 자동으로 지정하여 결함 관리 프로세스를 간소화할 수 있습니다.
>
> ④ 개발자와의 협업 강화
> - 개발자는 상세한 결함 보고서와 근본 원인 분석 결과를 바탕으로 빠르게 문제를 파악하고 수정할 수 있습니다.
> - 필요할 경우 GenAI를 통해 추가적인 디버깅 정보를 요청할 수 있습니다.

6. 리그레션 테스트에서 GenAI의 활용 확장

다양한 관점의 리그레션 테스트에 GenAI를 적용할 수 있습니다.
- 위의 활동들은 기능적 리그레션 테스트와 비기능적 리그레션 테스트 모두에 적용될 수 있습니다.
  성능, 보안, 사용성 등 비기능적 측면에서도 GenAI를 활용한 리그레션 테스트가 중요합니다.

- 엔드 투 엔드 GUI(Graphical User Interface)와 API(Application Programming Interface) 기반의 자동화된 리그레션 테스트에도 적용됩니다.
사용자 인터페이스와 백엔드 시스템 모두에 대해, GenAI의 도움을 받아 리그레션 테스트를 수행할 수 있습니다.

GUI 테스트와 API 테스트는 각각 고유한 도전 과제와 해결책을 가지고 있습니다.
【예시】 GUI 테스트는 UI 변화에 민감하고, API 테스트는 데이터 형식이나 인증 변화에 민감합니다.

GenAI를 활용해 GUI와 API 기반의 자동화된 리그레션 테스트를 수행하는 방안을 별도로 살펴보겠습니다.

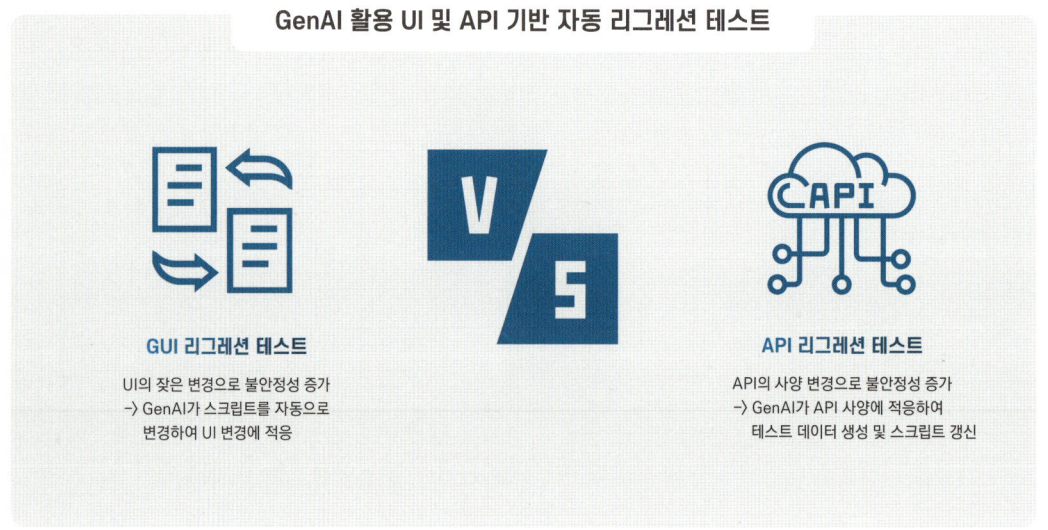

[GUI 리그레션 테스트에서의 GenAI 활용]
- GUI 테스트는 사용자 인터페이스의 잦은 변경으로 인해 불안정해지기 쉽습니다.
【예시】 버튼 위치 변경, 레이아웃 수정 등으로 인해 기존 테스트 스크립트가 실패할 수 있습니다.
- GenAI는 변경된 UI 요소와 이의 속성(id, name, xpath 등) 관련 정보를 토대로 스크립트를 자동으로 수정할 수 있습니다(동적 로케이터(dynamic locators) 활용). 이를 통해 GenAI는 UI의 변경된 부분과 이의 상호작용을 안정적으로 처리하여 수동 개입의 필요성을 줄여줍니다.

[API 리그레션 테스트에서의 GenAI 활용]
- API 리그레션 테스트는 요청/응답 형식, 엔드포인트(endpoint), 인증(authentication) 등의 변경으로 어려움을 겪습니다.
【예시】 API 버전 업으로 인해 요청 파라미터나 응답 구조가 바뀌는 경우 기존 테스트가 실패할 수 있습니다.

- GenAI는 변경되는 API 사양에 맞춰 자동으로 스크립트를 적응시키고 다양한 테스트 데이터를 생성할 수 있습니다.
  - 포괄적인 테스트 커버리지를 유지하고 수동 업데이트의 필요성을 줄여줍니다.

실습 HO-4.3a: 퓨샷 프롬프팅을 활용한 키워드 주도 테스트 스크립트 생성 및 관리

이 실습의 목표는 GUI 테스트 자동화 프레임워크를 사용하여 주어진 웹 애플리케이션의 테스트 스크립트를 개발하고 자동화하는 것입니다. 특히 퓨샷 프롬프팅(Few-Shot Prompting) 기법을 활용하여 키워드 주도 테스트 스크립트(keyword-driven test scripts)를 생성하고 관리하는 방법을 익히게 됩니다.

참고 '퓨샷 프롬프팅(Few-Shot Prompting)'은 GenAI에게 몇 개의 예시를 제공하여 원하는 작업을 수행하도록 하는 기법입니다.
'키워드 주도 테스트(keyword-driven test)'는 사전에 정의된 키워드를 사용하여 테스트 스크립트를 작성하는 방법으로, 유지보수와 재사용성이 높습니다.

이 실습은 두 개의 주요 섹션으로 구성되어 있습니다.
1. 테스트 자동화
   - 키워드 라이브러리 문서 생성
   - 초기 테스트 스크립트 생성
   - GenAI를 통한 스크립트 검증
   - 추가 스크립트를 통한 테스트 커버리지 확대

2. 테스트 스크립트(코드) 디버깅
   - 디버깅 기능에 중점을 두고, 시스템 프롬프트를 사용하여 테스트 스크립트를 검사하고 수정할 수 있는 GenAI 어시스턴트 생성

이 실습에서는 퓨샷 프롬프팅이 키워드 주도 테스트 스크립트의 생성, 유지 관리, 디버깅에 어떻게 효과적으로 사용될 수 있는지 보여줍니다.

이 실습을 통해 다음을 습득합니다.
- GenAI를 활용한 테스트 스크립트 생성과 검증 및 디버깅 방법
- GenAI를 활용한 테스트 자동화 프로세스의 효율성 향상 방안
- 퓨샷 프롬프팅 기법의 실무 적용
- 키워드 주도 테스트 프레임워크의 이해와 활용
- Selenium을 활용한 테스트 자동화

■ 상세한 실습 가이드와 실습 수행 결과 예시는 첨부II(HO-4.3a)에 있습니다.

실습 HO-4.3b: 리그레션 테스트에서의 테스트 결과 분석을 위한 구조화된 프롬프트 엔지니어링

이 실습의 목표는 구조화된 프롬프트(structured prompt)로 리그레션 테스트 실행 결과를 분석하는 체계적인 방법을 익히는 것입니다.

이 실습은 다음과 같은 단계로 구성되어 있습니다.
1. 원시(raw) 테스트 실행 결과 분석
2. 예상 결과와 실제 결과의 차이점 분석
3. 유사한 이슈의 군집화
4. 알려진 이상 현상 목록의 유지
5. 발견된 사항의 교차 검증

각 단계는 LLM과의 대화를 통해 순차적으로 진행되며, 이전 단계의 결과를 활용하여 다음 단계를 수행합니다.

이 실습은 리그레션 테스트 결과와 테스트 로그를 구조화된 프롬프트를 사용하여 실무에서 쓸 수 있는 인사이트로 변환하는 방법을 단계별로 보여줍니다.

이 실습을 통해 다음을 습득합니다.
- 리그레션 테스트 결과의 효과적인 분석 방법
- LLM을 활용해 테스트 결과에서 실무적 인사이트 도출
- 구조화된 프롬프트의 실무 적용
- 테스트 로그를 활용한 문제 해결 능력 향상

■ 상세한 실습 가이드와 실습 수행 결과 예시는 첨부II(HO-4.3b)에 있습니다.

4.4 생성형 AI를 활용한 테스트 모니터링과 제어

GenAI는 소프트웨어 테스팅 프로세스의 핵심 구성 요소 중 하나인 테스트 모니터링(test monitoring)과 테스트 제어(test control) 활동을 여러 측면에서 지원하고 개선할 수 있습니다. GenAI를 활용하면 다음과 같은 테스트 모니터링 및 제어 활동을 원활하게 수행할 수 있습니다.

1. 실시간 테스트 모니터링과 지표 분석
2. 테스트 제어 자동화
3. 테스트 지표 시각화와 보고의 향상

1. 실시간 테스트 모니터링과 지표 분석

GenAI는 데이터를 자동으로 추출하고 모니터링하며, 이를 통해 추세를 분석하여 잠재적인 리스크를 예측할 수 있습니다. 또한 이상 징후가 발생하면 팀에게 즉시 알림을 보내 이슈 발생 가능성을 낮추고 품질 수준을 유지할 수 있도록 도와줍니다.

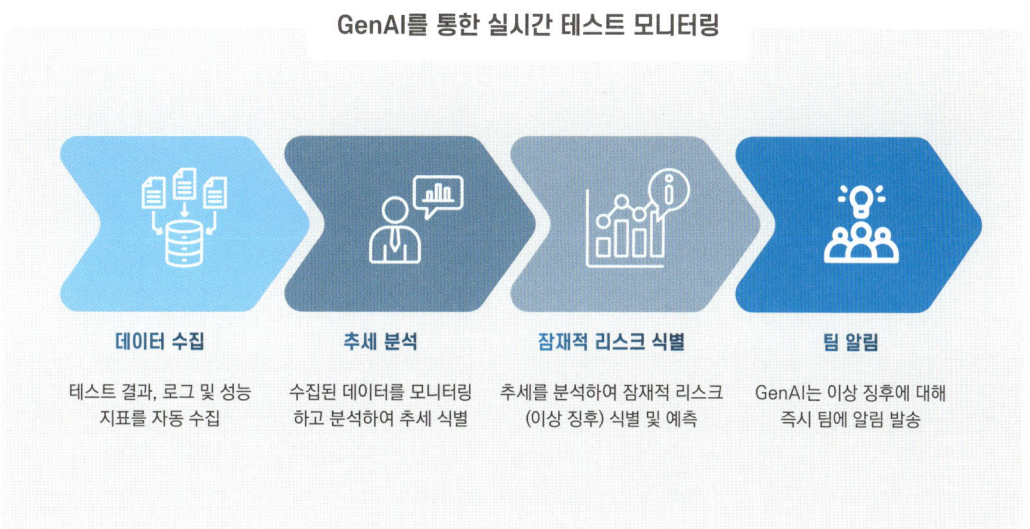

- 테스트 실행 결과, 로그, 성과 지표 등의 테스트 데이터를 자동으로 수집합니다.
- 수집된 테스트 데이터를 기반으로 추세를 분석하여 문제가 발생하기 전에 대응할 수 있습니다.
  【예시】 상품 상세 페이지의 로딩 시간이 점차 길어지는 추세를 보인다면, GenAI가 이를 감지하여 성능 저하의 원인을 파악하고 개선 조치를 취할 수 있도록 합니다.
- 이상 징후나 기준에서 벗어나는 상황이 발생하면 즉시 팀원들에게 알림을 보냅니다.

이러한 방식으로 팀은 항상 최신 정보를 유지하고, 품질 수준을 유지하기 위해 신속하게 대응할 수 있습니다.

실무 적용 예시

GenAI를 활용하여 테스트 진행 중에 실시간으로 테스트 데이터를 수집하고 분석하여 잠재적인 결함이나 테스트 진행 상의 이슈를 예측합니다.

테스터와 테스트 매니저가 실무에서 사용할 수 있는 실제 프롬프트와 예상 응답(출력)은 다음과 같습니다.

프롬프트 예시:

당신은 소프트웨어 테스팅 전문 AI 분석가입니다. 아래는 테스트 수행 중 수집된 테스트 케이스 실행 결과입니다.

[테스트 케이스 실행 결과]

테스트 케이스 ID	테스트 케이스 설명	상태	실행 시간(분)
TC001	회원 가입 성공 테스트	성공	5
TC002	이메일 형식 오류 테스트	실패	8
TC003	중복 이메일 회원 가입 테스트	성공	6
TC004	로그인 성공 테스트	성공	4
TC005	잘못된 비밀번호 로그인 테스트	실패	7
TC006	계정 잠금 테스트	진행 중	-
TC007	상품 검색 기능 테스트	성공	5
TC008	상품 필터링 기능 테스트	미실행	-
TC009	장바구니 추가 기능 테스트	성공	6
TC010	결제 페이지 이동 테스트	진행 중	-

현재까지의 테스트 진행 상황을 분석하여 다음을 수행해 주세요:

1. 전체 테스트 진행률 계산
2. 실패한 테스트 케이스의 공통 원인 추정
3. 테스트 케이스별 평균 실행 시간 분석
4. 예상 테스트 완료 시간 예측
5. 잠재적인 리스크 요소 식별 및 팀에게 알릴 사항 요약

예상 응답(출력):

현재 테스트 진행 상황 분석:

1. 전체 테스트 진행률:
   - 총 테스트 케이스: 10개
   - 완료된 테스트 케이스: 7개 (성공 5개, 실패 2개)

- 진행 중인 테스트 케이스: 2개
- 미실행 테스트 케이스: 1개
- 진행률: 70%

2. 실패한 테스트 케이스의 공통 원인 추정:
   - TC002 - 이메일 형식 오류 테스트
     ◦ 예상 원인: 이메일 형식 검증 로직의 문제로, 잘못된 형식의 이메일을 허용하거나, 올바른 오류 메시지가 표시되지 않을 수 있음.
   - TC005 - 잘못된 비밀번호 로그인 테스트
     ◦ 예상 원인: 잘못된 비밀번호 입력 시 로그인에 성공하거나, 오류 메시지가 표시되지 않을 수 있음.
   - TC008 - 상품 필터링 기능 테스트
     ◦ 예상 원인: 필터 조건 적용 시 정확한 상품 결과가 표시되지 않음. 필터 로직에 버그가 있을 가능성 있음.
   - 공통 원인: 입력 값에 대한 검증 및 오류 처리 로직의 부족.

3. 테스트 케이스별 평균 실행 시간 분석:
   - 완료된 테스트 케이스(성공+실패): 7개
   - 총 실행 시간: 5 + 8 + 6 + 4 + 7 + 5 + 6 = 41분
   - 평균 실행 시간: 약 5.86분

4. 예상 테스트 완료 시간 예측:
   - 남은 테스트 케이스: 3개 (진행 중 2개, 미실행 1개)
   - 예상 소요 시간: 평균 실행 시간 기준 약 17.6분
   - 예상 완료 시간: 현재 시점으로부터 약 18분 후

5. 잠재적인 리스크 요소 및 팀에게 알릴 사항:
   - 반복되는 입력 검증 오류:
     ◦ 회원 가입 및 로그인 기능에서 입력 검증 관련 실패가 발생하고 있음.
     ◦ 이는 사용자 데이터의 무결성 및 보안에 영향을 줄 수 있음.
   - 기능적 결함:
     ◦ 상품 필터링 기능의 실패로 사용자 경험 저하 가능성이 있음.
   - 팀 알림 요약:
     ◦ "현재 테스트 진행 중 입력 검증 로직과 관련된 결함이 다수 발견되었습니다."
     ◦ 회원 가입, 로그인, 상품 필터링 기능에서 문제가 발생하므로 개발팀의 긴급한 확인과 수정이 필요합니다."

> 결론 및 권장 조치:
> - 우선순위 조정: 입력 검증 및 오류 처리 로직에 대한 테스트를 우선적으로 추가 수행하고, 관련 버그를 개발팀에 즉시 보고합니다.
> - 추가 테스트 필요성: 비슷한 입력 검증 로직을 사용하는 다른 기능(예: 비밀번호 재설정, 배송 정보 입력 등)에 대해서도 추가 테스트를 추천합니다.
> - 개발팀과의 협업 강화: 발견된 문제에 대해 상세한 재현 절차와 스크린샷을 첨부하여 버그 리포트를 작성하고 공유합니다.
> - 예상 완료 시간 고려: 남은 테스트를 예정된 시간 내에 완료하기 위해 테스트 인력이나 우선순위를 조정할 수 있습니다.
>
> 전체 요약:
> - 현재 테스트 진행률은 70%이며, 약 18분 후에 모든 테스트를 완료할 수 있을 것으로 예상됩니다.
> - 입력 검증 로직의 결함이 다수 발견되었으므로, 사용자 경험과 시스템 안정성을 위해 즉각적인 대응이 필요합니다.
>
> ■ 성능 테스트의 실시간 테스트 모니터링과 지표 분석에 대한 실무 적용 예시는 첨부III(HE-4.4)에 있습니다.
> GenAI를 활용한 '실시간 테스트 모니터링과 지표 분석'에 대한 추가적인 실무 적용 예시는 첨부II(HO-4.4, 3.테스트 모니터링 지표 생성, 4.잠재적 리스크 식별)에 있습니다.
> 또한 이와 직결된 내용이 "4.3절 4.자동화된 리그레션 테스트 보고 및 인사이트 제공"에서 다뤄지며 이의 실무 적용 예시가 첨부II(HO-4.3b)에 상세하고 구체적으로 제시돼 있습니다.

2. 테스트 제어(test control) 자동화

GenAI는 테스트의 우선순위를 재조정하고, 일정이나 자원을 필요에 따라 조정할 수 있도록 지원합니다. 이를 통해 테스트 과정이 더욱 민첩해지고, 우선순위가 높은 영역에 집중할 수 있습니다.

- 변경 사항이나 새로운 리스크 요소에 따라 테스트 케이스의 우선순위를 자동으로 재조정합니다.
  【예시】 이커머스 사이트를 테스트하는 도중에 새로운 간편 결제 방식을 도입할 때, GenAI가 해당 부분의 테스트 우선순위를 높여 결제 관련 오류를 최소화합니다.
- 테스트 일정이나 인력 배치를 자동으로 최적화하여 효율성을 높입니다.
  【예시】 테스트 도중 결재 기능에서 버그가 빈번하게 발생한다는 것을 감지하면, GenAI가 해당 부분에 대한 집중적인 테스트를 권고하는 것은 물론, 테스트 일정을 늘리고 결재 기능 테스트 경험이 많은 테스터를 추가 배치하도록 제안합니다.
- 현재 테스트 상태와 향후 예상되는 이슈에 대한 정보를 제공하여 테스트를 제어하는데 도움을 줍니다.

테스트 제어 자동화를 통해 테스트 과정에서 변화에 유연하게 대응할 수 있고, 중요한 부분에 자원을 적절히 분배할 수 있습니다.

실무 적용 예시

아래와 같은 방법으로 GenAI를 활용하여 테스트 우선순위를 재조정하고, 일정과 자원의 최적화를 시도할 수 있습니다.

프롬프트 예시:

> 현재 테스트 진행 상황과 발견된 이슈를 토대로 테스트 우선순위를 재조정하고자 합니다.
>
> [현재 테스트 진행 상황]
> 　버그 발생 건수 및 심각도:
>
> | 기능 | 버그 건수 | 심각도 |
> |------|---------|--------|
> | 결제 시스템 | 12 | 높음 (Critical) |
> | 주문 처리 | 7 | 중간 (Major) |
> | 사용자 로그인 | 2 | 낮음 (Minor) |
> | 상품 검색 및 필터링 | 0 | 없음 |
>
> [테스터 및 자원 정보]
> 　- 테스터 권A: 결제 시스템 전문가
> 　- 테스터 김B: 주문 처리 전문가
> 　- 테스터 전C: 사용자 로그인 및 UI 테스트 담당
> 　- 테스터 이D: 백업 지원 인력
>
> 위 정보를 바탕으로 테스트 우선순위를 재조정하고, 테스터들의 업무를 재배치해 주세요. 또한, 예상되는 테스트 완료 시간을 알려주세요.

■ 이 프롬프트 예시에 대한 GenAI의 응답(출력) 예시는 첨부III(HE-4.4)에 있습니다.
　GenAI를 활용한 '테스트 제어 자동화'에 대한 추가적인 실무 적용 예시는 첨부II(HO-4.4, 6.결과 해석 및 의사 결정 지원)에 있습니다.
　테스트 케이스의 우선 순위를 지정하는 상세하고 구체적인 실무 적용 예시는 첨부II(HO-4.2c)에 있습니다.

3. 테스트 지표 시각화와 보고의 향상

GenAI는 실시간 변화를 동적으로 표시하는 대시보드와 이해하기 쉬운 요약을 생성하는 데 도움을 주어, 모든 이해관계자들이 관련 지표에 접근할 수 있도록 합니다. 이를 통해 테스트 진행 상황을 명확하게 파악할 수 있고 신속한 의사 결정을 지원합니다.

- 실시간으로 업데이트되는 대시보드를 통해 현재 테스트 상태를 한눈에 파악할 수 있습니다.

  【예시】결제 시스템의 테스트 커버리지, 버그 발생 현황, 성능 지표 등을 시각화하여 개발팀과 운영팀이 공유합니다.

- 비기술자도 이해할 수 있는 자연어로 테스트 결과를 요약합니다.

  【예시】 "지난주에 발견된 버그 중 80%가 수정되었으며, 결제 오류 발생율이 2% 감소하였습니다."와 같은 자연어 요약을 제공합니다.

- 경영진, 개발팀, QA팀 등 다양한 이해관계자들이 필요한 정보를 쉽게 얻을 수 있습니다.

  【예시】 마케팅 팀은 제품 출시 일정을 조정하기 위해 현재 기능 개발 및 테스트 진행 상황을 파악합니다.

- 테스트 진행 상황과 결과를 기반으로 즉각적인 의사 결정을 내릴 수 있습니다.

  【예시】 출시 전 최종 테스트에서 치명적인 오류가 발견되면, GenAI의 보고와 제안을 검토해 출시 일정을 조정하고 문제를 해결합니다.

테스트 지표의 시각화와 보고의 개선은 커뮤니케이션 효율을 높이고, 조직 전반의 협업을 촉진합니다.

실무 적용 예시

GenAI를 활용하여 이해관계자들에게 테스트 진행 상황과 결과를 효과적으로 전달하는 대시보드와 요약을 생성합니다.

프롬프트 예시:

> 경영진에게 현재까지의 테스트 진행 상황을 한눈에 보여줄 수 있는 요약 보고서와 시각화된 대시보드를 생성해 주세요. 비기술자도 이해할 수 있도록 쉽게 작성해 주세요.
> [테스트 진행 상황]
>   - 전체 테스트 진행률: 90%
>   - 발견된 총 버그 수: 30건 (해결됨: 20건, 진행 중: 10건)
>   - 주요 성과:
>   ▸ 결제 시스템 안정화율 80% 달성
>   ▸ 주문 처리 속도 15% 개선
>   ▸ 사용자 로그인 실패율 0.5%로 감소
>   - 남은 과제:
>   ▸ 결제 시스템 버그 5건 해결 필요
>   ▸ 주문 처리 관련 버그 5건 해결 중
> 이를 기반으로 경영진용 요약 보고서와 주요 지표가 포함된 대시보드를 만들어 주세요.

■ 이 프롬프트 예시에 대한 GenAI의 응답(출력) 예시는 첨부III(HE-4.4)에 있습니다.
　GenAI를 활용한 '테스트 지표 시각화와 보고의 향상'에 대한 추가적인 실무 적용 예시는 첨부II(HO-4.4, 5.대시보드 및 자연어 요약 생성)에 있습니다.

[테스트 모니터링 작업에서의 대량 데이터 처리와 GenAI의 역할]

테스트 모니터링 작업은 대량의 데이터를 수집하고 분석해야 합니다. 이러한 데이터는 이미 테스트 관리 도구(test management tools)에 존재하는 경우가 많으며, GenAI는 이 데이터를 분석하고 종합하는 데 크게 기여할 수 있습니다.

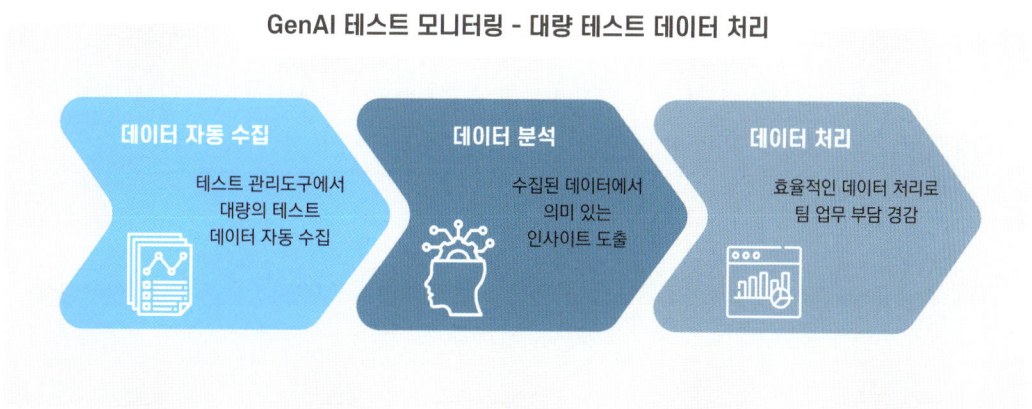

- 테스트 관리 도구와 연동하여 필요한 데이터를 자동으로 수집합니다.
  【예시】 Jira, TestLink와 같은 도구에서 테스트 케이스 상태, 버그 리포트 등을 자동으로 가져옵니다.
- 수집된 데이터를 분석하여 의미 있는 인사이트를 도출합니다.
  【예시】 테스트 커버리지의 부족한 부분을 식별하고, 추가적인 테스트가 필요한 영역을 제안합니다.
- 대량의 데이터를 효율적으로 처리하여 팀의 업무 부담을 줄입니다.

■ GenAI를 활용한 '테스트 모니터링 작업에서의 대량 데이터 처리'에 대한 실무 적용 예시는 첨부II(HO-4.4, 1.원시 데이터 수집, 2.GenAI를 활용한 데이터 처리)에 있습니다.

[테스트 완료 인사이트와 지속적 학습]

참고 본 내용은 테스트 프로세스 측면에서 볼 때, '테스트 모니터링 및 제어' 활동이 아니고 '테스트 마감' 활동 입니다. 여기서는 GenAI가 테스트 마감 활동을 지원하는 부분을 별도로 다루지 않습니다.

GenAI는 완료된 테스트에 대한 보고서를 생성하여 성공 사례와 배운 교훈을 강조할 수 있습니다. 이를 통해 테스트 팀은 테스트 전략은 물론 향후 테스트 프로세스를 개선할 수 있습니다.

- GenAI는 테스트 결과를 요약하고, 주요 성과와 문제점을 포함한 상세한 보고서를 자동으로 작성합니다.
- 무엇이 잘 작동했고, 어떤 부분이 개선되어야 하는지 식별합니다.

    【예시】 특정 자동화 스크립트가 효율적으로 동작하여 테스트 시간을 단축시켰다면, 이를 팀과 공유하여 모범 사례로 삼습니다.
- 과거의 데이터를 기반으로 향후 테스트 계획을 세우는 데 도움을 줍니다.

    【예시】 이전에 발견된 버그의 패턴을 분석하여 향후 유사한 버그 발생 가능성을 예측하고 이를 테스트 계획에 반영합니다.

지속적인 학습을 통해 테스트 프로세스는 점점 더 효율적이고 효과적으로 진화합니다.

실무 적용 예시

GenAI를 활용하여 테스트 완료 후 보고서를 생성하고, 성공과 개선 사항을 도출하여 향후 테스트 전략에 반영합니다.

프롬프트 예시:

> 다음은 이번 할인 행사 전에 수행된 테스트의 전체 결과 요약입니다.
>
> [테스트 결과 요약]
> - 총 테스트 케이스: 250건
> - 성공: 220건
> - 실패: 30건
> - 주요 버그 영역: 결제 시스템(12건), 주문 처리(7건), 사용자 로그인(2건)
> - 테스트 기간: 2주
>
> 이번 테스트의 주요 성과와 개선이 필요한 부분을 분석하고, 향후 테스트 전략을 개선하기 위한 제안을 작성해 주세요. 또한, 이번 테스트에서 얻은 교훈을 포함해 주세요.

■ 이 프롬프트 예시에 대한 GenAI의 응답(출력) 예시는 첨부Ⅲ(HE-4.4)에 있습니다.

핸즈온 데모 HO-4.4: GenAI가 원시 데이터로부터 생성한 테스트 모니터링 지표 관찰하기

이 데모에서는 GenAI가 어떻게 원시 데이터(raw data)를 실행 가능한 테스트 모니터링 지표(actionable test monitoring metrics)로 변환하여, 테스트 팀의 의사 결정을 지원하는지 보여줍니다.

테스트 도구에서 추출한 원시 데이터로 시작해, GenAI가 이를 처리하여 테스트 진행 상황(test progress), 결함 추이(defect trends), 커버리지 인사이트(coverage insights) 등의 주요 지표를 생성하고, 잠재적 리스크를 강조합니다.

이러한 지표는 대시보드에 표시되며, 모든 이해관계자가 쉽게 이해할 수 있도록 자연어 요약으로 제공됩니다.

이 데모를 통해 GenAI가 원시 데이터를 실용적인 인사이트로 전환하여, 테스트 팀이 테스트 진행 상황을 모니터링하고, 품질을 관리하며, 변화에 신속하게 적응하도록 돕는 과정을 자세히 알아볼 수 있습니다.

데모 개요:
- GenAI를 활용하여 원시 테스트 데이터를 실용적인 지표로 변환하는 과정을 이해합니다.
- 테스트 모니터링 지표를 통해 잠재적 리스크를 식별하고 대응하는 방법을 학습합니다.
- 생성된 지표를 대시보드와 자연어 요약으로 시각화하여 이해관계자들과 공유하는 방법을 익힙니다.

데모는 다음과 같은 순서로 진행됩니다.
1. 원시 데이터 수집
2. GenAI를 활용한 데이터 처리
3. 테스트 모니터링 지표 생성
4. 잠재적 리스크 식별
5. 대시보드 및 자연어 요약 생성
6. 결과 해석 및 의사 결정 지원

각 단계별로 구체적인 설명과 예시를 제공합니다.

■ 위 데모를 단계별로 가이드하는 내용은 첨부II(HO-4.4)에 있습니다.

5장 테스트 작업에 대한 생성형 AI 결과 평가 및 프롬프트 개선

소프트웨어 테스팅에서 생성형 AI(Generative AI, GenAI)의 성능을 평가하기 위해서는 생성된 출력(응답)물의 품질, 관련성, 효과성을 측정할 수 있는 명확한 지표(metrics)가 필요합니다. 이러한 지표는 일반적이든 작업별(task-specific)이든 간에 GenAI의 프롬프트를 최적화하는 데 도움을 줍니다.

5.1 테스트 작업에서 생성형 AI 결과를 평가하기 위한 지표

GenAI의 테스트 작업 결과의 품질을 평가하기 위해 다음과 같은 지표를 사용할 수 있습니다.

지표	설명	예시
정확성 및 완전성 (Accuracy and Completeness)	생성된 출력물의 정확성과 철저함을 측정합니다.	생성된 테스트 케이스가 예상된 시나리오와 일치하고, 모든 지정된 요구사항을 커버하는지 확인합니다.
정밀도 (Precision)	생성된 결과의 관련성과 커버리지를 평가합니다.	생성된 테스트 케이스 중 얼마나 많은 것이 관련성이 있는지 분석합니다.
맥락 적합성 및 적절성 (Contextual Fit and Relevance)	생성된 출력물이 주어진 맥락에 적용 가능하고 적절한지 판단합니다.	생성된 테스트 데이터가 소프트웨어의 도메인 특화 요구사항(예: 이커머스, 금융)에 일관되게 부합하는지 확인합니다.
다양성 (Diversity)	반복을 피하며 폭넓은 입력과 시나리오를 커버합니다.	GenAI가 엣지 케이스(Edge Cases) 탐색을 위해 다양한 입력 유형, 데이터 범위, 사용자 행동 등을 반영하는 다양한 테스트 케이스를 생성하는지 평가합니다.
실행 성공률 (Execution Success Rate)	생성된 테스트 스크립트가 성공적으로 실행될 수 있는 비율을 측정합니다.	생성된 테스트 스크립트 중 구문 오류나 형식 문제 없이 실행될 수 있는 것이 얼마나 되는지 판단합니다.
시간 효율성 (Time Efficiency)	수동 작업 대비 절약된 시간을 평가합니다.	GenAI가 테스트 케이스를 생성하는 데 소요된 시간과 사람이 동등한 테스트를 수동으로 작성하는 데 걸리는 시간을 비교합니다.

이러한 지표를 통해 생성형 AI의 결과물이 얼마나 유용하고 효과적인지 객관적으로 평가할 수 있습니다.

■ GenAI가 생성한 결과를 평가하기 위한 지표를 사용해 실제 평가를 진행하는 실무 적용 예시는 첨부II(HO-5.1)에 있습니다. 이 예시에서는 결과 평가가 아래의 절차에 따라 진행됩니다.

① 테스트 작업 정의 및 GenAI를 통한 테스트 케이스 생성
② 평가 지표 선정
③ 평가 지표를 적용하여 결과 분석(평가 항목별 체크리스트 사용)
④ 평가 결과에 따른 프롬프트 개선
⑤ 개선된 결과 재평가

위와 같은 일반적인 지표 외에도, 작업별 맞춤 지표로 특정 테스트 활동을 얼마나 잘 지원하는지 평가할 수 있습니다.

【예시】 이커머스 플랫폼의 보안 테스팅에서, OWASP Top 10 취약점을 얼마나 커버하는지 평가하는 지표를 사용할 수 있습니다.

이와 같이 작업별 지표를 정의하면 해당 분야에서 생성형 AI의 효과성을 더욱 정확하게 평가할 수 있습니다.

핸즈온 데모 HO-5.1: 평가 지표를 사용하여 GenAI가 생성한 테스트 작업 결과물의 평가를 관찰하기

이 데모에서는 GenAI의 테스트 작업 결과를 평가하기 위한 평가 지표(Evaluation Metrics)가 어떻게 사용되는지 관찰합니다. 또한, 해당 작업에서 LLM을 통해 얻은 결과에 이러한 지표를 적용하는 방법을 구체적으로 보여줍니다.

이 데모를 통해 소프트웨어 테스팅에서 GenAI의 결과에 대한 신뢰성을 확보하기 위해 필요한 평가 지표의 중요성을 이해할 수 있습니다.

데모 목표:
- GenAI가 생성한 테스트 작업 결과를 평가하기 위한 지표를 이해합니다.
- 실제 테스트 작업에 평가 지표를 적용하여 결과를 분석하는 방법을 학습합니다.
- 생성형 AI 결과의 품질을 향상시키기 위해 평가 지표를 활용하는 방법을 익힙니다

■ 상세한 데모 가이드는 첨부II(HO-5.1)에 있습니다.

5.2 프롬프트 평가 및 반복적인 개선 방법

GenAI가 생성하는 결과를 향상시키기 위해서는 프롬프트를 평가하고 반복적으로 개선하는 구체적인 방법들이 필요합니다. 앞서 소개한 지표를 기반으로, 다음과 같은 방법들을 활용하여 GenAI의 결과물을 더욱 효과적으로 개선할 수 있습니다.

프롬프트 평가 및 개선 방법
1. 반복적 프롬프트 수정 (Iterative Prompt Modification)
2. 프롬프트 A/B 테스트 (A/B Testing of Prompts)
3. 오류 분석 (Error Analysis)
4. 사용자 피드백 통합 (Integrate User Feedback)
5. 프롬프트 길이/구체성 조정 (Adjust Prompt Length and Specificity)

프롬프트 평가와 개선은 GenAI의 출력 품질을 높이고, 보다 정확하고 유용한 결과를 얻는 데 핵심적인 역할을 합니다.

1. 반복적 프롬프트 수정

- 기본 프롬프트(Base Prompt)로 시작합니다.
- 관찰된 결과에 따라 프롬프트를 반복적으로 수정합니다.
- 더 많은 맥락(Context)을 추가하거나, 단어 선택을 조정하여 구체성(Specificity)과 적절성(Relevance)을 개선합니다.

【예시】

1단계: 기본 프롬프트 작성

> 상품 검색 기능에 대한 테스트 케이스를 작성해 주세요.

2단계: 결과 평가 및 프롬프트 수정
- 결과 평가: 생성된 테스트 케이스가 상세하지 않거나, 일부 중요한 시나리오가 누락되었습니다.
- 프롬프트 수정: 더 많은 맥락과 지침을 추가합니다.

> 당신은 이커머스 웹사이트의 테스터입니다. 상품 검색 기능에 대한 상세한 테스트 케이스를 작성해 주세요. 각 테스트 케이스는 테스트 단계와 기대 결과를 포함해야 합니다.

3단계: 추가적인 프롬프트 수정
- 결과 평가: 다양한 시나리오(예: 오류 케이스, 엣지 케이스)가 아직 부족합니다.
- 프롬프트 수정: 다양한 시나리오를 포함하도록 지침을 추가합니다.

> 당신은 이커머스 웹사이트의 테스터입니다. 상품 검색 기능에 대한 다양한 시나리오의 테스트 케이스를 작성해 주세요. 정상 케이스뿐만 아니라 오류 케이스와 엣지 케이스도 포함해 주세요. 각 테스트 케이스는 테스트 단계와 기대 결과를 포함해야 합니다.

예상 LLM 출력:

> 테스트 케이스 1 (정상 케이스)
> - 테스트 단계:
>   1. 검색창에 "노트북"을 입력한다.
>   2. 검색 버튼을 클릭한다.
> - 기대 결과: "노트북"과 관련된 상품 목록이 표시된다.
>
> 테스트 케이스 2 (오류 케이스)
> - 테스트 단계:
>   1. 검색창에 특수 문자 "@#$%"를 입력한다.
>   2. 검색 버튼을 클릭한다.
> - 기대 결과: "유효하지 않은 검색어입니다."라는 오류 메시지가 표시된다.

테스트 케이스 3 (엣지 케이스)
- 테스트 단계:
  1. 검색창에 매우 긴 문자열(예: 256자 이상)을 입력한다.
  2. 검색 버튼을 클릭한다.
- 기대 결과: "검색어가 너무 깁니다."라는 오류 메시지가 표시되거나 시스템이 비정상 종료되지 않는다.

■ GenAI에 요청하는 프롬프트를 개선하는 방법 중 하나인 '반복적 프롬프트 수정'에 대한 추가 예시는 첨부II(HO-5.2)에 있습니다. 여기서는 반복적인 프롬프트 수정을 프롬프트 A/B 테스트, 오류 분석 등의 다른 개선 방법을 동시에 사용해 가며 진행합니다.

2. 프롬프트 A/B 테스트

- 여러 버전의 프롬프트를 생성합니다.
- 사전에 정의된 지표를 기반으로 어떤 버전이 더 나은 결과를 만드는지 평가합니다.
- 이를 통해 어떤 표현이나 구조가 가장 정확하고 적절한 결과를 생성하는지 파악할 수 있습니다

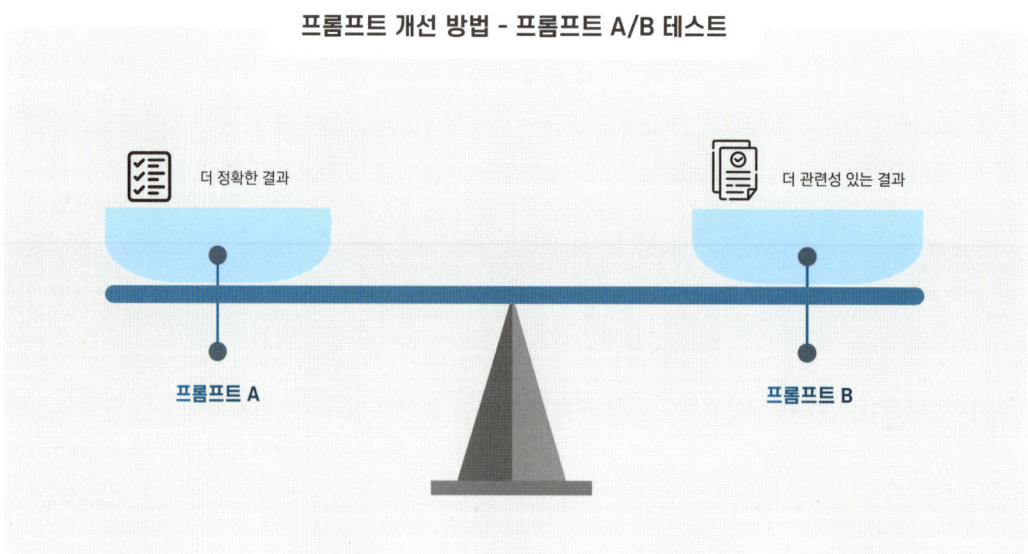

프롬프트 개선 방법 - 프롬프트 A/B 테스트

【예시】

프롬프트 A:

> 결제 기능에 대한 테스트 케이스를 작성해 주세요.

프롬프트 B:

> 당신은 이커머스 웹사이트의 테스터입니다. 결제 기능에 대한 상세한 테스트 케이스를 작성해 주세요. 각 테스트 케이스는 테스트 단계, 기대 결과, 그리고 결제 수단 별 시나리오를 포함해야 합니다.

- 각각의 프롬프트를 GenAI에게 입력하고 결과를 수집합니다.
- 생성된 테스트 케이스를 사전에 정의된 지표(예: 다양성, 정확성, 상세함 등)에 따라 평가합니다.

평가 및 비교:

평가 항목	프롬프트 A 결과	프롬프트 B 결과	비교우위
다양성	결제 수단에 대한 다양성이 부족함	신용카드, PayPal, 무통장 입금 등 다양한 결제 수단에 대한 테스트 케이스 포함	프롬프트 B
정확성	일부 테스트 케이스에서 중요한 단계가 누락됨	중요한 단계들이 모두 포함되어 있음	프롬프트 B
상세함	테스트 단계와 기대 결과가 간단하게 작성됨	테스트 단계와 기대 결과가 상세하게 작성됨	프롬프트 B

■ GenAI에 요청하는 프롬프트를 개선하는 방법 중 하나인 '프롬프트 A/B 테스트'에 대한 추가 예시는 첨부II(HO-5.2, [3단계] 프롬프트 개선 - A/B 테스트 적용)에 있습니다.

3. 오류 분석

- GenAI가 생성한 출력물에서 부정확성(Inaccuracy)이나 일관성 부족(Inconsistency)을 검토합니다.
- 오류 유형을 이해함으로써 프롬프트를 개선하여 동일한 오류를 반복하지 않도록 합니다.

오류 분석은 GenAI의 한계를 이해하고, 프롬프트를 조정하여 더 나은 결과를 얻는 방법입니다.

【예시】
GenAI를 사용하여 회원 가입 기능에 대한 테스트 케이스를 생성했는데, 생성된 결과에 오류가 있습니다.

I. 초기 프롬프트로 테스트 케이스 생성

> 회원 가입 기능에 대한 테스트 케이스를 작성해 주세요.

II. 생성된 결과에서 오류 발견 및 분석
- 이메일 형식 검증에 대한 테스트 케이스가 누락되어 있습니다.
- 비밀번호 조건(예: 최소 길이, 특수문자 포함 등)에 대한 검증이 부족합니다.
- 테스트 단계의 상세함 부족

III. 프롬프트 개선

당신은 이커머스 웹사이트의 테스터입니다. 회원 가입 기능에 대한 상세한 테스트 케이스를 작성해 주세요. 다음 사항을 포함해 주세요:

- 이메일 형식 검증 (유효한 이메일, 유효하지 않은 이메일)
- 비밀번호 조건 검증 (최소 길이, 특수문자 포함 등)
- 필수 입력 필드 검증

각 테스트 케이스는 테스트 단계와 기대 결과를 포함해야 합니다.

IV. 예상 LLM 출력(예시의 한부분)

테스트 케이스 1 (이메일 형식 검증 – 유효하지 않은 이메일)
- 테스트 단계:
  1. 회원 가입 페이지로 이동한다.
  2. 이메일 입력란에 "userexample.com"을 입력한다.
  3. 나머지 필수 정보를 올바르게 입력한다.
  4. "회원 가입" 버튼을 클릭한다.
- 기대 결과: "유효한 이메일 주소를 입력해 주세요."라는 오류 메시지가 표시된다.

■ GenAI에 요청하는 프롬프트를 개선하는 방법 중 하나인 '오류 분석'에 대한 추가 예시는 첨부II(HO-5.2, [4단계] 프롬프트 개선 - 오류 분석 적용)에 있습니다.

4. 사용자 피드백 통합

- 생성된 출력물의 유용성과 명확성에 대한 피드백을 QA 엔지니어 또는 테스터로부터 수집합니다.
- 이러한 의견을 활용하여 프롬프트를 개선하고, 실제 테스팅 요구사항에 더 부합하도록 만듭니다.

프롬프트 개선 방법 - 사용자 피드백 통합

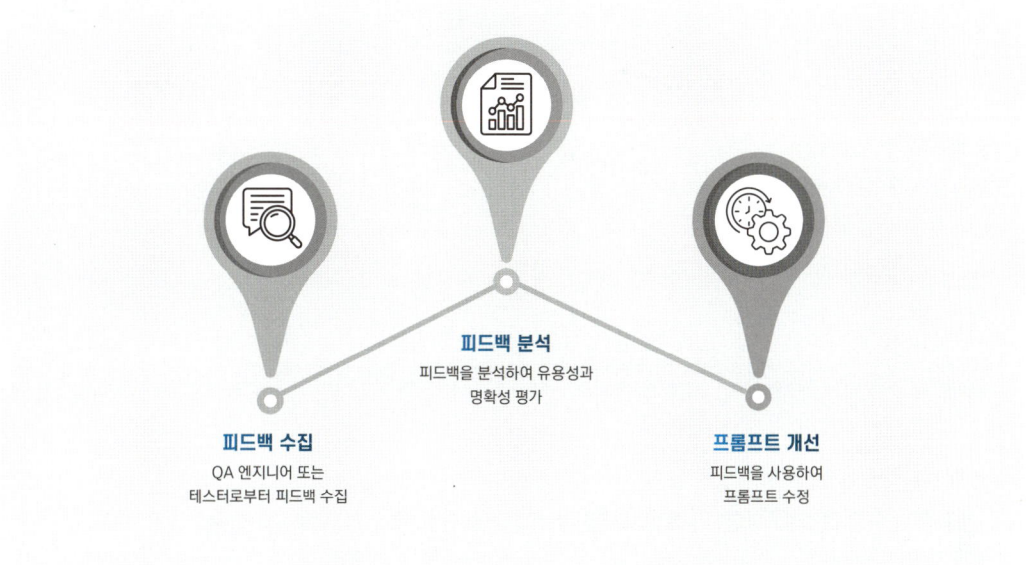

- GenAI에 요청하는 프롬프트를 개선하는 방법 중 하나인 '사용자 피드백 통합'에 대한 예시는 첨부II(HO-5.2, [5단계] 프롬프트 개선 - 사용자 피드백 통합)에 있습니다.

5. 프롬프트 길이/구체성 조정

- 다양한 프롬프트 길이와 상세 수준을 실험합니다.
- 경우에 따라 더 많은 맥락(Context)을 추가하면 응답 품질이 향상될 수 있지만, 다른 경우에는 상대적으로 짧은 프롬프트가 더 나은 일반화(Generalization)를 가져올 수 있습니다.

【예시】
이커머스 앱의 푸시 알림 기능에 대한 테스트 케이스를 생성하려고 합니다.

짧은 프롬프트

> 푸시 알림 기능에 대한 테스트 케이스를 작성해 주세요.

결과 평가:
- 생성된 테스트 케이스가 일반적이며, 중요한 세부 사항이 누락될 수 있습니다.

긴 프롬프트

> 당신은 이커머스 앱의 테스터입니다. 푸시 알림 기능에 대한 자세하고 구체적인 테스트 케이스를 작성해 주세요. 다음 사항을 모두 포함해 주세요:
>
> - 주문 상태 변경 알림
> - 프로모션 및 이벤트 알림
> - 알림 수신 설정에 따른 동작 확인
> - 알림 클릭 시 앱 내 특정 페이지로 이동하는지 확인
>
> 각 테스트 케이스는 사전 조건, 테스트 단계, 기대 결과를 포함해야 합니다.

결과 평가:
- 매우 상세한 테스트 케이스가 생성되지만, 복잡하여 필요한 핵심 정보에서 벗어날 수 있습니다.

적절한 길이와 구체성의 프롬프트 사용

> 당신은 이커머스 앱의 테스터입니다. 푸시 알림 기능의 주요 시나리오에 대한 테스트 케이스를 작성해 주세요. 다음 항목을 포함해 주세요:
>
> - 주문 완료 시 주문 확인 알림 수신 여부
> - 알림 수신을 거부한 사용자가 알림을 받지 않는지 확인
>
> 각 테스트 케이스는 테스트 단계와 기대 결과를 포함해야 합니다.

결과 평가:
- 필요로 하는 핵심 테스트 케이스가 명확하게 생성됩니다.
- 불필요한 상세 정보가 줄어들어 집중도가 높아집니다.

■ GenAI에 요청하는 프롬프트를 개선하는 방법 중 하나인 '프롬프트 길이/구체성 조정'에 대한 추가 예시는 첨부 II(HO-5.2, [6단계] 프롬프트 개선 - 프롬프트 길이와 구체성 조정)에 있습니다.

실습 HO-5.2: 주어진 테스트 작업에 대한 프롬프트 평가 및 최적화

이 실습은 주어진 GenAI 주도 테스트 작업에 프롬프트 최적화 방법을 적용하는 데 초점을 둡니다.

초기 프롬프트로 시작하여, 반복적인 개선 및 정제를 통해 GenAI가 생성한 결과를 향상시킵니다.
이를 위해 A/B 테스트, 오류 분석(error analysis), 사용자 피드백 통합(user feedback integration)과 같은 방법을 사용하고, 주어진 평가 지표(metrics)를 활용하여 프롬프트의 품질을 평가하고 개선합니다.

이 실습의 목표는 반복적인 개선이 어떻게 더 효과적이면서 맥락에 적합한 테스트 케이스 생성으로 이어지는지를 체험을 통해 보여주는 것입니다.

실습 과정에서 프롬프트는 여러 번 반복해 개선되고 평가되어 GenAI의 출력(응답) 품질이 향상됩니다.

■ 상세한 실습 가이드는 첨부II(HO-5.2)에 있습니다.

마무리 - 생성형 AI와 프로젝트 밀착 협업 제안

현재 생성형 AI 기술은 놀라운 속도로 발전하고 있으며, 프로젝트 협업과 공동 작업 공간, 컴퓨터 유즈, AI 에이전트 등 소프트웨어 테스팅 분야는 물론 산업 전반에 혁신을 가져올 다양한 기술이 새롭게 출시되고 있습니다. 특히 프로젝트 협업과 공동 작업 공간 기능을 활용하면 테스트 프로젝트에 필요한 자료를 직접 생성형 AI에 제공할 수 있습니다. 이를 통해 업무에 참여하는 엔지니어나 프로젝트 팀은 생성형 AI와 함께 테스트 프로젝트의 목표와 테스트 전략에 대한 공동의 이해와 합의를 이끌어낼 수 있습니다. 이는 실무에서 생성형 AI를 더욱 효과적으로 활용하는 기반이 될 것입니다.

생성형 AI와의 공동 테스트 전략 및 계획 수립

실무적인 접근 방법 중 하나는 팀이나 조직의 기존 자료와 데이터를 활용하여 생성형 AI와 함께 테스트 전략 문서를 공동으로 작성하는 것입니다. 이런 협업은 마스터 테스트 계획서와 같은 공통된 이해를 기록한 문서의 공동 개발로 확장되어, 생성형 AI와 팀이 동일한 이해와 접근 방식을 갖추고 작업을 수행할 수 있게 합니다. 이렇게 공동으로 개발된 문서를 기반으로 테스트 프로젝트를 진행하면 팀 전체의 효율성과 일관성을 획기적으로 향상시킬 수 있습니다.

조직 차원의 확장과 최적화

한 단계 더 나아가, 조직은 기존의 자원에 생성형 AI와의 협업을 더한 조직 전체의 테스트 전략을 구축할 수 있습니다. 새로운 테스트 프로젝트마다 이러한 조직 차원의 전략을 기반으로 생성형 AI와 협업하여 프로젝트의 테스트 전략과 마스터 테스트 계획을 세부적으로 조정하고 수립할 수 있습니다. 이때 국제 표준, 사내 베스트 프랙티스, 업계의 베스트 프랙티스를 반영하여 조직의 테스트 프로세스와 방법론을 구축하면 그 효과를 극대화할 수 있습니다.
참고 생성형 AI는 이러한 글로벌 베스트 프랙티스의 도입을 손쉽게 실현해 주고 있습니다.

생성형 AI는 테스트 프로세스에 통합되어 테스트 계획서, 테스트 설계서, 테스트 보고서와 같은 핵심 테스트 산출물의 자동 생성 및 자동 업데이트를 가능하게 합니다. 이는 업계가 그토록 원했으나 현실적으로 구현이 어려웠던 국제표준을 준수하는 테스트 프로세스의 구축을 현실화시켜 줍니다. 한마디로 우리가 바라던 체계적인 프로세스를 갖추고 업무를 수행하는 것이 현실적으로 손쉽게 가능해 집니다.

이러한 접근법의 이점

- 체계적인 테스트 실행의 현실화
  시간 부족으로 인해 체계적인 테스트 수행이 어려웠던 문제가 해결됩니다. 생성형 AI의 도움으로 보다 구조화된 테스트를 효율적/효과적으로 수행할 수 있습니다.
- 베스트 프랙티스를 반영한 표준 준수의 손쉬운 현실화
  ISO 소프트웨어 테스팅 국제 표준, TMMi와 같은 디팩토(de facto) 표준, 기타 베스트 프랙티스를 반영한 고품질의 테스트를 손쉽게 구현할 수 있습니다.
- 자동화된 프로세스 심사 및 평가
  테스트 프로세스의 심사와 자체 평가가 상당 부분 자동화되어, 높은 수준의 업무 수행 활동을 언제든 평가하고 개선할 수 있습니다. 이를 통해 베스트 프랙티스를 반영한 체계적인 테스트 프로세스의 지속 가능성을 확보할 수 있습니다.

소프트웨어 테스팅의 혁신과 전문성 향상

이러한 혁신적인 접근법은 소프트웨어 테스팅의 효율성과 효과성을 획기적으로 향상시킬 잠재력을 지니고 있습니다. 우리는 이러한 변화의 중심에서 핵심적인 역할을 수행하면서 진정한 전문가로 성장할 수 있습니다. 반복적이고 복잡도가 낮은 작업은 생성형 AI가 담당하고, 우리는 생성형 AI가 만든 결과물을 '진정한 전문성'을 토대로 검토하고 개선하는 데 집중함으로써 고도의 전문성을 쌓아갈 수 있습니다. 이는 전체적인 소프트웨어 테스팅 수준을 한 단계 끌어올리는 계기가 될 것입니다.

이번에 다루지 못했지만, 책이 업데이트 될 때는 이런 사항을 가장 중요하게 다뤄보고자 합니다. 생성형 AI의 '최대 활용'을 통해 우리는 업무 방식을 혁신하고 새로운 가치를 창출할 수 있다는 것을 이제 알고 있습니다. 테스트 각 분야 전문가, QA 관리자 및 엔지니어, PM, 경영진, IT 전문가 등 이 책을 읽는 모든 분들이 이러한 가능성을 인식하고 실현해 나가기 바랍니다.

첨부 Ⅰ
Part Ⅰ - 실습 및 데모 가이드

HO-1.2: 토크나이제이션과 토큰 수 평가 실습

실습 가이드: 예제를 통한 단계별 실습

목표 토크나이제이션과 토큰 수가 LLM의 응답과 동작에 어떻게 영향을 미치는지 이해하고, 이를 소프트웨어 테스팅에 적용합니다.

1. 준비 사항

- 인터넷 연결이 가능한 컴퓨터
- LLM에 접근할 수 있는 계정 (예: ChatGPT)
- 토크나이저를 사용할 수 있는 도구 또는 웹사이트
    - 토크나이저 웹사이트 예시: https://platform.openai.com/tokenizer
    - 또는 토크나이제이션을 지원하는 다른 도구

2. 샘플 텍스트 선정

- 샘플 텍스트 1: "사용자가 장바구니에 상품을 추가하면, 장바구니 아이콘에 상품 개수가 업데이트되어야 한다."
- 샘플 텍스트 2: "결제 페이지에서 쿠폰 코드를 적용하면 할인 금액이 반영되고 최종 결제 금액이 업데이트되어야 한다."

3. 토크나이제이션 수행

- 선택한 샘플 텍스트를 토크나이저 도구에 입력합니다.
    https://platform.openai.com/tokenizer
- 텍스트가 토큰으로 어떻게 분해되는지 확인합니다(각 단어나 구가 어떻게 토큰으로 나뉘는지 관찰).

4. 토큰 수 분석 및 비교

- 샘플 텍스트들의 토큰 수를 비교합니다.
  - 토큰 수가 많아질수록 LLM의 처리 시간이 길어지고 비용이 증가할 수 있습니다.
  - 토큰 수가 적을수록 정보 부족으로 인해 원하는 응답을 얻지 못할 수 있습니다.
- 많은 LLM 서비스는 토큰 수 기반의 과금 체계를 가지고 있어, 효율적인 토큰 사용이 중요할 수 있습니다.

샘플 텍스트	토큰 수 (예시)
샘플 텍스트 1	24 토큰
샘플 텍스트 2	28 토큰

5. 프롬프트의 변형과 토큰 수 변화 실험

- 샘플 텍스트를 간결하게 변형하여 토큰 수를 줄여봅니다.
  - "상품 추가 시 장바구니 아이콘 업데이트"
  - 예상 토큰 수: 10 토큰

  의미를 유지하면서 불필요한 단어를 제거하여 토큰 수를 감소시킵니다.
- 변형된 텍스트로 토크나이제이션을 수행하고 토큰 수를 확인합니다.

6. LLM에 프롬프트 입력 및 응답 비교

- 변형 전후의 텍스트를 LLM에 입력하여 테스트 케이스 생성을 요청합니다.
- 예시 프롬프트:

> "다음 요구사항에 대한 테스트 케이스를 작성해줘: [샘플 텍스트]"

- 응답 비교:
  - 원본 텍스트로 생성된 테스트 케이스와 간결한 텍스트로 생성된 테스트 케이스를 비교합니다.
  - 토큰 수가 줄어든 프롬프트로도 동일한 품질의 응답을 얻을 수 있는지 확인합니다.

7. 결과 분석

- LLM의 응답 품질을 평가합니다.
  - 원본 텍스트에서 더 상세하고 정확한 응답을 얻었는지 확인합니다.
  - 간결한 텍스트에서 정보 손실이 발생하지 않았는지 확인합니다.
- 토큰 수와 응답의 관계를 이해합니다.

8. 효율적인 프롬프트 작성 방법 도출

- 핵심 정보는 유지하면서 토큰 수를 최소화하는 방법을 찾습니다.

- 불필요한 수식어나 중복 표현을 제거합니다.
- 명확하고 간결한 언어를 사용합니다.

실습 결과 및 예시 답안

◎ 원본 텍스트로 생성된 테스트 케이스
- 프롬프트:

"다음 요구사항에 대한 테스트 케이스를 작성해줘: 사용자가 장바구니에 상품을 추가하면, 장바구니 아이콘에 상품 개수가 업데이트되어야 한다."

- LLM 응답:

- 테스트 케이스 제목: 장바구니 아이콘 상품 개수 업데이트 확인
- 테스트 절차:
    1. 이커머스 웹사이트에 접속한다.
    2. 상품 페이지로 이동한다.
    3. 상품을 장바구니에 추가한다.
    4. 페이지 상단의 장바구니 아이콘을 확인한다.

- 기대 결과:
    - 장바구니 아이콘에 표시된 상품 개수가 정확하게 업데이트되어야 한다.

◎ 간결한 텍스트로 생성된 테스트 케이스
- 프롬프트:

"다음 요구사항에 대한 테스트 케이스를 작성해줘: 상품 추가 시 장바구니 아이콘 업데이트"

- LLM 응답:

- 테스트 케이스 제목: 장바구니 아이콘 업데이트 기능 테스트
- 테스트 절차:
    1. 웹사이트에 접속한다.
    2. 상품을 선택하여 장바구니에 추가한다.
    3. 장바구니 아이콘을 확인한다.

- 기대 결과:
    - 장바구니 아이콘이 업데이트되어야 한다.

◎ 결과 비교
- 원본 텍스트의 응답이 더 상세하고 구체적입니다.
- 간결한 텍스트의 응답은 일반적이고 포괄적입니다.
- 현상 설명:
  ◦ 원본 텍스트는 명확한 기대 결과를 제공하여 테스트 케이스의 품질을 높입니다.
  ◦ 간결한 텍스트는 정보 부족으로 인해 테스트 케이스의 상세한 정도와 정확도가 떨어질 수 있습니다.

◎ 실습 요약
- 토크나이제이션과 토큰 수는 LLM의 응답 품질에 영향을 미칩니다.
- 프롬프트의 토큰 수를 적절히 관리하면 효율적이면서도 정확한 응답을 얻을 수 있습니다.
- 소프트웨어 테스팅에서 생성형 AI를 활용할 때, 효율적인 프롬프트 작성이 상황에 따라 중요할 수 있습니다.

HO-1.4: 멀티모달 LLM 모델을 위한 프롬프트 작성 및 실행

실습 가이드: 사례를 통한 단계별 진행

멀티모달 LLM을 사용하여 텍스트와 이미지 입력을 동시에 처리하고, 이를 통해 소프트웨어 테스팅 작업을 수행하는 방법을 실습합니다.

1. 사전 준비

- 인터넷에 연결된 컴퓨터, 노트북 또는 스마트폰
- 멀티모달 LLM에 접근할 수 있는 계정
- 이미지 파일을 업로드할 수 있는 권한
- 텍스트 입력 준비

최신 멀티모달 LLM은 텍스트와 이미지를 동시에 입력받아 처리할 수 있습니다. 실습에서는 이러한 기능을 지원하는 플랫폼을 사용해야 합니다.

2. 사례 설정

- 당신은 이커머스 웹사이트의 테스터입니다.
- 새로운 상품 검색 페이지의 UI를 테스트해야 합니다.
- 사용자 스토리(User Story):

- "사용자는 검색 바에 키워드를 입력하여 관련 상품을 볼 수 있어야 한다."
- GUI 와이어프레임:
  - 상품 검색 페이지의 디자인을 보여주는 이미지.
  - 또는 특정 이커머스 사이트의 상품 검색 페이지 스크린 캡처 이미지.

3. 입력 준비

3.1 이미지 선택
- 상품 검색 페이지의 이미지를 준비합니다.
  - 이미지에는 검색 바, 상품 리스트, 필터 옵션 등이 포함되어야 합니다.
- 이미지 파일의 형식은 JPEG 또는 PNG로 준비합니다.

3.2 텍스트 입력 준비
- 사용자 스토리를 텍스트로 정리합니다.
- 예시 사용자 스토리:
  "사용자는 검색 바에 키워드를 입력하여 관련 상품 목록을 확인할 수 있어야 한다. 검색 결과는 키워드와 일치하는 상품들로 구성되며, 사용자 친화적인 정렬과 필터링 옵션을 제공해야 한다."

4. 프롬프트 작성

- 목표: 멀티모달 LLM에게 테스트 케이스를 생성하도록 요청합니다.
- 프롬프트 구성 요소:
  - 명확한 지시: 무엇을 원하는지 구체적으로 명시합니다.
  - 이미지와 텍스트 참조: 이미지와 텍스트 입력을 모두 참조하도록 유도합니다.
- 예시 프롬프트:

> "다음은 이커머스 웹사이트의 상품 검색 페이지 (와이어프레임) 이미지와 관련 사용자 스토리입니다. 이를 기반으로 기능 테스트 케이스를 작성해 주세요."

5. 프롬프트 실행 및 결과 확인

5.1 멀티모달 LLM 접속
- 선택한 멀티모달 LLM 플랫폼(예, 제미나이 등)에 접속합니다.
- 새로운 채팅이나 세션을 시작합니다.

5.2 이미지 및 텍스트 입력
- 이미지를 업로드합니다.
  - 업로드 방법은 플랫폼에 따라 다를 수 있습니다.

- 프롬프트와 텍스트 입력을 함께 작성하여 입력합니다.

입력 예시:

1. 이미지를 업로드합니다.
2. 프롬프트를 입력합니다:

> "다음은 이커머스 웹사이트의 상품 검색 페이지 (와이어프레임) 이미지와 관련 사용자 스토리입니다. 이를 기반으로 기능 테스트 케이스를 작성해 주세요."

3. 텍스트로 사용자 스토리를 추가합니다.

5.3 결과 확인
- 모델이 생성한 테스트 케이스를 확인합니다.
- 텍스트와 이미지를 모두 참고하여 적절한 응답을 생성했는지 평가합니다.

6. 기대되는 결과 및 예시 답안

6.1 모델의 예상 응답 예시

> 테스트 케이스 1: 검색 기능 테스트
> - 테스트 목적: 사용자가 키워드를 입력하여 관련 상품을 검색할 수 있는지 확인한다.
> - 사전 조건: 웹사이트에 접속되어 있고, 검색 페이지가 로드되어 있어야 한다.
> - 테스트 절차:
>   1. 검색 바에 "운동화"라고 입력한다.
>   2. 검색 버튼을 클릭하거나 엔터 키를 누른다.
> - 기대 결과:
>   ◦ "운동화"와 관련된 상품 목록이 화면에 표시되어야 한다.
>
> 테스트 케이스 2: 검색 결과 필터링 및 정렬 기능 테스트
> - 테스트 목적: 검색 결과에서 필터링 및 정렬 옵션이 정상 동작하는지 확인한다.
> - 테스트 절차:
>   1. 위의 테스트 케이스 1을 수행하여 검색 결과를 표시힌다.
>   2. 가격 순으로 정렬 옵션을 선택한다.
>   3. 가격 범위 필터를 설정하여 50,000원 이하의 상품만 표시되도록 한다.
> - 기대 결과:
>   ◦ 검색 결과가 가격 순으로 정렬되고, 50,000원 이하의 상품들만 표시되어야 한다.

모델이 이미지에서 검색 바, 필터 옵션 등의 UI 요소를 인식하고, 사용자 스토리의 요구사항을 바탕으로 적절한 테스트 케이스를 생성하였는지 확인합니다.

7. 결과 분석 및 검증

- 모델의 응답이 적절한가
  - 테스트 케이스가 사용자 스토리와 (와이어프레임) 이미지를 제대로 반영하고 있는지 확인합니다.
- 텍스트와 이미지의 결합 효과
  - 이미지에서 추출한 정보와 텍스트 입력이 상호 보완적으로 활용되었는지 평가합니다.
- 잠재적인 문제점 식별
  - 모델이 이미지의 세부 사항을 정확히 해석하지 못했을 경우를 고려합니다.
  - 추가 정보를 제공하여 모델의 이해를 도울 수 있습니다.

[추가적인 팁]
- 모델의 이해를 돕기 위해 추가 정보 제공
  - 필요한 경우 이미지에 대한 설명을 함께 제공하여 모델의 정확도를 높일 수 있습니다.
    【예시】 "이미지에는 검색 바가 상단에 있고, 그 아래에 상품 목록이 배열되어 있습니다."
- 모델 피드백 활용:
  - 모델의 응답이 기대에 미치지 못할 경우 피드백을 제공하여 응답을 개선할 수 있습니다.

[실제 적용 시 고려사항]
- 보안 및 프라이버시:
  - 민감한 데이터나 내부 문서를 모델에 업로드하지 않도록 주의합니다.
- 저작권 및 라이선스:
  - 사용되는 이미지에 대한 저작권을 확인하고, 필요한 경우 허가를 받아 사용합니다.
- 모델의 응답 검증:
  - 생성된 테스트 케이스나 결과는 항상 테스터가 검증해야 합니다.

HO-2.2: AI 챗봇과 LLM 기반 테스팅 애플리케이션의 차이점 인식하기

데모 진행 가이드
1. 데모 준비
- 필요한 도구:
  - AI 챗봇 접근을 위한 디바이스(예: 컴퓨터, 스마트폰).
  - LLM 기반 테스팅 애플리케이션이 통합된 테스팅 도구 또는 해당 API 사용 환경.
- 예제 시나리오 설정:

- 이커머스 웹사이트의 결제 프로세스 테스트

2. AI 챗봇을 활용한 데모

- 실행 단계:

    1) AI 챗봇에 접속합니다(예: ChatGPT).

    2) 다음과 같이 질문합니다:

> "이커머스 사이트에서 결제 오류를 처리하기 위한 테스트 케이스를 제안해줘."

    3) 챗봇의 응답을 확인하고, 필요한 경우 추가 질문을 통해 상세 정보를 얻습니다.

- 예상 응답:

    - 카드 한도 초과 시나리오.
    - 유효하지 않은 카드 정보 입력 시나리오.
    - 결제 게이트웨이 타임아웃 처리 등.

3. LLM 기반 테스팅 애플리케이션을 활용한 데모

- 실행 단계:

    1) 테스팅 도구에서 결제 프로세스에 대한 테스트 스크립트 생성을 요청합니다.

    - Step 1: 개발 환경 설정

        필요한 라이브러리 및 패키지 설치 (예: Python에서 OpenAI API 사용)

    - Step 2: LLM API 키 발급 및 설정 (예: OpenAI에서 API 키를 발급받아 코드에 적용)

    - Step 3: 테스트 케이스 생성 스크립트 작성

        예시 코드:

```
import openai

# OpenAI API 키 설정
openai.api_key = 'YOUR_API_KEY'

# 프롬프트 설정
prompt = """
```

> 이커머스 사이트에서 상품 주문 및 결제 과정을 테스트하기 위한 테스트 케이스를 작성해 주세요.
> 각 테스트 케이스는 다음 정보를 포함해야 합니다:

- 테스트 시나리오
- 예상 결과

```
"""
# LLM에게 요청 보내기
response = openai.Completion.create(
    engine='davinci',
    prompt=prompt,
    max_tokens=500,
    temperature=0.7,
)

# 결과 출력
print(response.choices[0].text.strip())
```

2) LLM API를 통해 자동으로 생성된 스크립트를 검토합니다.
3) 생성된 스크립트를 실행하여 결과를 확인합니다.
4) 테스트 도구에 통합하거나 자동화 스크립트로 활용합니다.

- 예상 결과:
  - 다양한 결제 수단(신용카드, PayPal, 모바일 결제 등)에 대한 테스트 스크립트가 자동 생성됩니다.
  - 테스트 실행 후 결과 보고서가 자동으로 생성됩니다.

핵심 포인트 정리
- AI 챗봇:
  - 즉각적인 도움이나 아이디어가 필요할 때 유용합니다.
  - 사용이 간편하며 빠른 피드백을 제공합니다.
- LLM 기반 테스팅 애플리케이션:
  - 특정 테스팅 작업을 자동화하고 규모를 확장할 때 효과적입니다.
  - 조직의 워크플로우에 통합되어 지속적인 개선이 가능합니다.
- 선택 기준:
  - 작업의 복잡도와 필요한 유연성에 따라 적절한 도구를 선택합니다.

두 접근 방식을 모두 활용하면 테스팅 프로세스의 효율성과 효과를 극대화할 수 있습니다.

보조 설명 자료

AI 챗봇(AI Chatbots)
- 테스터가 대형 언어 모델(LLM; Large Language Model)과 대화로 상호작용할 수 있는 대화형 인터페이스를 제공합니다.
- 특징:
  - 즉각적인 응답: 질문이나 요청에 대해 빠른 응답이나 제안을 제공합니다.
  - 대화 모드: 자연어로 대화하듯이 상호작용합니다.
  - 사용 편의성: 별도의 학습 없이도 쉽게 사용할 수 있습니다.

AI 챗봇은 테스터가 급하게 필요한 정보나 아이디어를 얻고자 할 때 유용합니다. 예를 들어, 새로운 기능에 대한 테스트 케이스 아이디어가 필요할 때 즉각적인 도움을 받을 수 있습니다.

【예시】 테스터는 이커머스 웹사이트에서 주문 취소 기능을 테스트하고자 합니다.
- 테스터: "주문 취소 기능에 대한 주요 테스트 시나리오를 알려줘."
- AI 챗봇:
  - 정상적인 주문 취소 시나리오.
  - 이미 배송된 주문의 취소 시도.
  - 부분 주문의 취소.
  - 취소 기한이 지난 주문의 취소 시도.
- 테스터는 이 제안을 바탕으로 테스트 케이스를 작성합니다.

LLM 기반 테스팅 애플리케이션(LLM-Powered Testing Applications)
- LLM API를 활용하여 AI 기능을 직접 테스팅 도구나 워크플로우에 통합한 솔루션입니다.
- 특징:
  - 직접 통합: 기존의 테스팅 도구에 GenAI 기능을 내장시켜 사용합니다.
  - 맞춤형 적용: 특정 테스팅 작업에 최적화된 기능을 제공합니다.
  - 확장성: 복잡한 프로젝트나 대규모 환경에서 효과적입니다.

LLM 기반 애플리케이션은 조직의 테스팅 프로세스에 깊숙이 통합되어 자동화와 효율성을 높입니다. 코딩이 가능한 테스터나 개발 팀이 API를 활용하여 커스터마이징 할 수 있습니다.

【예시】 테스트 매니저는 수천 개의 상품에 대한 가격 변경 검증을 자동화하려고 합니다.
- 테스팅 도구에 LLM API를 통합하여 자동화 스크립트를 생성합니다.
- LLM은 상품 데이터베이스를 분석하고, 가격 변경에 따른 영향을 자동으로 테스트합니다.
- 결과를 보고서로 생성하여 매니저에게 제공합니다.

첨부 II
Part II - 실습 및 데모 가이드와 실무 적용 예시

HO-3.1: 프롬프트 구성 요소 관찰 및 분석하기

데모 가이드

시나리오: 우리는 이커머스 플랫폼 "ShopMaster"에서 결제 기능에 대한 테스트 케이스를 생성하려고 합니다. 결제 과정에는 여러 가지 결제 수단(신용카드, PayPal, 모바일 결제 등)이 있으며, 각각의 결제 수단에 따른 테스트가 필요합니다.

참고 결제 시스템은 이커머스 플랫폼에서 매우 중요한 부분이며, 결제 오류는 직접적인 매출 손실로 이어질 수 있으므로 철저한 테스트가 필요합니다.

1. 프롬프트 작성 및 구성 요소의 역할 분석

이제 프롬프트의 각 구성 요소를 적용하여 실제 프롬프트를 작성해 보고, 각 구성 요소가 결과에 어떻게 기여했는지 분석해 보겠습니다.

1) 역할(Role)
   - GenAI에게 특정 역할을 부여하여 응답의 관점을 설정합니다.
   - 프롬프트:

   "당신은 이커머스 플랫폼인 ShopMaster의 테스트 엔지니어(Test Engineer)입니다."

   - 테스트 엔지니어로서의 역할을 부여함으로써 GenAI는 전문적인 관점에서 테스트 케이스를 작성했습니다.

2) 맥락(Context)
   - 테스트 시나리오에 대한 배경 정보를 제공합니다.
   - 프롬프트:

   "ShopMaster의 결제 시스템을 테스트하고자 합니다. 이 시스템은 신용카드, PayPal, 모바일 결제 등의 결제 수단을 지원합니다."

- 결제 시스템의 특성과 지원하는 결제 수단에 대한 정보를 제공하여, GenAI가 정확한 시나리오를 이해하도록 도왔습니다.

3) 지침(Instruction)
- GenAI에게 수행할 작업을 명확하게 지시합니다.
- 프롬프트:

> "각 결제 수단에 대한 테스트 케이스를 생성해 주세요."

- 명확한 지시로 GenAI는 필요한 작업을 명확히 알 수 있었습니다.

4) 입력 데이터(Input Data, 입력 자료)
- 작업을 수행하는 데 필요한 추가 정보를 제공합니다.
- 프롬프트:

> "신용카드는 VISA, MasterCard를 지원하며, PayPal은 계정 로그인 후 결제가 이루어집니다. 모바일 결제는 휴대폰 인증이 필요합니다."

- 각 결제 수단의 세부 사항을 제공하여, GenAI가 보다 구체적인 테스트 케이스를 생성할 수 있었습니다.

5) 제약 사항(Constraints)
- 작업 수행 시 지켜야 할 제한 사항이나 고려해야 할 사항을 명시합니다.
- 프롬프트:

> "테스트 케이스는 결제 성공과 결제 실패 시나리오를 모두 포함해야 합니다.", "각 테스트 케이스는 단계별로 상세히 작성해 주세요."

- "결제 성공과 실패 시나리오를 모두 포함"하도록 지정하여 다양한 상황을 고려한 테스트 케이스가 생성되었습니다.

6) 출력 형식(Output Format)
- 원하는 응답의 형식이나 구조를 지정합니다.
- 프롬프트:

> 각 테스트 케이스는 다음과 같은 형식으로 작성해 주세요:
> 테스트 케이스 제목:
> 사전 조건:
> 테스트 단계:
> 기대 결과:

- 명확한 형식을 제공하여 일관된 형태의 테스트 케이스를 얻었습니다.

2. 최종 프롬프트:

[역할]
당신은 이커머스 플랫폼인 ShopMaster의 테스트 엔지니어입니다.

[맥락]
ShopMaster의 결제 시스템을 테스트하고자 합니다. 이 시스템은 신용카드(VISA, MasterCard), PayPal, 모바일 결제(휴대폰 인증 필요)를 지원합니다.

[지침]
각 결제 수단에 대한 테스트 케이스를 생성해 주세요.

[입력 데이터]
- 신용카드: VISA, MasterCard 지원
- PayPal: 계정 로그인 후 결제
- 모바일 결제: 휴대폰 인증 필요

[제약 사항]
- 테스트 케이스는 결제 성공과 결제 실패 시나리오를 모두 포함해야 합니다.
- 각 테스트 케이스는 단계별로 상세히 작성해 주세요.

[출력 형식]
각 테스트 케이스는 다음 형식을 따라야 합니다:

테스트 케이스 제목:
사전 조건:
테스트 단계:
기대 결과:

3. 예상 LLM 응답

테스트 케이스 1
테스트 케이스 제목: VISA 카드로 결제 성공 시나리오
사전 조건:
   - 사용자가 ShopMaster에 로그인되어 있다.
   - 구매하려는 상품이 장바구니에 담겨 있다.
테스트 단계:

1. 결제 페이지로 이동한다.
2. 결제 수단으로 신용카드를 선택한다.
3. 카드 종류에서 VISA를 선택한다.
4. 유효한 카드 정보(카드 번호, 유효 기간, CVC)를 입력한다.
5. 결제를 진행한다.

기대 결과:
- 결제가 성공적으로 완료된다.
- 주문 확인 페이지가 표시된다.
- 사용자는 주문 내역에서 해당 주문을 확인할 수 있다.

테스트 케이스 2
테스트 케이스 제목: PayPal 계정 없는 경우 결제 실패 시나리오
사전 조건:
- 사용자가 ShopMaster에 로그인되어 있다.
- 구매하려는 상품이 장바구니에 담겨 있다.

테스트 단계:
1. 결제 페이지로 이동한다.
2. 결제 수단으로 PayPal을 선택한다.
3. PayPal 로그인 페이지에서 존재하지 않는 계정 정보를 입력한다.
4. 로그인을 시도한다.

기대 결과:
- "계정 정보를 확인해 주세요."라는 오류 메시지가 표시된다.
- 결제가 진행되지 않는다.
- 사용자는 결제 수단 선택 화면으로 돌아간다.

참고 프롬프트를 구성할 때 각 구성 요소를 신중하게 고려하면, GenAI로부터 원하는 결과를 효율적/효과적으로 얻을 수 있습니다.

HO-3.2a: 소프트웨어 테스팅 작업에서 프롬프트 체이닝, 퓨샷 프롬프팅, 메타 프롬프팅을 관찰하고 논의하기

데모 진행 가이드

목표:
- 프롬프트 체이닝, 퓨샷 프롬프팅, 메타 프롬프팅의 이해 및 실습
- 각 기법을 소프트웨어 테스팅 작업에 적용하여 LLM의 응답(출력) 품질 향상
- 각 기법이 LLM 응답(출력)의 정확성과 완전성에 어떻게 기여하는지 탐구

1. 프롬프트 체이닝(Prompt Chaining) 실습

- 작업을 여러 단계로 나누어 각 단계마다 별도의 프롬프트를 사용하는 기법
- 각 단계의 출력은 다음 단계의 입력으로 사용
- 복잡한 테스트 시나리오를 단계별로 세분화하여 관리 가능

참고 복잡한 작업을 작은 단위로 나누면 오류를 쉽게 파악하고 수정할 수 있습니다. 또한 단계별로 검증함으로써 전체 프로세스의 신뢰성을 높일 수 있습니다.

실습 시나리오: 이커머스 플랫폼 "PayZone"의 결제 프로세스 테스트
1. 결제 수단 선택
2. 결제 정보 입력
3. 결제 승인 처리
4. 결제 확인 및 영수증 발행

[단계 1] 결제 수단 선택 테스트 케이스 작성
- 프롬프트:

```
[역할]
당신은 PayZone 이커머스 플랫폼의 테스트 엔지니어입니다.
[맥락]
고객이 상품 구매 시 결제 수단을 선택하는 기능을 테스트합니다.
[지침]
결제 수단 선택에 대한 테스트 케이스를 작성해 주세요.
[제약 사항]
  - 제공되는 결제 수단: 신용카드, PayPal, 모바일 결제
```

> - 정상 시나리오와 비정상 시나리오 모두 포함
> - 각 테스트 케이스는 상세한 단계와 기대 결과 포함
>
> [출력 형식]
> 테스트 케이스 제목:
> 사전 조건:
> 테스트 단계:
> 기대 결과:

- LLM 예상 응답:

> 테스트 케이스 제목: 지원되지 않는 결제 수단 선택 시 오류 메시지 표시
> 사전 조건:
> - 사용자가 로그인되어 있음
> - 장바구니에 상품이 담겨 있음
>
> 테스트 단계:
> 1. 결제 페이지로 이동
> 2. 결제 수단 목록에서 '은행 송금' 선택 (지원되지 않는 결제 수단)
> 3. '결제 진행' 버튼 클릭
>
> 기대 결과:
> - '선택하신 결제 수단은 현재 지원되지 않습니다.'라는 오류 메시지 표시
> - 결제 수단 선택 화면에 머물러 있음

[단계 2] 결제 정보 입력 테스트 케이스 작성

- 프롬프트:

> [맥락]
> 이전 단계에서 선택한 결제 수단에 따라 결제 정보를 입력하는 기능을 테스트합니다.
>
> [지침]
> 결제 정보 입력에 대한 테스트 케이스를 작성해 주세요.
>
> [입력 데이터]
> - 신용카드: 유효한 카드 정보, 만료된 카드, 한도 초과 카드
> - PayPal: 유효한 계정 정보, 잘못된 비밀번호
> - 모바일 결제: 올바른 휴대폰 번호, 인증 번호 오입력
>
> [제약 사항]
> - 정상 결제와 결제 실패 시나리오 모두 포함
> - 이전 단계의 결과를 고려하여 작성

- LLM 예상 응답:

> 테스트 케이스 제목: 만료된 신용카드로 결제 시도 시 오류 발생
> 사전 조건:
> - 결제 수단으로 신용카드 선택
> - 사용자가 결제 페이지에 있음
>
> 테스트 단계:
> 1. 카드 번호 입력: 1234-5678-9012-3456
> 2. 유효기간 입력: 01/22 (이미 만료된 날짜)
> 3. CVC 번호 입력: 123
> 4. '결제하기' 버튼 클릭
>
> 기대 결과:
> - '카드 유효기간이 만료되었습니다.'라는 오류 메시지 표시
> - 결제 정보 입력 화면에 머물러 있음

[단계 3] 결제 승인 처리 테스트 케이스 작성

- 프롬프트:

> [맥락]
>   결제 정보 입력 후 결제 승인 처리가 정상적으로 이루어지는지 테스트합니다.
> [지침]
>   결제 승인 프로세스에 대한 테스트 케이스를 작성해 주세요.
> [제약 사항]
>   - 결제 승인 성공 및 실패 시나리오 포함
>   - 네트워크 오류, 승인 서버 응답 지연 등 예외 상황 고려

- LLM 예상 응답:

> 테스트 케이스 제목: 결제 승인 서버 응답 지연 시 처리 확인
> 사전 조건: 결제 정보가 올바르게 입력되어 있음
> 테스트 단계:
> 1. '결제하기' 버튼 클릭
> 2. 결제 승인 서버 응답이 30초 이상 지연되는 상황 시뮬레이션
>
> 기대 결과:
> - '결제 처리 중입니다. 잠시만 기다려 주세요.'라는 로딩 메시지 표시
> - 일정 시간 후 '결제가 완료되었습니다.'라는 메시지 표시

[단계 4] 결제 확인 및 영수증 발행 테스트 케이스 작성
- 프롬프트:

> [맥락] 결제 완료 후 결제 내역 확인 및 영수증이 정상적으로 발행되는지 테스트합니다.
> [지침] 결제 확인 및 영수증 발행에 대한 테스트 케이스를 작성해 주세요.
> [제약 사항]
> – 사용자 계정 내 결제 내역 업데이트 확인
> – 이메일로 영수증 발송 여부 확인

- LLM 예상 응답:

> 테스트 케이스 제목: 결제 완료 후 결제 내역 및 영수증 발행 확인
> 사전 조건: 결제가 성공적으로 완료됨
> 테스트 단계:
> 1. '결제 완료' 페이지에서 '내 주문 내역' 버튼 클릭
> 2. 주문 내역 페이지에서 최근 주문 확인
> 3. 이메일 수신함 확인
> 기대 결과:
> – 주문 내역에 최근 결제한 주문이 정확하게 표시됨
> – 이메일로 영수증이 발송되어 있음

프롬프트 체이닝 기법 적용 효과:
- 각 단계별로 상세하고 정확한 테스트 케이스 생성
- 단계별 검증을 통해 전체 결제 프로세스의 문제점을 신속하게 식별

2. 퓨샷 프롬프팅(Few-Shot Prompting) 실습
- 원하는 출력의 예시를 제공하여 모델이 유사한 결과를 생성하도록 유도
- 모델의 응답 일관성과 품질 향상

참고 예시를 통해 모델에게 원하는 형식과 내용을 명확히 전달할 수 있습니다.

데모 시나리오: 결제 오류 메시지의 표준화 테스트

- 프롬프트:

> 다음은 결제 오류 상황에 대한 표준 오류 메시지 예시입니다:
> 　예시 1: 오류 코드: E001, 상황: 카드 한도 초과, 오류 메시지: '결제를 진행할 수 없습니다. 카드 한도를 확인해 주세요.'
> 　예시 2: 오류 코드: E002, 상황: 유효하지 않은 카드 번호, 오류 메시지: '입력하신 카드 번호가 유효하지 않습니다. 다시 확인해 주세요.'
>
> [지침] 아래의 결제 오류 상황에 대해 표준화된 오류 메시지를 작성해 주세요.
> 　상황: {결제 오류 상황}
> [제약 사항]
> 　– 오류 코드 형식은 'E' 뒤에 세 자리 숫자
> 　– 고객이 이해하기 쉽게 작성

테스트할 결제 오류 상황 입력:

- 프롬프트:

> 상황: 카드 도난/분실 신고로 인한 거래 거절

- LLM 예상 응답:

> 오류 코드: E003, 상황: 카드 도난/분실 신고 상태, 오류 메시지: '결제를 진행할 수 없습니다. 카드 발급사에 문의해 주세요.'

퓨샷 프롬프팅 기법 적용 효과:
- LLM이 예시를 참고하여 일관된 형식으로 오류 메시지 작성
- 오류 코드 및 메시지의 표준화로 고객 혼란 최소화

3. 메타 프롬프팅(Meta Prompting) 실습
- LLM에게 자체적으로 프롬프트를 생성하거나 개선하도록 요청
- 상호작용을 통해 프롬프트를 최적화하고 결과 향상

참고 LLM의 이해 능력을 활용하여 더 나은 프롬프트와 결과를 얻을 수 있습니다.

데모 시나리오: 결제 보안 기능 테스트 케이스 작성을 위한 프롬프트 생성

[단계 1] 모델에게 프롬프트 작성 요청
- 프롬프트:

[지침] PayZone의 결제 보안 기능에 대한 효과적인 테스트 케이스를 생성하기 위한 프롬프트를 작성해 주세요.
[제약 사항]
- 프롬프트는 명확하고 구체적이어야 합니다.
- 필요한 입력 데이터와 제약 사항 포함
- 테스트해야 할 보안 기능: 3D Secure 인증, CVC 확인, 결제 정보 암호화

- LLM 예상 응답:

[역할] 당신은 PayZone 이커머스 플랫폼의 테스트 엔지니어입니다.
[맥락] 결제 과정에서 보안 기능이 정상적으로 작동하는지 테스트합니다.
[지침] 다음 결제 보안 기능에 대한 테스트 케이스를 작성해 주세요:
  - 3D Secure 인증
  - CVC 번호 확인
  - 결제 정보 전송 시 데이터 암호화 확인
[입력 데이터]
- 유효한 카드 정보
- 잘못된 CVC 번호
- 3D Secure 인증 비밀번호 오류
[제약 사항]
  - 각 테스트 케이스는 정상 및 비정상 시나리오 포함
  - 단계별 상세한 설명과 기대 결과 작성
[출력 형식]
  테스트 케이스 제목:
  사전 조건:
  테스트 단계:
  기대 결과:

[단계 2] 모델이 생성한 프롬프트 검토 및 개선
- 프롬프트 내용이 구체적이고 명확한지 확인
- 필요한 경우 추가 사항 보완 (예: 데이터 암호화 확인 방법 명시)
- 수정된 프롬프트:

[추가 제약 사항]
- 데이터 암호화 확인을 위해 네트워크 패킷 캡처 도구 사용
- 고객 입장에서 보안 경고 메시지 확인

[단계 3] 개선된 프롬프트로 테스트 케이스 생성 요청
- 프롬프트:

[지침] 앞서 작성된 프롬프트를 기반으로 테스트 케이스를 작성해 주세요.
[제약 사항]
- 각 테스트 케이스는 정상 및 비정상 시나리오 포함
- 단계별 상세한 설명과 기대 결과 작성
- 데이터 암호화 확인을 위해 네트워크 패킷 캡처 도구 사용
- 고객 입장에서 보안 경고 메시지 확인

- LLM 예상 응답:

테스트 케이스 제목: 잘못된 CVC 번호 입력 시 결제 차단 및 오류 메시지 표시
사전 조건:
- 결제 수단으로 신용카드 선택
- 카드 번호와 유효기간을 올바르게 입력
테스트 단계:
1. CVC 번호를 잘못 입력 (예: 실제 번호와 다른 숫자 입력)
2. '결제하기' 버튼 클릭
기대 결과:
- '입력하신 CVC 번호가 올바르지 않습니다.'라는 오류 메시지 표시
- 결제 진행이 중단되고 CVC 입력란에 재입력 요청

테스트 케이스 제목: 결제 정보 전송 시 데이터 암호화 확인
사전 조건:
- 결제 페이지에 접속하여 결제 정보 입력 준비 완료
- 네트워크 패킷 캡처 도구 실행 중
테스트 단계:
1. 유효한 결제 정보 입력
2. '결제하기' 버튼 클릭
3. 네트워크 패킷 캡처 도구로 전송되는 데이터 확인

기대 결과:
- 전송되는 결제 정보가 암호화되어 내용이 식별되지 않음
- HTTPS 프로토콜 사용 확인

메타 프롬프팅 기법 적용 효과:
- 모델과의 상호작용을 통해 프롬프트를 최적화하고 상세한 테스트 케이스 생성
- 보안 기능 테스트에 필요한 요소들이 명확히 반영

HO-3.2b: 주어진 예시에서 프롬프팅 기법 식별하기

실습 가이드
- 주어진 프롬프트 예시에서 프롬프팅 기법을 식별하고 이해하기
- 각 기법의 특징과 실무에서의 응용 방법 파악

1. 프롬프팅 기법 소개

먼저, 우리가 식별해야 할 세 가지 주요 프롬프트 엔지니어링 기법을 간략히 소개합니다.

1) 프롬프트 체이닝(Prompt Chaining)
   - 작업을 여러 단계로 분해하여 각 단계마다 별도의 프롬프트를 사용하는 기법
   - 각 단계의 출력이 다음 단계의 입력으로 사용됨
2) 퓨샷 프롬프팅(Few-Shot Prompting)
   - 원하는 결과의 예시를 몇 개 제공하여 모델이 유사한 출력을 생성하도록 하는 기법
   - 예시를 통해 모델의 응답 품질과 일관성을 향상시킴
3) 메타 프롬프팅(Meta Prompting)
   - GenAI 모델에게 자체적으로 프롬프트를 생성하거나 개선하도록 요청하는 기법
   - 모델의 능력을 활용하여 프롬프트를 최적화하고 결과를 향상시킴

2. 실습 과제 개요

- 아래에 제시된 프롬프트 예시들을 읽고, 각각 어떤 프롬프트 엔지니어링 기법이 적용되었는지 식별합니다.
- 각 예시에 대한 기법을 식별한 후, 그 이유와 해당 기법의 특징을 설명합니다.

3. 프롬프트 예시 및 실습

【예시 1】

[역할]
당신은 "QuickOrder" 이커머스 플랫폼의 테스트 엔지니어입니다.
[맥락]
고객이 주문을 생성하고 결제하는 과정을 테스트하려고 합니다.
[지침]
주문 생성에 대한 테스트 케이스를 작성해 주세요.
[제약 사항]
 - 정상 주문과 결제 실패 시나리오를 모두 포함해야 합니다.
 - 각 테스트 케이스는 단계별로 상세히 작성해 주세요.
[출력 형식]
 테스트 케이스 제목:
 사전 조건:
 테스트 단계:
 기대 결과:

실습 답안:

- 적용된 프롬프팅 기법: 프롬프트 체이닝(Prompt Chaining)
- 이유 및 특징:
  - 복잡한 작업일 수 있는 "주문을 생성하고 결제하는 과정을 테스트"하는 것을 "주문 생성 테스트"부터 단계별로 나누어 진행하도록 지시하고 있습니다.
  - 각 단계에 상세한 지침을 제공하여 모델의 응답을 구체화할 수 있습니다.

【예시 2】

[예시]
테스트 케이스 제목: 정상적인 주문 생성 및 결제 완료

사전 조건:
 - 사용자가 로그인되어 있음
 - 장바구니에 상품이 담겨 있음
테스트 단계:
 1. '결제' 버튼 클릭
 2. 결제 정보 입력 (유효한 카드 정보)

3. '결제 완료' 버튼 클릭

기대 결과:
- 주문이 성공적으로 생성됨
- 주문 확인 페이지가 표시됨

[지침]
위의 예시와 형식을 참고하여 아래의 시나리오에 대한 테스트 케이스를 작성해 주세요.
- 시나리오: 결제 정보 오류로 인한 결제 실패

[제약 사항]
- 출력 형식은 예시와 동일하게 작성해 주세요.

실습 답안:

- 적용된 프롬프팅 기법: 퓨샷 프롬프팅(Few-Shot Prompting)
- 이유 및 특징:
  - 원하는 출력(응답)의 예시를 제공하여 모델이 유사한 내용을 유사한 형식으로 생성하도록 유도하고 있습니다.
  - 예시를 통해 모델의 응답 품질과 일관성을 향상시킵니다.
  - 실무에서 정확한 형식이나 템플릿이 필요한 경우 효과적입니다.

[예시 3]

[지침]
"QuickOrder"의 주문 시스템에 대한 중요한 테스트 케이스를 생성하기 위한 프롬프트를 작성해 주세요.

[제약 사항]
- 프롬프트는 명확하고 구체적이어야 합니다.
- 주문 수정, 주문 취소, 주문 조회 기능을 포함해야 합니다.

[추가 요청]
- 생성된 프롬프트를 기반으로 테스트 케이스를 작성해 주세요.

실습 답안:

- 적용된 프롬프팅 기법: 메타 프롬프팅(Meta Prompting)
- 이유 및 특징:
  - GenAI 모델에게 자체적으로 프롬프트를 작성하도록 요청하고 있습니다.
  - 생성된 프롬프트를 기반으로 작업을 수행하며, 모델의 능력을 활용합니다.
  - 메타 프롬프팅은 프롬프트 생성 및 개선을 모델에게 맡기는 기법입니다.
  - 실무에서 프롬프트 설계에 대한 시간을 절약하고 모델의 창의성을 활용할 수 있습니다.

4. 직접 프롬프팅 기법 적용해 보기

과제:
- 이커머스 플랫폼의 주문 관련 기능 중 하나를 선택하여, 세 가지 프롬프팅 기법 중 하나를 적용한 프롬프트를 작성해 봅니다.
- 작성한 프롬프트에 따라 모델의 응답을 확인하고, 원하는 결과를 얻었는지 평가해 봅니다.
- 기대되는 결과나 예시 답안을 참고하여 자신의 답안과 비교해 봅니다.

기능 선택: 주문 배송 상태 조회 기능

적용할 기법: 프롬프트 체이닝(Prompt Chaining)

프롬프트 작성 및 응답 확인:

[단계 1] 배송 상태 조회 가능 여부 확인

- 프롬프트:

```
[역할]
    당신은 "OrderPlus" 이커머스 플랫폼의 테스트 엔지니어입니다.
[맥락]
    고객이 자신이 주문한 상품의 배송 상태를 조회하는 기능을 테스트하려고 합니다.
[지침]
    배송 상태 조회 기능에 대한 테스트 케이스를 작성해 주세요.
[제약 사항]
    - 주문이 정상적으로 생성된 경우에 대한 시나리오
    - 주문 번호가 유효하지 않은 경우에 대한 시나리오 포함
    - 각 테스트 케이스는 상세한 단계와 기대 결과를 포함해야 합니다.
[출력 형식]
    테스트 케이스 제목:
    사전 조건:
    테스트 단계:
    기대 결과:
```

- 모델의 예상 응답:

> 테스트 케이스 제목: 유효한 주문 번호로 배송 상태 조회
>
> 사전 조건:
>   - 사용자가 로그인되어 있음
>   - 주문 번호 'ORD123456'이 존재함
>
> 테스트 단계:
>   1. '내 주문' 페이지로 이동
>   2. 주문 번호 'ORD123456' 선택
>   3. '배송 상태 조회' 버튼 클릭
>
> 기대 결과:
>   - 현재 배송 상태가 '배송 준비 중'으로 표시됨
>   - 예상 배송 날짜가 표시됨

[단계 2] 잘못된 주문 번호 입력 시 오류 처리 확인

- 프롬프트:

> [맥락] 고객이 잘못된 주문 번호로 배송 상태를 조회하려고 합니다.
>
> [지침] "잘못된 주문 번호 입력 시"에 대한 테스트 케이스를 작성해 주세요.
>
> [제약 사항]
>   - 오류 메시지의 정확한 내용 확인
>   - 사용자 경험에 영향이 없도록 하는지 검증
>
> [출력 형식]
>   테스트 케이스 제목:
>   사전 조건:
>   테스트 단계:
>   기대 결과:

- 모델의 예상 응답:

> 테스트 케이스 제목: 유효하지 않은 주문 번호로 배송 상태 조회 시 오류 메시지 표시
> 사전 조건:
> - 사용자가 로그인되어 있음
> - 주문 번호 'INVALID123' (존재하지 않는 주문번호임)
>
> 테스트 단계:
> 1. '내 주문' 페이지로 이동
> 2. 주문 번호 'INVALID123' 입력
> 3. '배송 상태 조회' 버튼 클릭
>
> 기대 결과:
> - '해당 주문 번호를 찾을 수 없습니다.'라는 오류 메시지 표시
> - 이전 화면으로 돌아가도록 안내

[단계 3] 배송 상태 업데이트 확인

- 프롬프트:

> [맥락] 주문한 상품의 배송 상태가 업데이트되었는지 확인하려고 합니다.
> [지침] 배송 진행 중 상태에서 배송 완료로 상태가 변경되는 과정을 테스트해 주세요.
> [제약 사항]
> - 시스템 시간 변경이나 이벤트 트리거를 고려
> - 고객에게 알림이 발송되는지 확인
>
> [출력 형식]
> 테스트 케이스 제목:
> 사전 조건:
> 테스트 단계:
> 기대 결과:

- 모델의 예상 응답:

> 테스트 케이스 제목: 배송 완료 시 배송 상태 및 알림 확인
> 사전 조건:
> - 주문 번호 'ORD123456'의 배송 상태가 '배송 중'임
>
> 테스트 단계:
> 1. 시스템에서 배송 상태를 '배송 완료'로 업데이트
> 2. 고객 계정으로 로그인하여 '내 주문' 페이지 확인

> 3. 배송 상태 확인
> 4. 이메일 수신함 확인
>
> 기대 결과:
> - 배송 상태가 '배송 완료'로 표시됨
> - 고객에게 배송 완료 알림 이메일이 발송됨

결과 확인:
- 각 단계별로 상세하고 정확한 테스트 케이스가 생성되었습니다.
- 프롬프트 체이닝 기법으로 복잡한 배송 상태 조회 기능에 대해 단계적으로 테스트 케이스를 생성하고 검증할 수 있습니다.

HO-3.3: 주어진 테스트 작업에 적합한 프롬프팅 기법 선택하기

실습 가이드

다양한 이커머스 분야의 테스트 시나리오에 적합한 프롬프팅 기법을 선택하고, 그 이유를 설명합니다. 이를 통해 생성형 AI를 활용한 소프트웨어 테스팅에서 프롬프팅 기법의 효과적인 사용 방법을 익힙니다.

실습 단계
1. 테스트 시나리오 이해하기
2. 작업 특성 평가하기
3. 적합한 프롬프팅 기법 선택 및 선택 사유 설명하기
4. 선택한 기법을 활용한 프롬프트 작성 및 예상 결과 확인하기

[단계 1] 테스트 시나리오 이해하기

시나리오 1: 결제 시스템의 엣지 케이스 테스트

결제 시스템에서 다양한 결제 수단(신용카드, PayPal 등)에 대한 엣지 케이스(Edge Case)를 테스트해야 합니다. 여기에는 유효하지 않은 카드 번호, 만료된 카드, 부족한 잔액 등의 상황이 포함됩니다.

시나리오 2: 주문 내역 페이지의 UI 테스트 자동화

주문 내역 페이지에서 주문 목록이 올바르게 표시되는지 확인하는 테스트를 자동화해야 합니다. 주문 상태(배송 중, 배송 완료 등)에 따라 다른 아이콘이나 색상이 표시됩니다.

시나리오 3: 상품 추천 알고리즘의 탐색적 테스팅
  고객에게 제공되는 상품 추천 목록이 적절한지 탐색적 테스팅을 통해 확인해야 합니다. 추천 알고리즘이 고객의 구매 이력과 관심사를 기반으로 적합한 상품을 제시하는지 평가합니다.

[단계 2] 작업 특성 평가하기
각 시나리오에 대해 작업의 특성을 평가합니다.
  시나리오 1:
  - 작업 특성: 다양한 예외 상황에 대한 정밀한 테스트가 필요하며, 각 케이스마다 정확한 결과 검증이 필요합니다.
  - 필요 요소: 정밀성, 단계별 검증

  시나리오 2:
  - 작업 특성: 반복적이고 구조화된 테스트 케이스가 필요하며, 일정한 출력 형식으로 자동화가 요구됩니다.
  - 필요 요소: 반복성, 특정 출력 형식

  시나리오 3:
  - 작업 특성: 새로운 기능에 대한 이해와 유연한 테스트 접근이 필요하며, 상위레벨의 지침을 통한 탐색적 테스팅이 요구됩니다.
  - 필요 요소: 유연성, 역동성

[단계 3] 적합한 프롬프팅 기법 선택 및 선택 사유 설명하기
각 작업의 특성에 따라 가장 적합한 프롬프팅 기법을 선택하고, 해당 기법을 왜 선택했는지 설득력 있게 설명합니다.
  시나리오 1: 결제 시스템의 엣지 케이스 테스트 - 프롬프트 체이닝
  - 정밀한 테스트 필요성: 결제 시스템의 엣지 케이스는 각 상황별로 정확한 결과가 필요하며, 단계별로 테스트를 진행하고 검증해야 합니다.
  - 작업 분해: 프롬프트 체이닝을 통해 작업을 작은 단계로 분해하여 각 단계에서 결과를 검증할 수 있습니다.

  시나리오 2: 주문 내역 페이지의 UI 테스트 자동화 - 퓨샷 프롬프팅
  - 반복적인 구조: 주문 내역 페이지의 UI 요소는 반복적인 패턴이 있으며, 다양한 주문 상태에 따라 동일한 형식의 테스트가 필요합니다.
  - 출력 형식의 일관성: 퓨샷 프롬프팅으로 예시를 제공하여 GenAI가 동일한 형식의 테스트 케이스를 생성하도록 합니다.

시나리오 3: 상품 추천 알고리즘의 탐색적 테스팅 – 메타 프롬프팅
- 유연한 접근 필요성: 상품 추천 알고리즘의 테스팅은 미리 정의된 케이스보다는 다양한 시나리오를 탐색적으로 테스트해야 합니다.
- 상위레벨 지침 제공: 메타 프롬프팅을 통해 GenAI에게 탐색적 테스팅을 위한 방향성과 목적을 제시하고, 테스트하는 방법 제안과 사용자가 쓸 프롬프트를 작성해 달라고 요청합니다.

[단계 4] 선택한 기법을 활용한 프롬프트 작성 및 예상 결과 확인하기
시나리오 1: 결제 시스템의 엣지 케이스 테스트 – 프롬프트 체이닝 적용
결제 시스템의 다양한 엣지 케이스에 대한 테스트 시나리오를 단계별로 생성하고 검증합니다.

- 프롬프트 작성 예시:
1단계: 유효하지 않은 카드 번호 테스트 케이스 생성

> 당신은 이커머스 플랫폼의 결제 시스템을 테스트하는 전문가입니다. 유효하지 않은 카드 번호를 입력했을 때의 테스트 시나리오를 작성해 주세요.
>
> - 테스트 시나리오:
> - 사전 조건:
> - 테스트 단계:
> - 기대 결과:

2단계: 만료된 카드 테스트 케이스 생성

> 직전과 동일한 형식으로, 만료된 카드를 사용했을 때의 테스트 시나리오를 작성해 주세요.

3단계: 각 테스트 케이스의 결과를 검증하고 필요하면 수정

- 기대되는 결과 또는 예시 답안(일부 예시):

> - 테스트 시나리오: 유효하지 않은 카드 번호 입력 시 결제 거부 확인
> - 사전 조건: 상품이 장바구니에 추가되어 있음
> - 테스트 단계:
>   1. 결제 페이지로 이동한다.
>   2. 카드 번호란에 임의의 숫자 "1234567890123456"을 입력한다.
>   3. 유효기간 및 CVC 번호를 정상적으로 입력한다.
>   4. "결제하기" 버튼을 클릭한다.
> - 기대 결과: "유효하지 않은 카드 번호입니다."라는 오류 메시지가 표시되고 결제가 진행되지 않는다.

시나리오 2: 주문 내역 페이지의 UI 테스트 자동화 - 퓨샷 프롬프팅 적용

　주문 내역 페이지의 UI 테스트 케이스를 일관된 형식으로 자동 생성합니다.

• 프롬프트 작성 예시:

> 다음과 같은 형식으로 주문 내역 페이지의 UI 테스트 케이스를 작성 중입니다.
>
> 예시:
>
> - 테스트 케이스 ID: TC-UI-001
> - 테스트 목적: 주문 상태가 "배송 중"일 때 아이콘과 색상이 올바르게 표시되는지 확인
> - 테스트 단계:
>   1. 주문 내역 페이지에 접속한다.
>   2. 상태가 "배송 중"인 주문을 찾는다.
> - 기대 결과: 해당 주문의 상태 아이콘이 "트럭" 모양이고, 색상이 파란색으로 표시된다.
>
> 위의 예시 형식에 따라 주문 상태가 "배송 완료"일 때의 UI 테스트 케이스를 작성해 주세요.

• 기대되는 LLM 출력:

> - 테스트 케이스 ID: TC-UI-002
> - 테스트 목적: 주문 상태가 "배송 완료"일 때 아이콘과 색상이 올바르게 표시되는지 확인
> - 테스트 단계:
>   1. 주문 내역 페이지에 접속한다.
>   2. 상태가 "배송 완료"인 주문을 찾는다.
> - 기대 결과: 해당 주문의 상태 아이콘이 "체크 표시" 모양이고, 색상이 녹색으로 표시된다.

시나리오 3: 상품 추천 알고리즘의 탐색적 테스팅 - 메타 프롬프팅 적용

　상품 추천 알고리즘의 탐색적 테스팅을 위한 프롬프트를 작성하여 다양한 시나리오를 탐색합니다.

• 메타 프롬프트 작성:

> 상품 추천 알고리즘을 탐색적으로 테스트하기 위한 프롬프트를 제안해 주세요.

• 기대되는 LLM 출력 I:

> 당신은 이커머스 플랫폼의 상품 추천 시스템을 탐색적으로 테스트하는 전문가입니다. 고객의 다양한 구매 이력과 관심사를 기반으로 추천되는 상품이 적절한지 평가하는 테스트 시나리오를 작성해 주세요.

테스트 시나리오는 다음을 포함해야 합니다:
- 고객 프로필 설명
- 테스트 단계
- 관찰 결과
- 평가 및 개선 사항

- 기대되는 LLM 출력 II (메타 프롬프트로 만들어진 프롬프트에 의한 출력):

- 고객 프로필: 최근에 아기 용품을 여러 개 구매한 30대 여성 고객
- 테스트 단계:
  1. 해당 고객으로 로그인한다.
  2. 메인 페이지의 추천 상품 목록을 확인한다.
- 관찰 결과: 추천 상품에 아기 의류, 장난감, 육아용품 등이 표시된다.
- 평가 및 개선 사항: 추천 상품이 고객의 최근 구매 이력과 관심사에 부합함. 추가로, 육아 관련 서적이나 온라인 강좌를 추천하면 더욱 효과적일 수 있음

HO-4.1a: GUI 기반의 사용자 스토리에서 인수 기준을 생성하기 위한 구조화된 멀티모달 프롬프트 작성 연습

실습 가이드

이커머스 분야의 상품, 주문, 결제 관련 예시를 사용하여 단계별로 진행합니다.

1. 사용자 스토리 및 GUI 와이어프레임 준비

사용자 스토리와 GUI 와이어프레임은 인수 기준을 생성하는 데 기본이 됩니다.

- 사용자 스토리 예시:

[사용자 스토리]

제목: 상품 검색 기능 제공

온라인 쇼핑몰의 고객으로서,
원하는 상품을 빠르게 찾아볼 수 있도록,
검색 기능을 이용할 수 있어야 한다.

- GUI 와이어프레임 예시:

  이미지를 첨부할 수 없는 경우 이미지에 대한 상세한 설명을 제공합니다.

  [GUI 와이어프레임 설명]

  - 페이지 상단에 검색 바가 위치한다.
  - 검색 바에는 '검색어를 입력하세요...'라는 플레이스 홀더가 있다.
  - 검색 바 오른쪽에는 돋보기 아이콘의 검색 버튼이 있다.
  - 잘못된 입력 시 나타나는 오류 메시지 영역이 있다.

  참고 GUI 와이어프레임은 사용자 인터페이스의 구조를 나타내는 도구로, 이 예시에서는 검색 기능의 화면 구성을 시각적으로 표현합니다.

2. 추가 컨텍스트 정보 작성

컨텍스트를 풍부하게 하여 인수 기준의 품질을 높입니다.

- 입력 필드 제약 사항:
  - 검색어는 최대 50자까지 입력할 수 있다.
  - 특수문자 및 이모지는 입력할 수 없다.
  - 검색어를 입력하지 않고 검색 버튼을 누르면 오류 메시지를 표시한다.
- 비즈니스 룰:
  - 인기 상품은 검색 결과 상단에 노출된다.
  - 재고가 없는 상품은 검색 결과에서 표시되지 않는다.
  - 사용자가 자주 검색하는 키워드는 자동 완성 기능으로 제안된다.

참고 "비즈니스 룰"은 시스템이 따라야 하는 업무 규칙으로, 사용자 경험과 기능 동작에 직접적인 영향을 미칩니다.

3. 초기 프롬프트 작성

GenAI에게 전달할 초기 프롬프트를 작성합니다.

- 프롬프트 예시:

  당신은 이커머스 웹사이트의 QA 엔지니어입니다.

> 아래의 사용자 스토리와 GUI 와이어프레임을 기반으로 인수 기준을 작성해 주세요.
>
> [사용자 스토리]
>   {사용자 스토리 내용 삽입}
>
> [GUI 와이어프레임]
>   {GUI 와이어프레임 설명 삽입}
>
> 인수 기준은 번호를 붙여 목록 형태로 작성해 주세요.

여기서 역할(Role)은 '이커머스 웹사이트의 QA 엔지니어'이며, 명확한 지침(Instruction)을 제공하고 있습니다.

4. GenAI의 응답 확인

GenAI가 생성한 인수 기준을 확인합니다.
- 예상 결과:

> 1. 사용자는 페이지 상단의 검색 바에서 검색어를 입력할 수 있어야 한다.
> 2. 검색 바에는 '검색어를 입력하세요...'라는 플레이스 홀더가 표시되어야 한다.
> 3. 검색어를 입력하지 않고 검색 버튼을 누르면 오류 메시지가 표시되어야 한다.
> 4. 특수문자 및 이모지를 입력하면 입력이 제한되어야 한다.
> 5. 검색어는 최대 50자까지 입력할 수 있어야 한다.
> 6. 검색 결과는 해당 검색어와 일치하는 상품 리스트를 표시해야 한다.
> 7. 인기 상품은 검색 결과 상단에 우선적으로 노출되어야 한다.
> 8. 재고가 없는 상품은 검색 결과에서 제외되어야 한다.

GenAI가 생성한 인수 기준이 요구사항과 GUI 와이어프레임의 내용을 반영하고 있는지 확인합니다.

5. 프롬프트 수정

GenAI의 응답이 만족스럽지 않거나 추가적인 세부 사항을 포함하고자 할 경우 프롬프트를 수정합니다.

- 수정된 프롬프트:

> 당신은 이커머스 웹사이트의 QA 엔지니어입니다.
>
> 아래의 사용자 스토리, GUI 와이어프레임, 입력 필드 제약 사항, 비즈니스 룰을 기반으로 인수 기준을 작성해 주세요.
>
> [사용자 스토리]
>   {사용자 스토리 내용 삽입}
>
> [GUI 와이어프레임]
>   {GUI 와이어프레임 설명 삽입}
>
> [입력 필드 제약 사항]
> - 검색어는 최대 50자까지 입력할 수 있다.
> - 특수문자 및 이모지는 입력할 수 없다.
> - 검색어를 입력하지 않고 검색 버튼을 누르면 오류 메시지를 표시한다.
>
> [비즈니스 룰]
> - 인기 상품은 검색 결과 상단에 노출된다.
> - 재고가 없는 상품은 검색 결과에서 표시되지 않는다.
> - 사용자가 자주 검색하는 키워드는 자동 완성 기능으로 제안된다.
>
> 인수 기준은 '사용자는 ...할 수 있어야 한다' 또는 '시스템은 ...해야 한다'의 형식으로 번호를 붙여 작성해 주세요.

프롬프트에 추가 맥락과 제약 사항, 출력 형식(Output Format)에 대한 지시 사항을 명확히 추가했습니다.

6. 수정된 응답 확인

수정된 프롬프트에 대한 GenAI의 응답을 확인합니다.

- 예상 결과:

> 1. 사용자는 페이지 상단의 검색 바에서 최대 50자의 검색어를 입력할 수 있어야 한다.
> 2. 검색 바에는 '검색어를 입력하세요...'라는 플레이스 홀더가 표시되어야 한다.
> 3. 사용자는 특수문자 및 이모지를 입력할 수 없어야 한다.

> 4. 사용자가 검색어를 입력하지 않고 검색 버튼을 누르면, 시스템은 '검색어를 입력해 주세요'라는 오류 메시지를 표시해야 한다.
> 5. 사용자가 유효한 검색어를 입력하고 검색 버튼을 누르면, 시스템은 해당 검색어와 일치하는 상품 리스트를 표시해야 한다.
> 6. 시스템은 인기 상품을 검색 결과 상단에 우선적으로 노출해야 한다.
> 7. 시스템은 재고가 없는 상품을 검색 결과에서 제외해야 한다.
> 8. 사용자가 자주 검색하는 키워드는 자동 완성 기능으로 제안되어야 한다.

수정된 프롬프트로 인해 GenAI의 응답이 더욱 명확하고 상세해졌습니다.

7. 결과 평가

프롬프트의 변경이 결과에 어떤 영향을 미쳤는지 평가합니다.

- GenAI가 제시한 인수 기준이 추가된 제약 사항과 비즈니스 룰을 잘 반영하고 있는가?
- 출력 형식 지시에 따라 인수 기준이 일관된 형식으로 작성되었는가?
- 인수 기준이 명확하고 테스트 가능하게 작성되었는가?

프롬프트를 구체적으로 수정함으로써 원하는 결과에 더 가까워졌음을 알 수 있습니다.

8. 프롬프트 구성 요소 조정 및 추가 실험

다른 프롬프트 구성 요소를 조정하여 결과의 변화를 살펴봅니다.

- 역할(Role) 변경 예시:

> 당신은 이커머스 웹사이트의 프론트엔드 개발자입니다.

　예상 결과: 인수 기준 대신 UI 구현에 필요한 상세 요구사항이나 기술적인 제안이 나올 수 있습니다.

- 출력 형식(Output Format) 변경 예시:

> 인수 기준은 아래 표 형식으로 작성해 주세요.
>
> | 번호 | 인수 기준 |
> |------|--|
> | 1 | |
> | 2 | |
> | … | |

　예상 결과: GenAI가 표 형식으로 인수 기준을 작성하여 가독성이 향상됩니다.

HO-4.1b: 프롬프트 체이닝과 휴먼 검증을 통한 사용자 스토리 분석 및 인수 기준 개선 연습

실습 가이드

이번 실습에서는 이전 실습에서 사용한 사용자 스토리와 인수 기준을 그대로 사용합니다. 필요한 경우 내용을 보완하여 실습을 진행합니다.

실습의 기반이 되는 사용자 스토리 및 초기 인수 기준을 준비합니다.

- 사용자 스토리:

> [사용자 스토리]
>
> 제목: 상품 검색 기능 제공
>
> 온라인 쇼핑몰의 고객으로서,
> 원하는 상품을 빠르게 찾아볼 수 있도록,
> 검색 기능을 이용할 수 있어야 한다.

- 초기 인수 기준:

  이전 실습에서 LLM이 생성한 인수 기준을 사용합니다.

> 1. 사용자는 페이지 상단의 검색 바에서 최대 50자의 검색어를 입력할 수 있어야 한다.
> 2. 검색 바에는 '검색어를 입력하세요...'라는 플레이스홀더가 표시되어야 한다.
> 3. 사용자는 특수문자 및 이모지를 입력할 수 없어야 한다.
> 4. 사용자가 검색어를 입력하지 않고 검색 버튼을 누르면, 시스템은 '검색어를 입력해 주세요'라는 오류 메시지를 표시해야 한다.
> 5. 사용자가 유효한 검색어를 입력하고 검색 버튼을 누르면, 시스템은 해당 검색어와 일치하는 상품 리스트를 표시해야 한다.
> 6. 시스템은 인기 상품을 검색 결과 상단에 우선적으로 노출해야 한다.
> 7. 시스템은 재고가 없는 상품을 검색 결과에서 제외해야 한다.
> 8. 사용자가 자주 검색하는 키워드는 자동 완성 기능으로 제안되어야 한다.

이 인수 기준은 이전 실습에서 생성한 것으로, 이번 실습에서 개선의 대상이 됩니다.

프롬프트 체이닝과 사용자(실습자) 검증을 통해 단계별로 인수 기준을 분석하고 개선합니다. 각 단계에서 LLM과 상호작용하고 결과를 검증하며 필요한 수정 작업을 수행합니다.

[단계 1] 모호성 식별

인수 기준에서 모호한 부분이나 불명확한 요소를 식별합니다.

1. LLM에게 모호성 식별 요청

> 아래의 인수 기준에서 모호한 부분이나 불명확한 요소를 식별해 주세요.
>
> [인수 기준]
>   {초기 인수 기준 삽입}

2. LLM의 응답 확인

   LLM은 인수 기준에서 모호한 부분을 지적합니다.
   - 예상 결과:

> 모호한 부분:
>
> 인수 기준 1: '최대 50자'의 최소 글자 수 제한은 없는가?
> 인수 기준 3: '특수문자 및 이모지'의 범위가 구체적으로 정의되어 있는가?
> 인수 기준 6: '인기 상품'의 기준이 무엇인가?
> 인수 기준 8: '자주 검색하는 키워드'의 정의와 자동 완성 기능의 동작 방식은?

3. 실습자 검증 및 추가 식별
   - LLM의 지적 사항을 검토하고 동의 여부를 결정합니다.
   - 추가로 식별된 모호성이 있다면 기록합니다.

[단계 2] 모호성 해소 및 인수 기준 수정

식별된 모호성을 해소하여 인수 기준을 명확하게 수정합니다.

1. 모호성에 대한 해답 결정

   각 모호성에 대해 명확한 해답이나 기준을 결정합니다.

   【예시】
   - 인수 기준 1 수정

     최소 글자 수는 1자로 한다.
   - 인수 기준 3 수정

     특수문자와 이모지의 허용 여부를 구체적으로 명시한다.
       ▸ 특수문자는 영숫자 이외의 모든 문자로 정의한다.
       ▸ 이모지는 모두 입력이 제한된다.
   - 인수 기준 6 수정

인기 상품은 지난 한 달간 판매량 상위 10개의 상품으로 정의한다.
- 인수 기준 8 수정

자주 검색하는 키워드는 사용자별 검색 이력 상위 5개로 한다.

2. 수정된 내용을 반영하여 인수 기준 업데이트
   - 수정된 인수 기준:
     1. 사용자는 페이지 상단의 검색 바에서 최소 1자에서 최대 50자의 검색어를 입력할 수 있어야 한다.
     3. 사용자는 특수문자(영숫자 이외의 모든 문자) 및 이모지를 입력할 수 없어야 한다.
     6. 시스템은 지난 한 달간 판매량 상위 10개의 인기 상품을 검색 결과 상단에 우선적으로 노출해야 한다.
     8. 사용자가 자주 검색하는 키워드(사용자별 검색 이력 상위 5개)는 자동 완성 기능으로 제안되어야 한다.

3. LLM에게 수정된 인수 기준 검토 요청

> 아래의 수정된 인수 기준을 검토하고, 여전히 모호하거나 불명확한 부분이 있는지 알려주세요.
>
> [수정된 인수 기준]
>   {수정된 인수 기준 삽입}

4. LLM의 응답 확인
   LLM이 추가적인 모호성을 식별한다면 다시 검토합니다.
   - 예상 결과:

> 추가 모호한 부분은 없습니다. 인수 기준이 명확하게 수정되었습니다.

[단계 3] 테스트 가능성 평가

인수 기준이 테스트 가능하도록 구체적이고 검증 가능하게 작성되었는지 평가합니다.

1. LLM에게 테스트 가능성 평가 요청

> 아래의 인수 기준이 테스트 가능하도록 구체적이고 검증 가능하게 작성되었는지 평가해 주세요.
>
> [수정된 인수 기준]
>   {수정된 인수 기준 삽입}

2. LLM의 응답 확인

   LLM이 각 인수 기준의 테스트 가능성을 평가하고 개선이 필요한 부분을 지적합니다.
   - 예상 결과:

   > 테스트 가능성 평가:
   >
   > 1. 테스트 가능: 최소 및 최대 글자 수를 검증할 수 있음.
   > 3. 테스트 가능: 특수문자와 이모지 입력 시도 후 제한 여부를 확인 가능.
   > 6. 테스트 가능: 인기 상품의 노출 순위를 검증할 수 있음.
   > 8. 테스트 가능: 자동 완성 기능의 제안 키워드를 검증할 수 있음.

3. 실습자 검증
   - LLM의 평가에 동의하는지 검토합니다.
   - 추가로 테스트 가능성을 높이기 위해 필요한 수정 사항이 있는지 확인합니다.

[단계 4] 완전성 평가

인수 기준이 기능의 모든 요구사항을 충분히 포함하고 있는지 평가합니다.

1. LLM에게 완전성 평가 요청

   > 아래의 인수 기준이 기능의 모든 요구사항을 충분히 포함하고 있는지 평가해 주세요. 누락된 부분이 있다면 지적해 주세요.
   >
   > [수정된 인수 기준]
   >   {수정된 인수 기준 삽입}

2. LLM의 응답 확인

   LLM이 누락된 인수 기준이나 추가로 필요한 항목을 제안합니다.
   - 예상 결과:

   > 누락된 부분:
   >
   > - 검색 결과가 없는 경우에 대한 처리 인수 기준이 없습니다.
   > - 검색 결과의 정렬 및 필터링 기능에 대한 인수 기준이 없습니다.
   > - 검색 성능(속도)에 대한 요구사항이 없습니다.
   >
   > 추가 인수 기준 제안:

> 9. 사용자가 존재하지 않는 검색어를 입력한 경우, 시스템은 '검색 결과가 없습니다'라는 메시지를 표시해야 한다.
> 10. 사용자가 검색 결과를 가격, 인기순 등으로 정렬할 수 있어야 한다.
> 11. 시스템은 사용자의 검색 요청에 대해 2초 이내에 결과를 반환해야 한다.

3. 사용자 검증 및 인수 기준 업데이트
   - LLM의 제안에 따라 필요한 인수 기준을 추가합니다.
   - 수정된 인수 기준을 업데이트합니다.

모든 수정과 추가를 반영하여 최종 인수 기준을 정리합니다.

최종 인수 기준:

1. 사용자는 페이지 상단의 검색 바에서 최소 1자에서 최대 50자의 검색어를 입력할 수 있어야 한다.
2. 검색 바에는 '검색어를 입력하세요...'라는 플레이스 홀더가 표시되어야 한다.
3. 사용자는 특수문자(영숫자 이외의 모든 문자) 및 이모지를 입력할 수 없어야 한다.
4. 사용자가 검색어를 입력하지 않고 검색 버튼을 누르면, 시스템은 '검색어를 입력해 주세요'라는 오류 메시지를 표시해야 한다.
5. 사용자가 유효한 검색어를 입력하고 검색 버튼을 누르면, 시스템은 해당 검색어와 일치하는 상품 리스트를 2초 이내에 표시해야 한다.
6. 시스템은 지난 한 달간 판매량 상위 10개의 인기 상품을 검색 결과 상단에 우선적으로 노출해야 한다.
7. 시스템은 재고가 없는 상품을 검색 결과에서 제외해야 한다.
8. 사용자가 자주 검색하는 키워드(사용자별 검색 이력 상위 5개)는 자동 완성 기능으로 제안되어야 한다.
9. 사용자가 존재하지 않는 검색어를 입력한 경우, 시스템은 '검색 결과가 없습니다'라는 메시지를 표시해야 한다.
10. 사용자는 검색 결과를 가격, 인기순 등으로 정렬할 수 있어야 한다.
11. 시스템은 사용자의 검색 요청에 대해 2초 이내에 결과를 반환해야 한다.

최종적으로 인수 기준이 명확하고 테스트 가능하며 기능의 요구사항을 가능한 선에서 완전하게 포함하도록 정리되었습니다.

HO-4.2a: 프롬프트 체이닝, 구조화된 프롬프트 및 메타 프롬프팅을 사용해 사용자 스토리로부터 기능 테스트 케이스 생성

실습 가이드
1. [단계 1] 프롬프트 생성 및 응답 확인
2. [단계 2] 생성된 테스트 케이스의 완전성 검증
3. [단계 3] 메타 프롬프트 생성 및 엔드 투 엔드 테스트 시나리오 작성

[단계 1] 프롬프트 생성 및 응답 확인
GenAI에게 주어진 인수 기준을 기반으로 기능 테스트 케이스를 생성하도록 지시하는 프롬프트를 작성합니다.

1. 사용자 스토리 및 인수 기준 준비
   - 사용자 스토리 예시:

     [사용자 스토리]

     제목: 장바구니에 상품 추가 기능

     온라인 쇼핑몰의 고객으로서,
     원하는 상품을 장바구니에 추가하여 한 번에 구매할 수 있도록,
     상품 상세 페이지에서 장바구니에 상품을 추가할 수 있어야 한다.
   - 인수 기준 예시:
     1) 사용자는 상품 상세 페이지에서 '장바구니에 추가' 버튼을 클릭할 수 있어야 한다.
     2) 재고가 있는 상품만 장바구니에 추가할 수 있어야 한다.
     3) 장바구니에 상품이 추가되면, 상단의 장바구니 아이콘에 상품 수량이 업데이트되어 표시되어야 한다.
     4) 동일한 상품을 여러 번 추가하면, 장바구니에서 해당 상품의 수량이 증가해야 한다.
     5) 장바구니에 상품을 추가하면 '상품이 장바구니에 추가되었습니다'라는 확인 메시지가 표시되어야 한다.
   참고 "인수 기준"은 기능이 올바르게 구현되었는지를 판단하기 위한 구체적인 조건입니다.

2. 프롬프트 작성
   • 프롬프트 예시:

> 당신은 이커머스 웹사이트의 QA 엔지니어입니다.
>
> 아래의 인수 기준을 기반으로 기능 테스트 케이스를 작성해 주세요. 각 테스트 케이스는 다음 형식을 따라야 합니다:
>
> - 테스트 케이스 ID
> - 테스트 목적
> - 사전 조건
> - 테스트 절차
> - 예상 결과
>
> [인수 기준]
>   {앞서 제시된 인수 기준 내용 삽입}

프롬프트에서 역할(Role), 지침(Instruction), 출력 형식(Output Format)을 명확하게 지정하고 있습니다.

3. LLM에 프롬프트 입력 및 응답 확인
   • LLM의 응답 예시:

> 테스트 케이스 ID: TC_001
> 테스트 목적: 상품 상세 페이지에서 '장바구니에 추가' 버튼 클릭 기능 검증
> 사전 조건: 사용자는 상품 상세 페이지에 접속해 있다.
> 테스트 절차:
>   1. '장바구니에 추가' 버튼을 클릭한다.
> 예상 결과: 상품이 장바구니에 추가되고, 상단의 장바구니 아이콘에 상품 수량이 1로 표시된다.
>   '상품이 장바구니에 추가되었습니다' 메시지가 표시된다.
>
> 테스트 케이스 ID: TC_002
> 테스트 목적: 재고가 없는 상품의 장바구니 추가 제한 검증
> 사전 조건: 재고가 0인 상품의 상세 페이지에 접속해 있다.
> 테스트 절차:
>   1. '장바구니에 추가' 버튼이 비활성화되어 있는지 확인한다.
> 예상 결과: '장바구니에 추가' 버튼이 비활성화되어 클릭할 수 없다.

- 결과 비교

    LLM이 생성한 테스트 케이스가 인수 기준을 반영하고 있는지 확인합니다.

[단계 2] 생성된 테스트 케이스의 완전성 검증

생성된 테스트 케이스가 모든 인수 기준을 커버하는지 검증합니다.

1. 프롬프트 작성
    - 프롬프트 예시:

```
위에서 생성된 테스트 케이스가 모든 인수 기준을 커버하는지 확인하기 위해 커버리지 표를 생성해 주세요.

표는 다음 형식을 따라야 합니다:

|인수 기준 번호| 인수 기준 내용                          | 테스트 케이스 ID |
|----------|----------------------------------|--------------|
```

2. LLM에게 프롬프트 입력 및 응답 확인
    - LLM의 응답 예시:

인수 기준 번호	인수 기준 내용	테스트 케이스 ID
1	사용자는 상품 상세 페이지에서 '장바구니에 추가' 버튼을 클릭할 수 있어야 한다.	TC_001
2	재고가 있는 상품만 장바구니에 추가할 수 있어야 한다.	TC_001
-	재고가 주문보다 적을 경우는?	TC_003
3	장바구니에 상품이 추가되면, 상단의 장바구니 아이콘에 상품 수량이 업데이트되어 표시되어야 한다	TC_001
4	동일한 상품을 여러 번 추가하면, 장바구니에서 해당 상품의 수량이 증가해야 한다.	TC_004
5	장바구니에 상품을 추가하면 '상품이 장바구니에 추가되었습니다'라는 확인 메시지가 표시되어야 한다.	TC_001

3. 커버리지 검증
    - 각 인수 기준이 최소한 하나의 테스트 케이스에 매핑되어 있는지 확인합니다.
    - 매핑되지 않은 인수 기준이 있다면 해당 부분을 보완해야 합니다.

4. 보완 작업

누락된 테스트 케이스가 있다면 추가로 작성합니다.

【예시】

> 테스트 케이스 ID: TC_004
>
> 테스트 목적: 재고가 주문보다 적을 시 '장바구니에 추가' 검증
> 사전 조건: 재고가 1인 상품의 상세 페이지에 접속해 있다.
> 테스트 절차:
>   1. 주문 수량을 2개로 변경한다.
>   2. 현재 재고가 부족하다는 메시지를 출력하고, '장바구니에 추가'
>   버튼이 비활성화되어 있는지 확인한다.
> 예상 결과: "현재 1개만 주문이 가능합니다."라는 메시지가 출력되고,
>   '장바구니에 추가' 버튼이 비활성화되어 클릭할 수 없다.
>
> 테스트 케이스 ID: TC_005
>
> 테스트 목적: 동일한 상품을 여러 번 장바구니에 추가했을 때 수량 증가 기능 검증
> 사전 조건: 재고가 있는 상품의 상세 페이지에 접속해 있다.
> 테스트 절차:
>   1. '장바구니에 추가' 버튼을 클릭한다.
>   2. '장바구니에 추가' 버튼을 다시 클릭한다.
> 예상 결과: 장바구니에서 해당 상품의 수량이 2로 증가한다.

[단계 3] 메타 프롬프트 생성 및 엔드 투 엔드 테스트 시나리오 작성

엔드 투 엔드 테스트 시나리오 생성을 돕기 위한 메타 프롬프트를 작성하고, 이를 통해 포괄적인 테스트를 생성합니다.

1. 메타 프롬프트 작성 (예시)

> 당신은 이전에 작성한 프롬프트를 개선하여 주어진 인수 기준을 기반으로 엔드 투 엔드 테스트 시나리오를 생성해야 합니다.
>
> 엔드 투 엔드 테스트 시나리오는 사용자가 상품을 장바구니에 추가하고 구매를 완료하는 전체 흐름을 포함해야 합니다.
>
> 프롬프트를 어떻게 개선하면 좋을지 제안해 주세요.

- 이전에 작성한 프롬프트

당신은 이커머스 웹사이트의 QA 엔지니어입니다.
아래의 인수 기준을 기반으로 엔드 투 엔드 테스트 시나리오를 작성해 주세요.

[인수 기준]
　{인수 기준 내용 삽입}

2. LLM의 응답 확인 (예시)

프롬프트 개선 제안:

- 엔드 투 엔드 테스트 시나리오 생성을 위해, 사용자의 전체 구매 과정에 대한 상세한 지시를 추가합니다.
- 출력 형식에 엔드 투 엔드 테스트 시나리오의 구성 요소를 포함하도록 지정합니다.

개선된 프롬프트:

　당신은 이커머스 웹사이트의 QA 엔지니어입니다.

　아래의 인수 기준을 기반으로 사용자가 상품을 검색하여 장바구니에 추가하고 결제를 완료하는 엔드 투 엔드 테스트 시나리오를 작성해 주세요.

　테스트 시나리오는 다음 형식을 따라야 합니다:

　- 테스트 시나리오 ID
　- 테스트 목적
　- 사전 조건
　- 테스트 절차
　- 예상 결과

　[인수 기준]
　　{인수 기준 내용 삽입}

3. 개선된 프롬프트로 엔드 투 엔드 테스트 시나리오 생성

- LLM에게 개선된 프롬프트 입력 및 응답 확인 (예시)

> 테스트 시나리오 ID: E2E_TC_001
> 테스트 목적: 사용자가 상품을 검색하여 장바구니에 추가하고 결제를 완료하는 전체 흐름 검증
> 사전 조건: 사용자는 회원으로 로그인되어 있다.
> 테스트 절차:
>   1. 검색 바에 상품명을 입력하고 검색한다.
>   2. 검색 결과에서 원하는 상품을 선택하여 상세 페이지로 이동한다.
>   3. '장바구니에 추가' 버튼을 클릭한다.
>   4. 상단의 장바구니 아이콘을 클릭하여 장바구니 페이지로 이동한다.
>   5. 상품 정보와 수량을 확인하고 '결제하기' 버튼을 클릭한다.
>   6. 결제 정보(배송지, 결제 수단 등)를 입력하고 '결제 완료' 버튼을 클릭한다.
> 예상 결과:
>   - 각 단계에서 예상되는 화면과 메시지가 표시된다.
>   - 결제가 성공적으로 완료되고 주문 확인 페이지로 이동한다.

4. 결과 검토 및 개선

- 시나리오가 모든 인수 기준을 포함하고 있는지 확인합니다.
- 필요한 경우 테스트 절차나 예상 결과를 수정하여 시나리오를 더욱 구체화합니다.

실습 결과 확인

- 테스트 케이스 및 시나리오의 품질 확인
  - 생성된 테스트 케이스와 엔드 투 엔드 시나리오가 인수 기준을 충분히 커버하고 있는지 검토합니다.
  - 테스트 케이스의 명확성, 테스트 가능성, 완전성을 평가합니다.
- LLM 활용 효과 평가
  - 프롬프트 체이닝과 메타 프롬프팅을 통해 원하는 결과를 얻는 데 성공했는지 확인합니다.
  - GenAI가 제안한 개선 사항이 실질적으로 도움이 되었는지 평가합니다.

HO-4.2b: 퓨샷 프롬프팅 기법을 사용하여 주어진 테스트 컨디션과 테스트 케이스를 기반으로, 사용자 스토리에서 Gherkin 스타일의 테스트 시나리오 생성하기

실습 가이드
1. Gherkin 문법과 예시 검토
2. 예시 선택 및 프롬프트 작성
3. 새로운 사용자 스토리에 적용

1. Gherkin 문법과 예시 검토

Gherkin 문법은 BDD에서 사용하는 간단한 언어로, 테스트 시나리오를 Given-When-Then 형식으로 작성합니다.
- Given(주어진): 테스트의 초기 상태나 사전 조건을 정의합니다.
- When(언제): 수행할 동작이나 이벤트를 정의합니다.
- Then(그러면): 예상되는 결과나 상태를 정의합니다.

예시 Scenario: 상품을 장바구니에 추가하기

    Given 사용자가 상품 상세 페이지에 있다
    When 사용자가 '장바구니에 추가' 버튼을 클릭한다
    Then 상품이 장바구니에 추가되어야 한다
    And 장바구니 아이콘에 상품 수량이 업데이트되어야 한다

참고 여기서 'And'는 추가적인 조건이나 결과를 명시할 때 사용합니다.

2. 예시 선택 및 프롬프트 작성

프롬프트에 포함할 두 개의 예시를 선택합니다. 각 예시는 사용자 스토리, 테스트 컨디션, 기대되는 Gherkin 스타일의 테스트 시나리오를 포함합니다.

【예시 1】
- 사용자 스토리
  제목: 회원 가입 기능

  온라인 쇼핑몰의 신규 고객으로서,

상품을 구매하기 위해,

웹사이트에 계정을 생성할 수 있어야 한다.

- 테스트 컨디션

  1. 필수 입력 필드는 반드시 입력해야 한다.

  2. 비밀번호는 최소 8자 이상이어야 한다.

  3. 이미 등록된 이메일로는 회원 가입이 불가능해야 한다.

- Gherkin 스타일 테스트 시나리오

  Scenario: 필수 입력 필드를 모두 입력하여 회원 가입 성공하기

  Given 사용자가 회원 가입 페이지에 있다
  And 필수 입력 필드에 유효한 정보를 입력한다
  When 사용자가 '회원 가입' 버튼을 클릭한다
  Then 회원 가입이 성공적으로 완료되어야 한다
  And '회원 가입이 완료되었습니다' 메시지가 표시되어야 한다

[예시 2]

- 사용자 스토리

  제목: 로그인 기능

  기존 회원으로서,

  내 계정에 접근하기 위해,

  이메일과 비밀번호로 로그인할 수 있어야 한다.

- 테스트 컨디션

  1. 올바른 이메일과 비밀번호를 입력하면 로그인에 성공해야 한다.

  2. 잘못된 비밀번호를 입력하면 로그인에 실패해야 한다.

  3. 등록되지 않은 이메일을 입력하면 로그인에 실패해야 한다.

- Gherkin 스타일 테스트 시나리오

  Scenario: 올바른 자격 증명으로 로그인하기

  Given 사용자가 로그인 페이지에 있다

And 이메일과 비밀번호에 올바른 정보를 입력한다
When 사용자가 '로그인' 버튼을 클릭한다
Then 로그인에 성공하여 '마이 페이지'로 이동해야 한다

예시를 기반으로 프롬프트를 작성합니다.

- 프롬프트 예시:

> 당신은 이커머스 웹사이트의 QA 엔지니어입니다.
>
> 아래에 각 사용자 스토리, 테스트 컨디션, 그리고 Gherkin 스타일의 테스트 시나리오 예시가 제공되어 있습니다.
>
> **[예시 1]**
> 사용자 스토리:
> {예시 1의 사용자 스토리}
>
> 테스트 컨디션:
> {예시 1의 테스트 컨디션}
>
> Gherkin 스타일 테스트 시나리오:
> {예시 1의 Gherkin 스타일 테스트 시나리오}
>
> **[예시 2]**
> 사용자 스토리:
> {예시 2의 사용자 스토리}
>
> 테스트 컨디션:
> {예시 2의 테스트 컨디션}
>
> Gherkin 스타일 테스트 시나리오:
> {예시 2의 Gherkin 스타일 테스트 시나리오}
>
> 이제 다음 사용자 스토리와 테스트 컨디션을 기반으로 Gherkin 스타일의 테스트 시나리오를 작성해 주세요.
>
> Gherkin 스타일 테스트 시나리오는 각 테스트 컨디션을 모두 커버해야 하며, 상세한 내용으로 작성해 주세요.

[사용자 스토리]
제목: 상품 검색 기능

고객으로서,
원하는 상품을 쉽게 찾기 위해,
검색 기능을 사용하여 상품을 검색할 수 있어야 한다.

[테스트 컨디션]
1. 검색어를 입력하면 해당하는 상품 리스트가 표시되어야 한다.
2. 검색어에 맞는 상품이 없으면 '검색 결과가 없습니다' 메시지를 표시해야 한다.
3. 인기 검색어를 자동 완성으로 제시해야 한다.

3. 새로운 사용자 스토리에 적용

LLM에게 작성한 프롬프트를 입력하고, Gherkin 스타일의 테스트 시나리오를 생성하도록 요청합니다.

- LLM의 응답 예시:

Scenario: 검색어로 존재하는 상품 검색하기

    Given 사용자가 홈페이지에 있다
    And 검색 바에 '헤드폰'을 입력한다
    When 사용자가 '검색' 버튼을 클릭한다
    Then '헤드폰'에 해당하는 상품 리스트가 표시되어야 한다

Scenario: 검색어로 존재하지 않는 상품 검색하기

    Given 사용자가 홈페이지에 있다
    And 검색 바에 'XYZ123'을 입력한다
    When 사용자가 '검색' 버튼을 클릭한다
    Then '검색 결과가 없습니다' 메시지가 표시되어야 한다

Scenario: 인기 검색어 자동 완성 기능 사용하기

    Given 사용자가 홈페이지에 있다
    And 검색 바에 '스'를 입력한다
    When 자동 완성 목록을 확인한다
    Then '스마트폰', '스피커' 등의 인기 검색어가 제시되어야 한다

4. 결과 검토 및 프롬프트 개선

생성된 테스트 시나리오가 테스트 컨디션을 잘 반영하고 있는지 확인합니다.

- 각 테스트 컨디션이 최소 한 개의 테스트 시나리오에 매핑되는지 확인합니다.
- 시나리오의 Given-When-Then 구조가 적절한지 확인합니다.
- 필요한 경우 시나리오를 수정하거나 추가합니다.

만약 결과가 부정확하거나 부족하다면 프롬프트나 예시를 수정하여 개선할 수 있습니다.

- 추가적인 예시를 제공하여 GenAI에게 원하는 출력 형식을 더 명확하게 전달합니다.
- 특정 지시 사항을 추가하여 중요한 요소를 강조합니다.

개선된 프롬프트를 LLM에게 다시 입력하고 결과를 확인합니다.
개선된 시나리오가 테스트 컨디션을 모두 충족하는지 확인하고 시나리오의 품질과 적절성을 평가합니다.

실습 결과 확인

테스트 컨디션과 테스트 시나리오 매핑 표

테스트 컨디션 번호	테스트 컨디션 내용	테스트 시나리오 제목
1	검색어를 입력하면 해당하는 상품 리스트가 표시되어야 한다.	검색어로 존재하는 상품 검색하기
2	검색어에 맞는 상품이 없으면 '검색 결과가 없습니다' 메시지를 표시해야 한다.	검색어로 존재하지 않는 상품 검색하기
3	인기 검색어를 자동 완성으로 제시해야 한다.	인기 검색어 자동 완성 기능 검증하기

결과 분석

- 모든 테스트 컨디션이 해당하는 테스트 시나리오에 매핑되어 있습니다.
- 시나리오의 Given-When-Then 구조가 적절하며, 내용이 명확하고 구체적입니다.

HO-4.2c: 주어진 테스트 스위트 및 리스크/종속성 데이터를 기반으로 프롬프트 체이닝을 활용한 테스트 케이스 우선순위 지정

실습 가이드
1. 우선순위 지정 전략의 개요
2. 주어진 테스트 케이스 검토
3. 프롬프트 작성 및 우선순위 계획 생성
   3.1 리스크 기반 우선순위 지정
   3.2 커버리지 기반 우선순위 지정
   3.3 요구사항 기반 우선순위 지정
4. LLM 결과 검증

1. 우선순위 지정 전략의 개요

우선순위 지정 전략은 테스트 케이스의 실행 순서를 결정하는 방법으로, 제한된 시간과 자원 내에서 효율적인 테스트를 수행하기 위해 중요합니다.

1) 리스크 기반(Risk-Based) 우선순위 지정
   - 각 기능의 리스크 수준을 평가하고 리스크가 높은 부분을 우선적으로 테스트합니다.
   - 리스크는 결함 발생 가능성(likelihood of defects)과 영향도(impact)를 고려하여 평가합니다.

   【예시】결제 기능은 다양한 결제수단 등으로 결함 발생 가능성이 높고, 여기에서의 오류는 재무적 손실과 고객 신뢰도 하락을 초래하므로 리스크 수준이 매우 높음으로 간주됩니다.

2) 커버리지 기반(Coverage-Based) 우선순위 지정
   - 가능한 한 많은 기능을 빠르게 테스트하기 위해 커버리지에 직접적인 영향을 주는 독립적인 테스트 케이스를 우선적으로 실행합니다.
   - 여러 기능을 동시에 테스트할 수 있는 테스트 케이스를 우선적으로 실행하여 결함 발견 확률을 높입니다.

   【예시】커버리지를 높이기 위해 서로 다른 기능 영역을 동시에 중첩해 커버하는 테스트 케이스를 먼저 실행하여, 가능한 다양하고 많은 부분에서 발생할 수 있는 결함을 조기에 발견합니다.

3) 요구사항 기반(Requirements-Based) 우선순위 지정
   - 요구사항의 중요도(priority of requirements)나 비즈니스 가치(business value)에 따라 테스트 케이스를 선택합니다.
   - 이해관계자의 비즈니스 목표와 고객 요구사항을 반영합니다.

【예시】 마케팅 캠페인과 관련된 신규 기능이나 고객 만족도에 큰 영향을 미치는 기능 등 비즈니스 이해관계자의 요구를 우선적으로 반영해 테스트합니다.

2. 주어진 테스트 케이스 검토

테스트 케이스 예시

테스트 케이스 ID	기능	설명	리스크 수준	요구사항 중요도	종속성
TC001	회원 가입	신규 사용자가 계정 생성	낮음(Low)	높음(High)	없음
TC002	로그인	기존 사용자가 이메일과 비밀번호로 로그인	중간(Medium)	높음(High)	TC001 (회원 가입)
TC003	상품 검색	키워드를 이용한 상품 검색	중간(Medium)	중간(Medium)	없음
TC004	상품 상세 페이지 보기	선택한 상품의 상세 정보 표시	낮음(Low)	중간(Medium)	TC003 (상품 검색)
TC005	리뷰 작성	상품에 대한 리뷰 작성	낮음(Low)	낮음(Low)	TC002 (로그인)
TC006	장바구니에 상품 추가	상품을 장바구니에 추가	높음(High)	높음(High)	TC004 (상품 상세 페이지 보기)
TC007	장바구니 관리	장바구니 내용 확인, 수량 변경, 삭제 기능	높음(High)	중간(Medium)	TC006 (장바구니에 상품 추가)
TC008	결제 프로세스 시작	결제 페이지로 이동	매우 높음(Critical)	높음(High)	TC007 (장바구니 관리)
TC009	결제 정보 입력 및 주문 완료	결제 정보 입력 후 주문 완료	매우 높음(Critical)	매우 높음(Critical)	TC008 (결제 프로세스 시작)
TC010	주문 상태 확인	주문 완료 후 주문 내역 및 상태 확인	중간(Medium)	중간(Medium)	TC009 (결제 정보 입력 및 주문 완료)
TC011	주문 취소	주문 취소 기능 테스트	중간(Medium)	낮음(Low)	TC010 (주문 상태 확인)

각 테스트 케이스는 리스크 수준, 요구사항 중요도, 종속성을 가지고 있습니다. 종속성은 반드시 선행 테스트 케이스를 완료한 후에 실행해야 하는 테스트 케이스를 나타냅니다.

3. 프롬프트 작성 및 우선순위 계획 생성

다양한 우선순위 지정 전략에 따라 테스트 케이스의 실행 순서를 결정하기 위한 프롬프트를 작성하고, LLM을 활용하여 우선순위 계획을 생성합니다.

3.1 리스크 기반 우선순위 지정
Step 1: 프롬프트 작성(예시)

> 당신은 이커머스 웹사이트의 테스트 매니저(Test Manager)입니다.
>
> 아래에 테스트 케이스 목록과 각 테스트 케이스의 리스크 수준, 종속성이 주어졌습니다.
>
> 리스크 기반 우선순위 전략을 사용하여 테스트 케이스의 실행 순서를 결정해 주세요.
>
> 종속성이 있는 테스트 케이스는 해당 선행 테스트 케이스가 먼저 실행되도록 고려해야 합니다.
>
> [테스트 케이스 목록]
>   {테스트 케이스 표 내용 삽입}

Step 2: LLM에게 프롬프트 입력 및 응답 확인(LLM의 응답 예시)

> 리스크 기반 우선순위에 따른 테스트 케이스 실행 순서:
>
> 1. TC009 (결제 정보 입력 및 주문 완료) - 리스크 수준: 매우 높음, 종속성: TC008
> 2. TC008 (결제 프로세스 시작) - 리스크 수준: 매우 높음, 종속성: TC007
> 3. TC006 (장바구니에 상품 추가) - 리스크 수준: 높음, 종속성: TC004
> 4. TC007 (장바구니 관리) - 리스크 수준: 높음, 종속성: TC006
> 5. TC002 (로그인) - 리스크 수준: 중간, 종속성: TC001
> 6. TC003 (상품 검색) - 리스크 수준: 중간, 종속성: 없음
> 7. TC010 (주문 상태 확인) - 리스크 수준: 중간, 종속성: TC009
> 8. TC011 (주문 취소) - 리스크 수준: 중간, 종속성: TC010
> 9. TC001 (회원 가입) - 리스크 수준: 낮음, 종속성: 없음
> 10. TC004 (상품 상세 페이지 보기) - 리스크 수준: 낮음, 종속성: TC003
> 11. TC005 (리뷰 작성) - 리스크 수준: 낮음, 종속성: TC002

Step 3: 결과 검토 및 수정

- 검토 사항:
    - 종속성을 올바르게 고려했는지 확인합니다.
    - 그러나 TC009가 TC008에 종속되므로 TC008이 먼저 실행되어야 합니다.
    - 또한, TC006은 TC004에 종속되므로 TC004가 먼저 실행되어야 합니다.
    - 종속성이 전체적으로 반영되지 않았습니다.
- 프롬프트 개선 및 재실행
    - 개선된 프롬프트:

> …{이전 프롬프트 내용}…
>
> 중요: 종속성을 반드시 준수하여 선행 테스트 케이스가 먼저 실행되도록 해주세요.
>
> 테스트 케이스의 실행 순서에서는 테스트 케이스 ID, 기능, 리스크 수준, 종속성을 모두 포함해 주세요.

- LLM의 개선된 응답:

> 리스크 기반 우선순위에 따른 테스트 케이스 실행 순서:
>
> 1. TC001 (회원 가입) - 리스크 수준: 낮음, 종속성: 없음
> 2. TC002 (로그인) - 리스크 수준: 중간, 종속성: TC001
> 3. TC003 (상품 검색) - 리스크 수준: 중간, 종속성: 없음
> 4. TC004 (상품 상세 페이지 보기) - 리스크 수준: 낮음, 종속성: TC003
> 5. TC006 (장바구니에 상품 추가) - 리스크 수준: 높음, 종속성: TC004
> 6. TC007 (장바구니 관리) - 리스크 수준: 높음, 종속성: TC006
> 7. TC008 (결제 프로세스 시작) - 리스크 수준: 매우 높음, 종속성: TC007
> 8. TC009 (결제 정보 입력 및 주문 완료) - 리스크 수준: 매우 높음, 종속성: TC008
> 9. TC010 (주문 상태 확인) - 리스크 수준: 중간, 종속성: TC009
> 10. TC011 (주문 취소) - 리스크 수준: 중간, 종속성: TC010
> 11. TC005 (리뷰 작성) - 리스크 수준: 낮음, 종속성: TC002

Step 4: 최종 결과 검토

- 리스크 수준이 높은 테스트 케이스를 먼저 실행하려 했으나, 종속성으로 인해 이전 테스트 케이스들을 먼저 실행해야 합니다.
- 따라서 리스크 수준이 높은 테스트 케이스를 가능한 한 빨리 실행하도록 종속성을 고려한 실행 순서를 수립합니다.

3.2 커버리지 기반 우선순위 지정

Step 1: 프롬프트 작성(예시)

당신은 이커머스 웹사이트의 테스트 매니저입니다.

아래에 테스트 케이스 목록이 주어졌습니다.

커버리지 기반 우선순위 전략을 사용하여 가능한 한 많은 기능을 빠르게 테스트할 수 있도록 테스트 케이스의 실행 순서를 결정해 주세요.

종속성을 반드시 고려해야 합니다.
중요: 종속성을 반드시 준수하여 선행 테스트 케이스가 먼저 실행되도록 해주세요.

다양한 기능을 빠르게 커버하기 위해 종속성이 없는 테스트 케이스를 우선 실행하고, 이후 종속성을 고려하여 실행 순서를 정해주세요.

실행 순서에는 테스트 케이스 ID, 기능, 종속성을 포함해 주세요.

[테스트 케이스 목록]
  {테스트 케이스 목록 표 삽입}

Step 2: LLM의 응답 예시

커버리지 기반 우선순위에 따른 테스트 케이스 실행 순서:

1. TC001 (회원 가입) – 종속성: 없음
2. TC003 (상품 검색) – 종속성: 없음
3. TC002 (로그인) – 종속성: TC001
4. TC004 (상품 상세 페이지 보기) – 종속성: TC003
5. TC005 (리뷰 작성) – 종속성: TC002
6. TC006 (장바구니에 상품 추가) – 종속성: TC004
7. TC007 (장바구니 관리) – 종속성: TC006
8. TC008 (결제 프로세스 시작) – 종속성: TC007
9. TC009 (결제 정보 입력 및 주문 완료) – 종속성: TC008
10. TC010 (주문 상태 확인) – 종속성: TC009
11. TC011 (주문 취소) – 종속성: TC010

Step 3: 최종 결과 검토

종속성을 준수하면서도 다양한 기능을 빠르게 커버하도록 실행 순서가 정해졌습니다.

3.3 요구사항 기반 우선순위 지정

Step 1: 프롬프트 작성(예시)

> 당신은 이커머스 웹사이트의 테스트 매니저입니다.
>
> 아래에 테스트 케이스 목록과 각 테스트 케이스의 요구사항 중요도가 주어졌습니다.
>
> 요구사항 기반 우선순위 전략을 사용하여 중요도가 높은 요구사항부터 테스트할 수 있도록 실행 순서를 결정해 주세요.
>
> 종속성을 반드시 고려해야 합니다.
> 중요: 종속성을 반드시 준수하여 선행 테스트 케이스가 먼저 실행되도록 해주세요.
>
> 실행 순서에는 테스트 케이스 ID, 기능, 중요도, 종속성을 모두 포함해 주세요.
>
> [테스트 케이스 목록]
>   {테스트 케이스 목록 표 삽입}

Step 2: LLM의 응답 예시

> 요구사항 기반 우선순위에 따른 테스트 케이스 실행 순서:
>
> 1. TC001 (회원 가입) - 중요도: 높음, 종속성: 없음
> 2. TC002 (로그인) - 중요도: 높음, 종속성: TC001
> 3. TC003 (상품 검색) - 중요도: 중간, 종속성: 없음
> 4. TC004 (상품 상세 페이지 보기) - 중요도: 중간, 종속성: TC003
> 5. TC006 (장바구니에 상품 추가) - 중요도: 높음, 종속성: TC004
> 6. TC007 (장바구니 관리) - 중요도: 중간, 종속성: TC006
> 7. TC008 (결제 프로세스 시작) - 중요도: 높음, 종속성: TC007
> 8. TC009 (결제 정보 입력 및 주문 완료) - 중요도: 매우 높음, 종속성: TC008
> 9. TC010 (주문 상태 확인) - 중요도: 중간, 종속성: TC009
> 10. TC005 (리뷰 작성) - 중요도: 낮음, 종속성: TC002
> 11. TC011 (주문 취소) - 중요도: 낮음, 종속성: TC010

Step 3: 최종 결과 검토

중요도와 종속성을 모두 고려하여 우선순위가 적절하게 지정되었습니다.

4. LLM 결과 검증

- 종속성 준수 여부: 모든 선행 테스트 케이스가 먼저 실행되었는지 확인합니다.
- 우선순위 기준 적용 여부: 리스크 수준, 커버리지, 요구사항 중요도 등의 우선순위 기준이 제대로 적용되었는지 확인합니다.
- LLM의 추론 오류 발견 시 조치: 오류가 발견되면 프롬프트를 개선하여 LLM이 올바른 결과를 생성하도록 유도합니다.

HO-4.3a: 퓨샷 프롬프팅을 활용한 키워드 주도 테스트 스크립트 생성 및 관리 실습

실습 가이드

실습은 단계별로 진행됩니다.

예시와 사례는 이커머스 분야의 상품, 주문, 결제 관련 내용으로 구성되어 있습니다.

- 1부 키워드 주도 테스트 스크립트 자동 생성 및 관리
- 2부 테스트 스크립트(코드) 디버깅

1부 키워드 주도 테스트 스크립트 자동 생성 및 관리
1. 키워드 라이브러리의 문서화 생성
2. 초기 테스트 스크립트 생성
3. GenAI를 통한 스크립트 검증
4. 추가 스크립트를 통한 테스트 커버리지 확대

1. 키워드 라이브러리의 문서화 생성

테스트 자동화에 사용할 키워드와 그에 대한 설명을 문서화합니다.

1) 주요 기능 식별
- 이커머스 웹 애플리케이션의 주요 기능을 식별합니다.
   예: 회원 가입, 로그인, 상품 검색, 상품 상세 보기, 장바구니 추가, 주문 결제 등

2) 키워드 정의
- 각 기능에 대해 키워드를 정의합니다.
- 키워드는 테스트 스크립트에서 사용할 간단한 명령어입니다.

3) 키워드 설명 작성
- 각 키워드의 동작을 상세히 설명합니다.
- 입력값과 출력값, 예외 상황 등을 포함합니다.

【예시】 키워드 라이브러리 표

키워드	설명
회원가입	신규 사용자가 이메일, 비밀번호 등을 입력하여 계정을 생성합니다. 이메일, 비밀번호, 이름 등의 입력값이 필요합니다.
로그인	이미 등록된 사용자가 이메일과 비밀번호로 로그인합니다. 이메일과 비밀번호가 필요합니다.
상품검색	키워드를 입력하여 상품을 검색하고 결과를 표시합니다. 검색어가 입력값으로 필요합니다.
상품상세보기	검색 결과에서 특정 상품을 선택하여 상세 정보를 표시합니다. 선택할 상품의 이름이나 ID가 필요합니다.
장바구니추가	상품 상세 페이지에서 해당 상품을 장바구니에 추가합니다. 수량을 지정할 수 있습니다.
장바구니확인	장바구니에 담긴 상품들을 확인합니다.
결제	장바구니의 상품들을 구매하기 위해 결제 프로세스를 진행합니다. 결제 정보(카드 번호, 유효 기간 등)가 필요할 수 있습니다.
로그아웃	현재 로그인한 사용자의 세션을 종료합니다.

키워드 라이브러리는 테스트 스크립트 작성 시 참조할 수 있으며, 새로운 테스터나 개발자에게 테스트 프로세스를 이해시키는 데 도움이 됩니다.

2. 초기 테스트 스크립트 생성

정의한 키워드를 사용하여 초기 테스트 스크립트를 작성하고, Selenium으로 구현합니다.

1) 테스트 시나리오 선정
- 우선적으로 자동화할 테스트 시나리오를 선택합니다.
  예: 신규 사용자가 회원 가입 후 상품을 검색하고 장바구니에 추가하는 시나리오

2) 키워드를 이용한 스크립트 작성
- 선정한 시나리오를 키워드의 조합으로 표현합니다.

3) Selenium 스크립트로 구현
- 각 키워드에 해당하는 Selenium 코드를 작성합니다.
- Python을 사용하여 Selenium 스크립트를 작성합니다.

【예시】 초기 테스트 스크립트

회원가입(이메일, 비밀번호, 이름)

로그인(이메일, 비밀번호)

상품검색(검색어)

상품상세보기(상품명)

장바구니추가(수량)

장바구니확인()

로그아웃()

Selenium 스크립트 구현:

아래는 각 키워드에 대한 Selenium 스크립트의 예시입니다.

참고 Selenium은 웹 애플리케이션의 테스트 자동화를 위한 오픈 소스 툴이며, 다양한 프로그래밍 언어 (Python, Java, C#, etc.)를 지원합니다.

사전 준비:
- Selenium 설치:
- pip install selenium
- 웹드라이버 설정(예: ChromeDriver):

ChromeDriver를 다운로드 받고, 실행 파일 경로를 지정합니다.

전체 스크립트 구조:

from selenium import webdriver

from selenium.webdriver.common.by import By

from selenium.webdriver.common.keys import Keys

import time

웹드라이버 설정

```python
driver = webdriver.Chrome(executable_path='/path/to/chromedriver')

# 키워드 함수 정의

def 회원가입(이메일, 비밀번호, 이름):
    driver.get('[http://ecommerce-website.com/register](http://ecommerce-website.com/register)')
    driver.find_element([By.ID](http://By.ID), 'email').send_keys(이메일)
    driver.find_element([By.ID](http://By.ID), 'password').send_keys(비밀번호)
    driver.find_element([By.ID](http://By.ID), 'name').send_keys(이름)
    driver.find_element([By.ID](http://By.ID), 'register-button').click()
    time.sleep(2)

def 로그인(이메일, 비밀번호):
    driver.get('[http://ecommerce-website.com/login](http://ecommerce-website.com/login)')
    driver.find_element([By.ID](http://By.ID), 'email').send_keys(이메일)
    driver.find_element([By.ID](http://By.ID), 'password').send_keys(비밀번호)
    driver.find_element([By.ID](http://By.ID), 'login-button').click()
    time.sleep(2)

def 상품검색(검색어):
    search_box = driver.find_element([By.ID](http://By.ID), 'search-input')
    search_box.send_keys(검색어)
    search_box.send_keys(Keys.RETURN)
    time.sleep(2)

def 상품상세보기(상품명):
    product_link = driver.find_element(By.LINK_TEXT, 상품명)
    product_link.click()
    time.sleep(2)

def 장바구니추가(수량=1):
    quantity_box = driver.find_element([By.ID](http://By.ID), 'quantity')
```

```
    quantity_box.clear()
    quantity_box.send_keys(str(수량))
    driver.find_element([By.ID](http://By.ID), 'add-to-cart-button').click()
    time.sleep(2)

def 장바구니확인():
    driver.find_element([By.ID](http://By.ID), 'cart-icon').click()
    time.sleep(2)

def 로그아웃():
    driver.find_element([By.ID](http://By.ID), 'logout-button').click()
    time.sleep(2)

# 테스트 시나리오 실행

try:
    회원가입('testuser@example.com', 'password123', '테스트유저')
    로그인('testuser@example.com', 'password123')
    상품검색('노트북')
    상품상세보기('고성능 노트북')
    장바구니추가(1)
    장바구니확인()
    로그아웃()
finally:
    driver.quit()
```

위의 스크립트는 각 키워드를 함수로 정의하고, 테스트 시나리오에서 해당 함수들을 순서대로 호출합니다. 각 함수는 Selenium 명령어를 사용하여 웹 애플리케이션의 특정 동작을 자동화합니다.

3. GenAI를 통한 스크립트 검증

작성한 테스트 스크립트를 GenAI를 활용하여 검증하고 보완합니다.

1) GenAI에게 퓨샷 프롬프트 제공
   - 작성한 키워드 라이브러리와 초기 테스트 스크립트를 GenAI에게 제공합니다.
   - 예시와 함께 원하는 결과물을 명시합니다.
2) GenAI에게 검증 요청
   - GenAI에게 테스트 스크립트의 논리적 오류나 누락된 부분이 있는지 확인해달라고 요청합니다.

- 프롬프트 예시:

> 당신은 이커머스 웹사이트의 테스트 자동화 전문가입니다.
>
> 아래는 키워드 라이브러리와 초기 테스트 스크립트입니다.
>
> [키워드 라이브러리]
>   {키워드 라이브러리 표 내용}
>
> [초기 테스트 스크립트]
>   회원가입('testuser@example.com', 'password123', '테스트유저')
>   로그인('testuser@example.com', 'password123')
>   상품검색('노트북')
>   상품상세보기('고성능 노트북')
>   장바구니추가(1)
>   장바구니확인()
>   로그아웃()
>
> 이 스크립트에 논리적 오류나 누락된 부분이 있다면 지적해 주시고, 개선된 스크립트를 제안해 주세요.

- 예상 LLM 응답:

> 스크립트를 검토한 결과, 몇 가지 개선 사항이 있습니다:
>
> 1. 회원가입 후 로그인을 다시 할 필요는 없습니다. 회원가입이 성공하면 자동으로 로그인된 상태일 수 있습니다. 하지만 애플리케이션의 동작에 따라 다를 수 있으므로 확인이 필요합니다.

> 2. 결제 프로세스가 누락되었습니다.
>   장바구니에 상품을 추가한 후 결제를 진행해야 주문이 완료됩니다.
>
> 개선된 스크립트:
>
> ```
> try:
>     회원가입('testuser@example.com', 'password123', '테스트유저')
>     # 로그인 단계 생략 가능 여부 확인
>     상품검색('노트북')
>     상품상세보기('고성능 노트북')
>     장바구니추가(1)
>     장바구니확인()
>     결제('신용카드', '1111-2222-3333-4444', '12/25', '123')
>     로그아웃()
> finally:
>     driver.quit()
> ```

Selenium 스크립트에 결제 함수 추가:

```
def 결제(결제방법, 카드번호, 유효기간, CVC):
    driver.find_element([By.ID](http://By.ID), 'checkout-button').click()
    time.sleep(2)
    driver.find_element([By.ID](http://By.ID), 'payment-method').send_keys(결제방법)
    driver.find_element([By.ID](http://By.ID), 'card-number').send_keys(카드번호)
    driver.find_element([By.ID](http://By.ID), 'expiry-date').send_keys(유효기간)
    driver.find_element([By.ID](http://By.ID), 'cvc').send_keys(CVC)
    driver.find_element([By.ID](http://By.ID), 'pay-button').click()
    time.sleep(2)
```

애플리케이션의 실제 동작에 따라 회원가입 후에 로그인이 필요한지 확인해야 합니다.

4. 추가 스크립트를 통한 테스트 커버리지 확대

다양한 시나리오를 추가하여 테스트 커버리지를 확대합니다.

- 1) 추가 테스트 시나리오 작성
  - 다른 사용자 흐름이나 에러 상황을 테스트하는 시나리오를 작성합니다.
  - 예: 잘못된 비밀번호로 로그인 시도하기, 장바구니에서 상품 수량 변경하기 등

2) 키워드 조합으로 스크립트 작성

- 새로운 시나리오를 기존 키워드를 조합하여 표현합니다.
- 필요하다면 새로운 키워드를 추가로 정의합니다.

【예시】 추가 테스트 스크립트

시나리오 1: 잘못된 비밀번호로 로그인 시도하기

   로그인_시도('testuser@example.com', 'wrongpassword')

   로그인실패확인()

새로운 키워드 및 함수 추가:

def 로그인_시도(이메일, 비밀번호):

   driver.get('http://ecommerce-website.com/login')

   driver.find_element(By.ID, 'email').send_keys(이메일)

   driver.find_element(By.ID, 'password').send_keys(비밀번호)

   driver.find_element(By.ID, 'login-button').click()

   time.sleep(2)

def 로그인실패확인():

   error_message = driver.find_element(By.ID, 'error-message').text

   assert '로그인에 실패하였습니다' in error_message

시나리오 2: 장바구니에서 상품 수량 변경하기

   로그인('testuser@example.com', 'password123')

   상품검색('노트북')

   상품상세보기('고성능 노트북')

   장바구니추가(1)

   장바구니확인()

   수량변경('고성능 노트북', 2)

   장바구니확인()

   로그아웃()

새로운 키워드 및 함수 추가:

```
def 수량변경(상품명, 새로운수량):
    driver.find_element(By.LINK_TEXT, 상품명).click()
    quantity_box = driver.find_element([By.NAME](http://By.NAME), 'quantity')
    quantity_box.clear()
    quantity_box.send_keys(str(새로운수량))
    driver.find_element([By.ID](http://By.ID), 'update-cart-button').click()
    time.sleep(2)
```

2부 테스트 스크립트(코드) 디버깅

1. GenAI 어시스턴트를 통한 테스트 스크립트 검사 및 수정

시스템 프롬프트를 사용하여 테스트 스크립트를 검사하고 수정할 수 있는 GenAI 어시스턴트를 활용합니다.

실행 단계:

1) 문제가 있는 테스트 스크립트 작성
   - 의도적으로 오류가 있는 스크립트를 작성합니다.
   - 예: 키워드를 잘못 입력하거나, 순서가 잘못된 스크립트

   【예시】 오류가 있는 스크립트
   ```
   로그인('testuser@example.com', 'password123')
   상품검색('노트북')
   상품상세보기('고성능 노트북')
   장바구니추가(1)
   결제('신용카드', '1111-2222-3333-4444', '12/25', '123')
   장바구니확인()
   로그아웃()
   ```
   - 문제점:
     - 장바구니확인()이 결제() 이후에 있습니다.
     - 결제 전에 장바구니 내용을 확인하는 것이 더 적절합니다.

2) GenAI 어시스턴트에게 검사 요청
   GenAI에게 스크립트를 제공하고, 오류를 찾아 수정해달라고 요청합니다.

- 프롬프트 예시:

> 당신은 테스트 자동화 전문가입니다.
>
> 아래의 테스트 스크립트에 오류가 있습니다. 오류를 찾아 수정해 주세요.
>
> [오류가 있는 스크립트]
>   {스크립트 내용}

- 예상 LLM 응답:

> 스크립트를 검토한 결과 다음과 같은 수정 사항이 필요합니다:
>
> 1. '장바구니확인()'은 '결제()' 전에 실행되어야 합니다. 결제 전에 장바구니 내용을 확인하는 것이 일반적입니다.
>
> 2. 전체적인 흐름을 고려하여 수정된 스크립트:
>
>   로그인('testuser@example.com', 'password123')
>   상품검색('노트북')
>   상품상세보기('고성능 노트북')
>   장바구니추가(1)
>   장바구니확인()
>   결제('신용카드', '1111-2222-3333-4444', '12/25', '123')
>   로그아웃()

3) 수정된 스크립트 적용 및 실행
  GenAI가 수정한 스크립트를 테스트 자동화 도구에 적용하고 실행하여 정상 동작을 확인합니다.

2. 시스템 프롬프트를 활용한 디버깅 기능 강화

GenAI 어시스턴트가 더 효율적으로 스크립트를 검사하고 수정할 수 있도록 시스템 프롬프트를 개선합니다.

1) 시스템 프롬프트 개선
  GenAI에게 역할과 목적을 명확히 전달하는 시스템 프롬프트를 작성합니다.

- 개선된 프롬프트 예시:

> 당신은 이커머스 웹사이트의 테스트 자동화 전문가이며, 테스트 스크립트의 오류를 찾아 수정하는 역할을 합니다.
>
> 아래의 테스트 스크립트를 검사하여:
>
> 1. 키워드 사용의 오류 여부(오타, 잘못된 함수명 등)를 확인하고,
> 2. 키워드 순서가 논리적인지 검토하며,
> 3. 누락된 중요한 단계가 있다면 제안해 주세요.
>
> [테스트 스크립트]
>   {스크립트 내용}

2) GenAI의 응답 검토

GenAI가 더욱 정확하고 상세한 검토를 제공하는지 확인합니다.

- GenAI의 예상 응답:

> 스크립트를 검토한 결과 다음과 같은 수정 사항이 필요합니다:
>
> 1. '결제()' 전에 '장바구니확인()'을 실행하는 것이 적절합니다.
>
> 2. 결제 후에 주문 확인 단계가 누락되었습니다. 주문이 성공적으로 완료되었는지 확인하는 것이 좋습니다.
>
> 3. 수정된 스크립트:
>
>   로그인('testuser@example.com', 'password123')
>   상품검색('노트북')
>   상품상세보기('고성능 노트북')
>   장바구니추가(1)
>   장바구니확인()
>   결제('신용카드', '1111-2222-3333-4444', '12/25', '123')
>   주문확인()
>   로그아웃()

주문확인() 함수 추가:

```
def 주문확인():
    confirmation_message = driver.find_element([By.ID](http://By.ID), 'order-confirmation').text
    assert '주문이 성공적으로 완료되었습니다' in confirmation_message
    time.sleep(2)
```

시스템 프롬프트를 통해 GenAI의 응답 품질을 향상시키고, 보다 정확한 디버깅을 지원할 수 있습니다.

실습 결과 확인:
- 키워드 라이브러리와 테스트 스크립트를 통해 테스트 자동화의 기반을 구축하였습니다.
- Selenium을 활용하여 키워드에 해당하는 실제 자동화 스크립트를 구현하였습니다.
- GenAI를 활용하여 스크립트의 논리적 오류를 검증하고 수정함으로써 효율성을 높였습니다.
- 추가적인 시나리오를 작성하여 테스트 커버리지를 확대하였습니다.
- 시스템 프롬프트를 개선하여 GenAI 어시스턴트의 디버깅 능력을 향상시켰습니다.

HO-4.3b: 리그레션 테스트에서의 테스트 보고서 분석을 위한 구조화된 프롬프트 엔지니어링 실습

이 실습은 다음과 같은 단계로 구성되어 있습니다:
1. 원시 테스트 실행 결과 분석
2. 예상 결과와 실제 결과의 차이점 분석
3. 유사한 이슈의 군집화
4. 알려진 이상 현상 목록의 유지
5. 발견된 사항의 교차 검증
6. 최종 보고서 작성 및 인사이트 도출

각 단계는 LLM과의 대화를 통해 순차적으로 진행되며, 이전 단계의 결과를 활용하여 다음 단계를 수행합니다.

실습 가이드

실습은 단계별로 진행됩니다. 각 단계를 따라가며 구조화된 프롬프트와 예상되는 출력을 제시합니다. 예시와 사례는 이커머스 분야의 상품, 주문, 결제 관련 내용으로 구성되어 있습니다.

【1단계】 원시 테스트 실행 결과 분석
제공된 원시 테스트 실행 결과를 분석하여 테스트 케이스 별로 상태를 파악합니다.

1. 원시 테스트 실행 결과 수집
- 리그레션 테스트 실행 후 얻은 원시 테스트 결과를 수집합니다.
- 테스트 자동화 도구 또는 수동 테스트 결과로부터 데이터를 가져옵니다.

2. 원시 결과 내용 확인
- 각 테스트 케이스의 ID, 이름, 예상 결과, 실제 결과, 상태 등을 확인합니다.
- 데이터를 표 형태로 정리합니다.

원시 테스트 실행 결과:

TC ID	테스트 케이스 이름	예상 결과	실제 결과	상태
TC001	회원 가입 성공 테스트	회원 가입 완료 메시지 표시	회원 가입 완료 메시지 표시	성공(Pass)
TC002	이메일 형식 오류 회원 가입 테스트	'유효하지 않은 이메일 형식' 오류 메시지 표시	회원 가입 완료 메시지 표시	실패(Fail)
TC003	중복 이메일 회원 가입 테스트	'이미 사용 중인 이메일' 오류 메시지 표시	'이미 사용 중인 이메일' 오류 메시지 표시	성공(Pass)
TC004	로그인 성공 테스트	로그인 후 메인 페이지로 이동	로그인 후 메인 페이지로 이동	성공(Pass)
TC005	잘못된 비밀번호 로그인 테스트	'비밀번호가 틀렸습니다' 오류 메시지 표시	'비밀번호가 틀렸습니다' 오류 메시지 표시	성공(Pass)
TC006	비활성화된 계정 로그인 테스트	'계정이 비활성화되었습니다' 오류 메시지 표시	로그인 후 메인 페이지로 이동	실패(Fail)
TC007	상품 검색 기능 테스트	검색 결과 페이지에 관련 상품 목록 표시	검색 결과 페이지에 관련 상품 목록 표시	성공(Pass)
TC008	상품 상세 페이지 이동 테스트	선택한 상품의 상세 정보 페이지로 이동	선택한 상품의 상세 정보 페이지로 이동	성공(Pass)

TC ID	테스트 케이스 이름	예상 결과	실제 결과	상태
TC009	장바구니 추가 기능 테스트	상품이 장바구니에 추가됨	장바구니에 상품이 추가되지 않음	실패(Fail)
TC010	결제 페이지 이동 테스트	결제 페이지로 이동	결제 페이지로 이동	성공(Pass)
TC011	유효하지 않은 카드 정보로 결제 테스트	'유효하지 않은 카드 정보' 오류 메시지 표시	'유효하지 않은 카드 정보' 오류 메시지 표시	성공(Pass)
TC012	카드 잔액 부족 결제 테스트	'잔액이 부족합니다' 오류 메시지 표시	'결제가 완료되었습니다' 메시지 표시	실패(Fail)
TC013	주문 내역 확인 테스트	주문 내역 페이지에 최근 주문 내역 표시	주문 내역 페이지에 최근 주문 내역 표시	성공(Pass)
TC014	주문 취소 기능 테스트	주문 취소 완료 메시지 표시	주문 취소 완료 메시지 표시	성공(Pass)
TC015	이미 취소된 주문 재취소 테스트	'이미 취소된 주문입니다' 오류 메시지 표시	'주문 취소가 완료되었습니다' 메시지 표시	실패(Fail)

3. LLM에게 분석 요청

- LLM에게 원시 테스트 실행 결과를 제공하고, 테스트 케이스별 상태를 파악하도록 요청합니다.

- 구조화된 프롬프트:

```
당신은 소프트웨어 테스트 전문가입니다.

아래는 이커머스 웹사이트의 리그레션 테스트 실행 결과입니다.

각 테스트 케이스별로 상태를 요약하고, 실패한 테스트 케이스를 식별해 주세요.

[원시 테스트 실행 결과]
  {위의 표 내용 삽입}
```

- 예상되는 출력:

```
테스트 실행 결과 요약:

- 성공한 테스트 케이스 (Pass):
    - TC001: 회원 가입 성공 테스트
```

- TC003: 중복 이메일 회원 가입 테스트
- TC004: 로그인 성공 테스트
- TC005: 잘못된 비밀번호 로그인 테스트
- TC007: 상품 검색 기능 테스트
- TC008: 상품 상세 페이지 이동 테스트
- TC010: 결제 페이지 이동 테스트
- TC011: 유효하지 않은 카드 정보로 결제 테스트
- TC013: 주문 내역 확인 테스트
- TC014: 주문 취소 기능 테스트

- 실패한 테스트 케이스 (Fail):
  - TC002: 이메일 형식 오류 회원 가입 테스트
  - TC006: 비활성화된 계정 로그인 테스트
  - TC009: 장바구니 추가 기능 테스트
  - TC012: 카드 잔액 부족 결제 테스트
  - TC015: 이미 취소된 주문 재취소 테스트

총 15개의 테스트 케이스 중 10개 성공, 5개 실패하였습니다.

【2단계】 예상 결과와 실제 결과의 차이점 분석

각 테스트 케이스의 예상 결과와 실제 결과를 비교하여 차이점을 명확히 파악합니다.

1. 실패한 테스트 케이스 집중 분석

실패한 테스트 케이스의 상세 내용을 GenAI에게 분석하도록 요청합니다.

- 구조화된 프롬프트:

실패한 테스트 케이스의 상세한 분석이 필요합니다.

아래는 실패한 테스트 케이스 목록입니다:

각 테스트 케이스에 대해 예상 결과와 실제 결과의 차이점을 명확히 설명해 주세요.

```
| 테스트 케이스 ID  | 테스트 케이스 이름 | 예상 결과              | 실제 결과              |
| --------------- | --------------- | -------------------- | -------------------- |
| TC002           | 이메일 형식 오류   | '유효하지 않은 이메일 형식' | 회원 가입 완료          |
|                 | 회원 가입 테스트   | 오류 메시지 표시         | 메시지 표시             |
| TC006           | 비활성화된 계정    | '계정이 비활성화되었습니다' | 로그인 후 메인          |
|                 | 로그인 테스트     | 오류 메시지 표시         | 페이지로 이동           |
| TC009           | 장바구니 추가     | 상품이 장바구니에 추가됨   | 장바구니에 상품이       |
|                 | 기능 테스트       |                      | 추가되지 않음           |
| TC012           | 카드 잔액 부족    | '잔액이 부족합니다'       | '결제가 완료되었습니다'   |
|                 | 결제 테스트       | 오류 메시지 표시         | 메시지 표시             |
| TC015           | 이미 취소된 주문   | '이미 취소된 주문입니다'   | '주문 취소가 완료되었습니다' |
|                 | 재취소 테스트     | 오류 메시지 표시         | 메시지 표시             |
```

- 예상되는 출력:

실패한 테스트 케이스 상세 분석:

1. TC002 – 이메일 형식 오류 회원 가입 테스트
    - 예상 결과: '유효하지 않은 이메일 형식' 오류 메시지 표시
    - 실제 결과: 회원 가입 완료 메시지 표시
    - 차이점: 잘못된 이메일 형식임에도 회원 가입이 성공하였음. 이메일 형식 검증 로직에 문제가 있을 수 있음.

2. TC006 – 비활성화된 계정 로그인 테스트
    - 예상 결과: '계정이 비활성화되었습니다' 오류 메시지 표시
    - 실제 결과: 로그인 후 메인 페이지로 이동
    - 차이점: 비활성화된 계정으로도 로그인이 가능함. 계정 상태 검증 로직에 문제가 있을 수 있음.

3. TC009 – 장바구니 추가 기능 테스트
    - 예상 결과: 상품이 장바구니에 추가됨
    - 실제 결과: 장바구니에 상품이 추가되지 않음
    - 차이점: 장바구니 기능이 동작하지 않음. 프론트엔드 혹은 백엔드 로직 오류 가능성 있음.

4. TC012 – 카드 잔액 부족 결제 테스트
    - 예상 결과: '잔액이 부족합니다' 오류 메시지 표시
    - 실제 결과: '결제가 완료되었습니다' 메시지 표시
    - 차이점: 잔액이 부족한 카드로 결제가 승인됨. 결제 시스템의 잔액 확인 로직에 문제가 있을 수 있음.

5. TC015 - 이미 취소된 주문 재취소 테스트
- 예상 결과: '이미 취소된 주문입니다' 오류 메시지 표시
- 실제 결과: '주문 취소가 완료되었습니다' 메시지 표시
- 차이점: 이미 취소된 주문을 다시 취소할 수 있음. 주문 상태 검증 로직에 문제가 있을 수 있음.

【3단계】 유사한 이슈의 군집화

실패한 테스트 케이스들 중 유사한 원인을 가진 이슈들을 그룹화하여 관리합니다.

1. 이슈 그룹화 요청

LLM에게 실패한 테스트 케이스들을 분석하여 유사한 이슈로 그룹화하도록 요청합니다.

- 구조화된 프롬프트:

실패한 테스트 케이스들의 공통 실패 원인을 분석하고, 유사한 이슈로 그룹화해 그룹별로 이슈를 정의해 주세요.

실패한 테스트 케이스:

- TC002: 이메일 형식 검증 실패
- TC006: 계정 상태 검증 실패
- TC009: 장바구니 추가 기능 실패
- TC012: 결제 시스템의 잔액 확인 실패
- TC015: 주문 상태 검증 실패

- 예상되는 출력:

이슈 그룹화 결과:

1. 이슈 그룹 1: 입력 데이터 검증 오류
   - 관련 테스트 케이스:
     - TC002: 이메일 형식 검증 실패
     - TC012: 카드 잔액 부족 결제 테스트
   - 실패 원인: 사용자 입력 데이터에 대한 검증 로직 부재 또는 오류
   - 설명: 잘못된 이메일 형식이나 잔액 부족 카드 정보 등 올바르지 않은 입력에 대한 검증이 제대로 이루어지지 않음

> 2. 이슈 그룹 2: 사용자 계정 상태 검증 오류
>   - 관련 테스트 케이스:
>   - TC006: 비활성화된 계정 로그인 테스트
>   - 실패 원인: 로그인 시 계정의 활성화 상태를 확인하지 않음
>   - 설명: 비활성화된 계정으로도 로그인이 가능하여 보안상의 문제가 발생
>
> 3. 이슈 그룹 3: 주문 및 장바구니 상태 관리 오류
>   - 관련 테스트 케이스:
>   - TC009: 장바구니 추가 기능 테스트
>   - TC015: 이미 취소된 주문 재취소 테스트
>   - 실패 원인: 장바구니 및 주문 상태를 적절히 관리하지 못함
>   - 설명: 장바구니에 상품이 추가되지 않거나, 이미 취소된 주문을 다시 취소하는 등의 문제가 발생

【4 단계】 알려진 이상 현상 목록의 유지

이미 알고 있는 이슈를 기록하고, 새로운 이슈와 구분하여 관리합니다.

1. 알려진 이슈 목록 제공 및 비교 요청

기존에 알려진 이슈 목록을 GenAI에게 제공하고, 현재 발견된 이슈와 비교하도록 요청합니다.

- 구조화된 프롬프트:

> 아래는 기존의 알려진 이슈 목록입니다:
>
> | 이슈 ID | 이슈 설명 | 상태 |
> |-----------|---|-------------|
> | ISSUE-01 | 사용자 입력 데이터 검증 로직 부재 (이메일 형식 등) | 미해결(Open) |
> | ISSUE-02 | 장바구니 기능에서 간헐적으로 상품 추가 실패 발생 | 미해결(Open) |
> | ISSUE-03 | 결제 시스템에서 잔액 부족 검증 실패 | 미해결(Open) |
>
> 현재 발견된 이슈 그룹과 비교하여, 중복되는 이슈를 식별하고, 새로운 이슈를 구분해 주세요.

현재 이슈 그룹:

- 이슈 그룹 1: 입력 데이터 검증 오류 (TC002, TC012)
- 이슈 그룹 2: 사용자 계정 상태 검증 오류 (TC006)
- 이슈 그룹 3: 주문 및 장바구니 상태 관리 오류 (TC009, TC015)

• 예상되는 출력:

이슈 비교 결과:

- 이슈 그룹 1: 입력 데이터 검증 오류
    - 기존 이슈:
        - ISSUE-01: 사용자 입력 데이터 검증 로직 부재
        - ISSUE-03: 결제 시스템에서 잔액 부족 검증 실패
    - 결론: 기존에 알려진 이슈와 동일 또는 유사. 알려진 이슈로 분류합니다.

- 이슈 그룹 2: 사용자 계정 상태 검증 오류
    - 기존 이슈 목록에 해당 없음.
    - 결론: 신규 이슈로 분류합니다.

- 이슈 그룹 3: 주문 및 장바구니 상태 관리 오류
    - 기존 이슈:
        - ISSUE-02: 장바구니 기능에서 간헐적으로 상품 추가 실패 발생
    - 결론: 장바구니 관련 문제는 기존 이슈와 유사하나, 주문 상태 검증 문제(TC015)는 새롭게 발견된 이슈. 따라서,
        - TC009: 알려진 이슈로 분류
        - TC015: 신규 이슈로 분류

【5 단계】 발견된 사항의 교차 검증
발견된 이슈를 재현하고, 실제 문제인지 테스트 환경이나 데이터에 의한 문제인지 검증합니다.

이슈 재현 및 원인 파악 요청 - LLM에게 각 신규 이슈에 대한 교차 검증 방법을 제안해 달라고 요청합니다.

• 구조화된 프롬프트:

각 신규 이슈에 대해 교차 검증을 통해 실제 문제인지 확인하려고 합니다.

신규 이슈:

- 이슈 그룹 2: 사용자 계정 상태 검증 오류 (TC006)
- 이슈 그룹 3: 주문 상태 검증 오류 (TC015)

각 이슈에 대해 교차 검증을 위한 구체적인 방법과 확인해야 할 사항을 제안해 주세요.

• 예상되는 출력:

교차 검증 방법 제안:

1. 이슈 그룹 2: 사용자 계정 상태 검증 오류 (TC006)

    - 재현 단계:
        - 비활성화된 계정으로 로그인 시도
    - 확인 사항:
        - 비활성화된 계정으로 로그인 성공하는지 확인
        - 계정 활성화 상태를 올바르게 체크하는지 확인
    - 추가 조치:
        - 다른 비활성화된 계정으로 테스트하여 일관성 확인
        - 사용자 인증 모듈의 계정 상태 확인 로직 검토

2. 이슈 그룹 3: 주문 상태 검증 오류 (TC015)

    - 재현 단계:
        - 이미 취소된 주문을 다시 취소 시도
    - 확인 사항:
        - 중복 취소 시도가 가능한지 확인
        - 주문 상태가 올바르게 업데이트되는지 확인
    - 추가 조치:
        - 다른 주문 상태(완료, 배송 중 등)에 대해서도 취소 시도하여 검증
        - 주문 관리 모듈의 상태 검증 로직 검토

【6 단계】 최종 보고서 작성 및 인사이트 도출
분석한 내용을 종합하여 최종 테스트 보고서를 작성하고, 문제 해결을 위한 인사이트를 도출합니다.

최종 보고서 작성 요청
LLM에게 종합적으로 최종 보고서를 작성하도록 요청합니다.

- 구조화된 프롬프트:

> 위의 모든 분석 내용을 종합하여 최종 리그레션 테스트 보고서를 작성해 주세요.
>
> 보고서에는 다음 내용이 포함되어야 합니다:
> - 테스트 결과 요약 (성공/실패 개수)
> - 주요 이슈 목록과 상세 설명 (신규 이슈와 알려진 이슈 구분)
> - 이슈의 심각도와 우선순위 평가
> - 제안된 해결 방안
>
> 이커머스 웹사이트의 테스터 및 개발팀을 위한 형태로 작성해 주세요.

- 예상되는 출력:

> 리그레션 테스트 보고서
> ---
> 1. 테스트 결과 요약
>
> - 총 테스트 케이스 수: 15개
> - 성공: 10개
> - 실패: 5개
> ---
> 2. 주요 이슈 목록
>
> 알려진 이슈:
>
> 1. 이슈 그룹 1: 입력 데이터 검증 오류
>   - 관련 테스트 케이스: TC002, TC012
>   - 설명: 사용자 입력 데이터(이메일 형식, 카드 잔액 부족)에 대한 검증 로직 부재 또는 오류

- 심각도: 높음
- 우선순위: 높음
- 해결 방안: 입력 데이터 검증 로직 강화 및 테스트

2. 이슈 그룹 3: 장바구니 기능 오류
- 관련 테스트 케이스: TC009
- 설명: 장바구니에 상품이 추가되지 않는 문제 발생
- 심각도: 중간
- 우선순위: 보통
- 해결 방안: 장바구니 기능의 안정성 검토 및 수정

신규 이슈:

1. 이슈 그룹 2: 사용자 계정 상태 검증 오류
- 관련 테스트 케이스: TC006
- 설명: 비활성화된 계정으로도 로그인이 가능함
- 심각도: 높음
- 우선순위: 긴급
- 해결 방안: 인증 모듈에서 계정 상태 검증 로직 추가 및 보안 강화

2. 이슈 그룹 3: 주문 상태 검증 오류
- 관련 테스트 케이스: TC015
- 설명: 이미 취소된 주문을 다시 취소할 수 있음
- 심각도: 중간
- 우선순위: 보통
- 해결 방안: 주문 상태 관리 로직 검토 및 수정

---

3. 결론 및 제안

이번 리그레션 테스트에서 신규 이슈 2건과 알려진 이슈 2건이 확인되었습니다. 특히 사용자 계정 상태 검증 오류는 보안상의 심각한 문제로 긴급한 조치가 필요합니다. 입력 데이터 검증 오류는 사용자 경험 및 시스템 안정성에 영향을 미치므로 빠른 시일 내에 해결하는 것이 좋습니다.

다음 조치를 제안합니다:

- 개발팀과 협력하여 긴급 이슈를 우선적으로 해결

- 보안 전문가와 함께 인증 모듈의 보안 검토 실시
- 입력 데이터 검증 로직 강화 및 유닛 테스트 추가
- 장바구니 및 주문 관리 모듈의 로직 검토 및 개선
- 수정 완료 후 재테스트를 통해 문제 해결 여부 확인

보고서 작성자: [테스터 이름]

작성 일자: [YYYY-MM-DD]

실습 결과 확인:

이번 실습을 통해 다음과 같은 결과를 얻었습니다.

- 리그레션 테스트 결과를 체계적으로 분석하여 이슈를 식별하고 분류하였습니다.
- 구조화된 프롬프트를 사용하여 GenAI와의 대화를 통해 식별된 이슈를 단계별로 분석하였습니다.
- 유사한 이슈를 군집화하고, 알려진 이슈와 신규 이슈를 구분하여 관리하였습니다.
- 교차 검증을 통해 발견된 이슈의 재현 가능성과 원인을 확인하였습니다.
- 이해관계자와의 소통을 위해 최종 보고서를 작성하였고, 여기에 문제 해결을 위한 구체적인 방안을 제시하였습니다.

HO-4.4: GenAI가 원시 데이터로부터 생성한 테스트 모니터링 지표 관찰하기

데모 가이드

이커머스 플랫폼인 "ShopEase"의 테스트 팀은 새로운 기능 출시를 앞두고 있습니다. 주요 기능은 상품 검색, 주문 처리, 결제 시스템 관련입니다. 팀은 테스트 도구에서 추출한 원시 데이터를 활용하여 테스트 진행 상황을 파악하고, 잠재적인 결함을 조기에 발견하여 품질을 향상시키고자 합니다.

데모는 다음과 같은 순서로 진행됩니다:
1. 원시 데이터 수집
2. GenAI를 활용한 데이터 처리
3. 테스트 모니터링 지표 생성

4. 잠재적 리스크 식별

5. 대시보드 및 자연어 요약 생성

6. 결과 해석 및 의사 결정 지원

1. 원시 데이터 수집

테스트 도구(예: Jira, TestRail)에서 다음과 같은 원시 데이터를 추출합니다.
- 테스트 케이스 실행 결과
- 버그 리포트
- 테스트 커버리지 보고서

테스트 케이스 실행 결과(예시 데이터):

테스트 케이스 ID	기능	상태	실행 시간(분)
TC001	상품 검색	Passed	15
TC002	상품 필터링	Failed	20
TC003	장바구니 추가	Passed	12
TC004	주문 작성	Failed	30
TC005	결제 진행	Passed	25
TC006	주문 확인	Passed	10
TC007	주문 취소	Failed	18
TC008	리뷰 작성	Passed	8
TC009	리뷰 삭제	Passed	9
TC010	회원 가입	Passed	22

버그 리포트:

버그 ID	관련 기능	심각도	상태
BUG-101	상품 필터링	Major	Open
BUG-102	주문 작성	Critical	In Progress
BUG-103	주문 취소	Major	Open
BUG-104	결제 진행	Minor	Closed

테스트 커버리지 보고서:
- 전체 기능 커버리지: 85%
- 결제 모듈 커버리지: 70%
- 주문 처리 모듈 커버리지: 80%
- 상품 관리 모듈 커버리지: 90%

2. GenAI를 활용한 데이터 처리

GenAI에게 원시 데이터를 입력하여 주요 지표를 생성하도록 합니다.

- 프롬프트 예시:

> 당신은 소프트웨어 테스트 팀의 분석 AI입니다. 아래는 원시 테스트 데이터입니다.
>
> [테스트 케이스 실행 결과]
>   {위의 표 내용 삽입}
>
> [버그 리포트]
>   {위의 표 내용 삽입}
>
> [테스트 커버리지 보고서]
>   {위의 내용 삽입}
>
> 이 데이터를 바탕으로 다음을 수행해 주세요:
>
> 1. 테스트 진행 상황 요약
> 2. 결함 추세 분석
> 3. 커버리지 인사이트 제공
> 4. 잠재적 리스크 식별

3. 테스트 모니터링 지표 생성

LLM은 프롬프트에 따라 데이터를 처리하고 지표를 생성합니다.

> 예상 출력:
> 1. 테스트 진행 상황 요약:
>   - 총 테스트 케이스: 10개

- 성공한 테스트 케이스: 7개
- 실패한 테스트 케이스: 3개
- 테스트 성공률: 70%
- 평균 실행 시간: 16.9분
2. 결함 추세 분석:
    - 총 버그 수: 4건
    - 심각도별 버그 분포:
        - Critical: 1건
        - Major: 2건
        - Minor: 1건
    - 상태별 버그 분포:
        - Open: 2건
        - In Progress: 1건
        - Closed: 1건
3. 커버리지 인사이트:
    - 전체 기능 커버리지: 85%
    - 결제 모듈 커버리지 낮음: 70%
        - 결제 모듈의 커버리지가 상대적으로 낮으므로, 추가적인 테스트 케이스 작성이 필요합니다.
    - 주문 처리 모듈 커버리지 중간: 80%
    - 상품 관리 모듈 커버리지 높음: 90%
4. 잠재적 리스크 식별:
    - 결제 모듈의 낮은 커버리지와 버그 발생 가능성 증가
    - 주요 기능에서 Critical 등급 버그 존재 (BUG-102: 주문 작성)
    - 실패한 테스트 케이스에 중요한 기능 포함 (TC002, TC004, TC007)

4. 잠재적 리스크 식별

GenAI의 출력에서 제시된 잠재적인 리스크 요소를 보완합니다.

- 결제 및 주문 관련 모듈에서의 리스그 증기
    - 결제 모듈의 커버리지가 낮고, 주문 작성 기능에서 심각도 높은 버그가 발견되었으므로, 결제 및 주문 처리 과정에서 심각한 결함이 내재돼 있을 가능성이 있습니다.
- 중요 기능 테스트 실패
    - 상품 필터링(TC002), 주문 작성(TC004), 주문 취소(TC007) 등 사용자에게 중요한 기능에서 테스트 실패가 발생했습니다.
- 버그 해결 지연
    - Open 상태의 Major 버그가 2건 있으므로, 버그 해결에 대한 우선순위 설정이 필요합니다.

5. 대시보드 및 자연어 요약 생성

대시보드를 통해 시각적인 지표를 확인할 수 있고, 자연어 요약을 통해 비기술자도 현재 상황을 쉽게 이해할 수 있습니다.

대시보드 예시:

지표	값
테스트 성공률	70%
총 버그 수	4건
심각도 높은 버그 수	1건
전체 커버리지	85%
결제 모듈 커버리지	70%
주문 처리 모듈 커버리지	80%
평균 테스트 실행 시간	16.9분

자연어 요약:
현재 테스트 진행 상황은 전체 테스트 케이스 10개 중 7개가 성공하여 성공률은 70%입니다. 실패한 테스트 케이스에는 상품 필터링, 주문 작성, 주문 취소 등 주요 기능이 포함되어 있습니다.

버그 리포트에서는 총 4건의 버그가 보고되었으며, 이 중 1건은 Critical 등급의 버그로 주문 작성 기능에서 발견되었습니다. 버그 해결 상태는 Open 2건, In Progress 1건, Closed 1건입니다.

테스트 커버리지는 전체적으로 85%로 양호하지만, 결제 모듈의 커버리지는 70%로 낮아 추가적인 테스트가 필요합니다.

잠재적인 리스크 요소로는 결제 및 주문 처리 과정에서의 결함 가능성 증가가 있으며, 중요한 기능에서의 테스트 실패와 버그 발생으로 인해 출시 일정에 영향이 있을 수 있습니다.

권장 조치 사항으로는 결제 모듈의 테스트 커버리지 확대, Critical 버그의 우선적인 해결, 실패한 테스트 케이스에 대한 원인 분석 및 수정이 필요합니다.

6. 결과 해석 및 의사 결정 지원

테스트 매니저와 팀은 LLM이 생성한 지표와 인사이트를 바탕으로 다음과 같은 의사 결정을 내릴 수 있습니다.

- 테스트 우선순위 재조정
  - 결제 모듈과 주문 처리 모듈의 테스트 케이스를 추가 작성하고, 테스트 커버리지를 90% 이상으로 향상시킵니다.
- 버그 해결 우선순위 설정
  - Critical 버그(BUG-102)를 최우선적으로 해결하고, Major 버그도 신속히 처리합니다.
- 추가 자원 배치
  - 필요 시 추가 테스터나 개발자를 투입하여 테스트 진행과 버그 수정을 가속화합니다.
- 출시 일정 검토
  - 잠재적 리스크 요소를 고려하여 출시 일정을 재검토하고, 품질 확보를 위해 필요한 시간을 확보합니다.

HO-5.1: 평가 지표를 사용하여 GenAI가 생성한 테스트 작업 결과물의 평가를 관찰하기

데모 가이드

시나리오: 이커머스 플랫폼 "EasyShop"에서 고객이 상품을 검색하고, 장바구니에 추가하고, 결제하는 기능을 테스트하고자 합니다. 테스트 팀은 생성형 AI를 활용하여 테스트 케이스를 생성하고, 그 결과를 평가하고자 합니다.

【1 단계】 테스트 작업 정의 및 LLM을 통한 테스트 케이스 생성

생성형 AI를 사용하여 테스트 케이스를 생성하고, 결과를 평가하기 위한 준비를 합니다.

- 프롬프트 작성 - 구조화된 프롬프팅(Structured Prompting) 활용

> 당신은 이커머스 플랫폼의 테스트 전문가입니다. 아래의 기능에 대한 테스트 케이스를 생성해 주세요.
>
> [기능]
> 1. 상품 검색
> 2. 장바구니 추가
> 3. 결제 진행
>
> 각 기능에 대해 테스트 케이스를 작성하고, 다음의 출력 형식을 따라 주세요.
>
> [출력 형식]
> - 테스트 케이스 ID:
> - 테스트 시나리오:
> - 테스트 단계:
> - 기대 결과:

데모자 가이드:
- 위의 프롬프트를 LLM에게 입력하고 생성된 테스트 케이스를 확보합니다.
- 생성된 테스트 케이스를 다음 단계에서 평가할 예정입니다.

【2 단계】 평가 지표 선정
생성된 테스트 케이스를 평가하기 위한 적절한 지표를 선정합니다.

사용할 평가 지표:
1. 정확성 및 완전성(Accuracy and Completeness)
2. 정밀도(Precision)
3. 맥락 적합성 및 적절성(Contextual Fit and Relevance)
4. 다양성(Diversity)
5. 실행 성공률(Execution Success Rate)
6. 시간 효율성(Time Efficiency)

이러한 지표를 통해 생성된 테스트 케이스의 품질과 효과성을 종합적으로 평가할 수 있습니다.

【3 단계】 평가 지표를 적용하여 결과 분석(평가 항목별 체크리스트 사용)
선정한 지표를 사용하여 생성된 테스트 케이스를 평가하고, 결과를 분석합니다.

평가 대상 테스트 케이스 예시:
【1 단계】에서의 프롬프트로 생성형 AI가 출력한 테스트 케이스 중 일부를 가져옵니다.

테스트 케이스 1
- 테스트 케이스 ID: TC-001
- 테스트 시나리오: 고객이 상품 검색창에 키워드를 입력하여 상품을 검색한다.
- 테스트 단계:
  1. 홈페이지에 접속한다.
  2. 검색창에 "스마트폰"을 입력한다.
  3. 검색 버튼을 클릭한다.
- 기대 결과: "스마트폰" 관련 상품 목록이 표시된다.

테스트 케이스 2
- 테스트 케이스 ID: TC-002
- 테스트 시나리오: 고객이 상품을 장바구니에 추가한다.
- 테스트 단계:
  1. 상품 목록에서 원하는 상품을 선택한다.
  2. "장바구니에 추가" 버튼을 클릭한다.
- 기대 결과: 상품이 장바구니에 추가되었다는 확인 메시지가 표시된다.

테스트 케이스 3
- 테스트 케이스 ID: TC-003
- 테스트 시나리오: 고객이 결제 페이지에서 결제를 완료한다.
- 테스트 단계:
  1. 장바구니 페이지에서 "결제하기" 버튼을 클릭한다.
  2. 결제 정보를 입력힌다.
  3. "결제 완료" 버튼을 클릭한다.
- 기대 결과: 결제가 성공적으로 완료되고 주문 확인 페이지가 표시된다.

평가 결과 표:

지표	평가 내용	평가 결과
정확성 및 완전성	- 모든 주요 기능(검색, 장바구니 추가, 결제 진행)에 대한 테스트 케이스가 생성되었는가? - 테스트 단계와 기대 결과가 명확하고 정확한가?	양호
정밀도	- 생성된 테스트 케이스 중 불필요하거나 관련 없는 내용이 포함되었는가? - 각 테스트 케이스가 해당 기능에 정확히 집중하고 있는가?	양호
맥락 적합성 및 적절성	- 이커머스 도메인에 적합한 테스트 케이스인가? - 도메인 특화된 요구사항(예: 결제 수단, 배송 정보 등)이 고려되었는가?	보통
다양성	- 다양한 시나리오(정상, 오류, 엣지 케이스 등)를 포함하고 있는가? - 반복적인 테스트 케이스 없이 폭넓은 상황을 커버하고 있는가?	부족
실행 성공률	- 테스트 케이스를 실제로 수행할 때 문제가 없는가? - 테스트 단계가 구체적이고 실행 가능하도록 작성되었는가?	양호
시간 효율성	- GenAI를 사용하여 테스트 케이스를 생성함으로써 시간을 절약할 수 있었는가? - 수동으로 작성하는 것 대비 얼마나 시간이 절약되었는가?	매우 우수

【4 단계】 평가 결과에 따른 프롬프트 개선
평가 결과를 바탕으로 프롬프트를 개선하여 생성형 AI의 출력을 향상시킵니다.

• 개선된 프롬프트 작성 – 메타 프롬프팅, 프롬프트 체이닝 기법 활용

당신은 이커머스 플랫폼의 테스트 전문가입니다. 아래의 기능에 대한 다양한 시나리오의 테스트 케이스를 작성해 주세요. 정상 케이스뿐만 아니라 오류 케이스, 엣지 케이스도 포함해 주세요.

[기능]
1. 상품 검색
2. 장바구니 추가
3. 결제 진행

각 기능에 대해 최소한 3개의 테스트 케이스를 작성하고, 다음의 출력 형식을 따라 주세요.

[출력 형식]
- 테스트 케이스 ID:
- 테스트 시나리오:
- 테스트 유형(정상/오류/엣지):
- 테스트 단계:
- 기대 결과:

- 기대되는 LLM 출력 (일부 내용):

> 테스트 케이스 4 (오류 케이스)
> - 테스트 케이스 ID: TC-004
> - 테스트 시나리오: 존재하지 않는 상품을 검색한다.
> - 테스트 유형: 오류
> - 테스트 단계:
>   1. 검색창에 "xyz123"을 입력한다.
>   2. 검색 버튼을 클릭한다.
> - 기대 결과: "검색 결과가 없습니다."라는 메시지가 표시된다.
>
> 테스트 케이스 5 (엣지 케이스)
> - 테스트 케이스 ID: TC-005
> - 테스트 시나리오: 장바구니에 최대 수량 이상의 상품을 추가한다.
> - 테스트 유형: 엣지
> - 테스트 단계:
>   1. 상품 상세 페이지에서 수량을 최대 허용 수량보다 큰 값으로 입력한다.
>   2. "장바구니에 추가" 버튼을 클릭한다.
> - 기대 결과: "선택한 수량이 구매 가능 수량을 초과합니다."라는 오류 메시지가 표시된다.

【5 단계】 개선된 결과 재평가
- 새로 생성된 테스트 케이스를 평가 지표에 따라 다시 평가합니다.
- 이전 평가와 비교하여 개선된 점을 확인합니다.

평가 결과 요약:
- 다양성(Diversity): 다양한 시나리오가 추가되어 부족했던 부분이 개선됨.
- 관련성 및 맥락 적합성(Relevance and Contextual Fit): 존재하지 않는 상품을 검색하는 것이 도메인 특화된 내용이라면, 도메인 특화된 오류 상황이 포함되어 적합성이 향상됨.

프롬프트를 개선함으로써 생성형 AI의 출력물이 원하는 방향으로 향상되었음을 확인할 수 있습니다.

HO-5.2: 주어진 테스트 작업에 대한 프롬프트 평가 및 최적화

실습 가이드
이커머스 플랫폼의 특정 테스트 작업에 대해 프롬프트를 평가하고 최적화하는 방법을 학습합니다. 이를 통해 생성형 AI를 활용한 테스트 케이스 생성의 효과성과 품질을 향상시킵니다.

실습 시나리오
최근에 고객들이 상품 리뷰를 작성하고 관리할 수 있는 기능이 추가되어 이 새로운 상품 리뷰 기능에 대한 테스트 케이스를 생성합니다.

【1 단계】 초기 프롬프트 작성 및 결과 확인
- 프롬프트 작성:

> 상품 리뷰 기능에 대한 테스트 케이스를 작성해 주세요.

GenAI가 일반적인 테스트 케이스를 몇 가지 생성합니다.

【2 단계】 결과 평가 및 문제 식별
생성된 결과를 평가 지표를 사용하여 분석하고, 개선이 필요한 부분을 식별합니다.

사용할 평가 지표:
1. 정확성 및 완전성(Accuracy and Completeness)
2. 정밀도(Precision)
3. 맥락 적합성과 적절성(Contextual Fit and Relevance)
4. 다양성(Diversity)

예상 평가 결과(예시):
- 정확성 및 완전성: 중요한 시나리오 일부가 누락됨 (예: 부정확한 리뷰 작성, 스팸 필터링 등)
- 정밀도: 생성된 테스트 케이스가 구체적이지 않음
- 맥락 적합성 및 적절성: 이커머스 도메인에 적합하나, 실제 사용자 행동을 충분히 반영하지 못함
- 다양성: 다양한 시나리오 부족 (예: 비정상 입력, 엣지 케이스 등)

【3 단계】프롬프트 개선 - A/B 테스트 적용
1단계 시도한 프롬프트를 개선하는 두 가지 다른 프롬프트를 작성하여 결과를 비교하고, 더 나은 프롬프트를 선택합니다.

- 프롬프트 A:

> 상품 리뷰 기능에 대한 상세한 테스트 케이스를 작성해 주세요.
> 각 테스트 케이스는 테스트 단계와 기대 결과를 포함해야 합니다.

- 프롬프트 B:

> 당신은 이커머스 플랫폼의 테스터입니다. 다음 시나리오를 포함하여 상품 리뷰 기능에 대한 테스트 케이스를 작성해 주세요:
>
> - 리뷰 작성 성공 및 실패
> - 리뷰 수정 및 삭제 기능
> - 부적절한 내용 필터링
> - 리뷰에 이미지 첨부
> - 리뷰 정렬 및 필터링 기능
>
> 각 테스트 케이스는 테스트 단계와 기대 결과를 포함해야 합니다.

앞서 사용한 평가 지표를 활용하여 어떤 프롬프트가 더 나은 결과를 생성하는지 판단합니다.

- 프롬프트 A는 기본적인 테스트 케이스를 생성하나, 다양성과 상세함이 부족할 수 있습니다.
- 프롬프트 B는 보다 구체적이고 다양한 시나리오의 테스트 케이스를 생성합니다.

프롬프트 B가 더 나은 결과를 제공하므로, 이후 단계에서는 프롬프트 B를 기반으로 개선합니다.

【4 단계】프롬프트 개선 - 오류 분석 적용
생성된 테스트 케이스에서 오류나 누락된 부분을 식별하고, 이를 개선하기 위해 프롬프트를 수정합니다.

오류나 누락된 시나리오 예시:
- 별점 평가
- 리뷰에 대한 답글
- 리뷰에 대한 신고

- 개선된 프롬프트:

> 당신은 이커머스 플랫폼의 테스터입니다. 다음 시나리오를 포함하여 상품 리뷰 기능에 대한 테스트 케이스를 작성해 주세요:
>
> - 리뷰 작성 성공 및 실패 (예: 네트워크 오류 시)
> - 리뷰 수정 및 삭제 기능
> - 부적절한 내용 필터링 및 신고 기능
> - 리뷰에 이미지 첨부 및 이미지 검증
> - 리뷰 정렬 및 필터링 기능 (평점별, 최신순 등)
> - 별점 평가 기능 테스트
> - 리뷰에 대한 답글 기능
> - 리뷰에 대한 신고 기능
>
> 각 테스트 케이스는 테스트 단계와 기대 결과를 포함해야 합니다.

【5 단계】 프롬프트 개선 - 사용자 피드백 통합

실제 테스터나 QA 엔지니어로부터 피드백을 받아 프롬프트를 개선합니다.

피드백(예시):
- "테스트 케이스에서 기대 결과가 구체적이지 않아 테스트 성공 여부를 판단하기 어렵습니다."
- "사용자 경험(UX)을 고려한 테스트 케이스가 필요합니다."

- 개선된 프롬프트:

> 당신은 이커머스 플랫폼의 테스터입니다. 다음 시나리오를 포함하여 상품 리뷰 기능에 대한 테스트 케이스를 작성해 주세요:
>
> - 리뷰 작성 성공 및 실패 (예: 네트워크 오류 시)
> - 리뷰 수정 및 삭제 기능

> - 부적절한 내용 필터링 및 신고 기능
> - 리뷰에 이미지 첨부 및 이미지 검증
> - 리뷰 정렬 및 필터링 기능 (평점별, 최신순 등)
> - 별점 평가 기능 테스트
> - 리뷰에 대한 답글 기능
> - 리뷰에 대한 신고 기능
>
> 각 테스트 케이스는 테스트 단계와 기대 결과를 포함해야 합니다.
> 그리고, 상세한 기대 결과를 포함해 주세요 (예: 화면에 표시되는 메시지, 데이터베이스 변경 사항 등).
> 그리고, 사용자 경험을 고려한 테스트 케이스를 작성해 주세요 (예: 리뷰 작성 후 페이지 이동, 알림 표시 등).

【6 단계】 프롬프트 개선 – 프롬프트 길이와 구체성 조정

프롬프트의 길이와 상세 정도를 조정하여 최적의 결과를 얻습니다. 프롬프트가 너무 길면 결과의 품질이 낮아질 수 있고 다수 토큰의 사용으로 효율성이 떨어지니, 핵심 내용을 유지하면서 간결하고 명확하게 재작성합니다.

- 최종 프롬프트:

> 당신은 이커머스 플랫폼의 테스터입니다. 상품 리뷰 기능에 대한 다양한 테스트 케이스를 작성해 주세요. 다음을 포함해 주세요:
>
> - 리뷰 작성, 수정, 삭제
> - 부적절한 내용 필터링 및 신고
> - 이미지 첨부 및 검증
> - 리뷰 정렬 및 필터링 기능 테스트
> - 별점 평가 및 평균 평점 계산 검증
> - UX 요소 (알림, 페이지 이동 등)
>
> 각 테스트 케이스는 사전 조건, 테스트 단계, 기대 결과를 포함해야 하며, 기대 결과는 구체적으로 작성해 주세요.

【7 단계】 최종 평가 및 개선 사항 요약

각 단계에서의 개선 사항을 요약하고, 최종 결과를 평가합니다.

개선 사항 요약:
- A/B 테스트로 프롬프트 비교 및 더 나은 프롬프트 선택
- 오류 분석으로 누락된 시나리오 추가
- 사용자 피드백을 반영하여 기대 결과의 구체성 및 UX 요소 추가
- 프롬프트 길이와 구체성을 조정하여 최적의 결과 도출

최종 평가:
- 정확성 및 완전성: 모든 중요한 시나리오가 포함됨
- 정밀도: 테스트 케이스가 불필요하거나 관련 없는 내용 없이 구체적이고 명확함. 각 테스트 케이스가 해당 기능에 정확히 집중하고 있음
- 맥락 적합성 및 적절성: 이커머스 도메인의 요구사항을 정확히 반영
- 다양성: 다양한 시나리오와 엣지 케이스가 포함됨

첨부 III
보충 설명 및 실무 적용 예시

HA-4.2 테스트 설계와 구현

테스트 설계 및 구현은 소프트웨어 테스팅 과정에서 매우 중요한 단계입니다.

먼저 테스트 설계 단계의 주요 활동은 다음과 같습니다(ISTQB 기반레벨 지식체계 [ISTQB_CTFL_SYL] 참고).

- 테스트 컨디션(test conditions) 검토
  - 테스트 설계 단계는 테스트 기반 자료(test basis, 테스트 베이시스)로부터 도출된 상세한 테스트 컨디션을 검토하는 것으로부터 시작합니다.
  - 테스트 컨디션은 이후 구체적인 테스트 케이스(test cases) 및 테스트 차터(test charters)와 같은 테스트 관련 산출물로 전환됩니다.
    참고 '테스트 컨디션(test condition)'은 특정 테스트 케이스를 도출하기 위한 조건이나 상황을 의미합니다.
    '테스트 차터(test charter)'는 탐색적 테스팅에서 구체적으로 무엇을 어떻게 어느 정도 테스트할지 간단하게 기술한 문서입니다.

- 커버리지 아이템(coverage items) 식별
  - 테스트해야 할 항목(item)을 식별합니다.
  - 이는 테스트 기반 자료(테스트 베이시스)로부터 테스트에 필요한 입력을 선택하는 가이드 역할을 합니다.
  - 이를 통해 설득력 있고, 깊이 있으면서도 포괄적인 테스트를 보장할 수 있습니다.

- 테스트 데이터 요구사항 결정
  - 필요한 테스트 데이터를 정의합니다.
  - 테스트의 유효성과 현실성을 높이는 데 중요합니다.

【예시】 다양한 유형의 사용자 계정(일반 회원, 프리미엄 회원), 상품 데이터(재고 있음, 재고 없음), 할인 정보 등이 포함된 테스트 데이터를 준비합니다.

- 테스트 환경 설계
  - 테스트를 수행할 환경을 설계합니다.
  - 실제 운영 환경과 유사하게 구성되어야 합니다.

  【예시】 크로스 브라우저 테스트를 위해 다양한 웹 브라우저(Chrome, Firefox, Safari), 디바이스(PC, 모바일)와 다양한 OS, 그리고 이들의 조합을 반영한 테스트 환경을 설정합니다.

- 필요한 인프라와 도구 파악
  - 테스트에 필요한 하드웨어, 소프트웨어, 도구를 식별합니다.

  【예시】 자동화 테스트를 위한 Selenium(WebDriver)이나 테스트 관리 도구인 JIRA, Jenkins와 같은 CI/CD 도구를 식별하고 선택합니다.

테스트 구현 단계의 주요 활동은 다음과 같습니다.

- 테스트웨어(testware)의 생성 또는 확보
  - 테스트를 수행하기 위한 테스트웨어를 만듭니다.
  - 테스트웨어는 테스트 케이스, 테스트 스크립트, 테스트 데이터 등으로 구성됩니다.

  참고 '테스트웨어(testware)'는 테스트 실행에 필요한 모든 산출물을 의미합니다.

- 테스트 케이스의 정렬 및 테스트 스위트(test suites) 구성
  - 테스트 케이스를 테스트 프로시저로 정렬합니다.
  - 테스트 케이스를 관련된 것들끼리 묶어 테스트 스위트를 구성합니다.

  【예시】 결제 기능에 대한 테스트 케이스를 효율적으로 실행하기 위한 순서를 정해 테스트 프로시저를 만들고, 회원 가입 기능에 대한 테스트 케이스를 그룹화해 테스트 스위트로 구분합니다.

- 테스트 실행 계획 수립
  - 테스트 케이스의 실행 순서와 우선순위를 결정합니다.
  - 테스트 실행을 위한 준비를 하고 계획을 수립합니다.

  일반적으로 핵심 기능부터 테스트를 시작하고, 이후 부가적인 기능을 테스트하는 순서로 계획을 수립합니다.

HE-4.4 테스트 모니터링 및 제어 - GenAI 활용 실무 적용 예시

1. 실시간 테스트 모니터링과 지표 분석

【실무 적용 예시】'성능 테스트'의 실시간 테스트 모니터링과 지표 분석

GenAI를 활용하여 실시간으로 테스트 데이터를 수집하고 분석하여 잠재적인 리스크를 예측하고 알림을 받습니다.

테스터와 테스트 매니저가 실무에서 사용할 수 있는 실제 프롬프트와 예상 응답(출력)은 다음과 같습니다.

- 프롬프트 예시:

> 당신은 소프트웨어 테스팅 분야의 전문 분석 AI입니다. 아래는 최신 성능 테스트 결과 데이터입니다.
>
> [테스트 데이터]
> - 시간대별 서버 응답 시간(ms):
>
> | 시간 | 평균 응답 시간(ms) |
> |-----------|--------------------|
> | 9:00 AM | 150 |
> | 10:00 AM | 180 |
> | 11:00 AM | 220 |
> | 12:00 PM | 300 |
> | 1:00 PM | 400 |
> | 2:00 PM | 550 |
>
> - 시간대별 트랜잭션 처리량(TPS):
>
> | 시간 | TPS |
> |-----------|------|
> | 9:00 AM | 800 |
> | 10:00 AM | 1000 |
> | 11:00 AM | 1200 |
> | 12:00 PM | 1300 |

```
| 1:00 PM       | 900           |
| 2:00 PM       | 500           |
```

- 에러 발생률(%):

```
| 시간           | 에러 발생률(%)  |
|--------------|---------------|
| 9:00 AM      | 0.5           |
| 10:00 AM     | 0.6           |
| 11:00 AM     | 1.0           |
| 12:00 PM     | 2.0           |
| 1:00 PM      | 3.5           |
| 2:00 PM      | 5.0           |
```

이 데이터를 분석하여 현재 시스템의 성능 추세를 파악하고, 잠재적인 리스크 요소를 식별해 주세요. 또한, 팀이 대응해야 할 사항이 있다면 알려주세요.

- 예상 출력:

분석 결과:

1. 서버 응답 시간 증가 추세:
   - 오전 9시 150ms에서 오후 2시 550ms로 꾸준히 증가하고 있습니다.
   - 일반적인 기준인 200ms를 초과하여 사용자 경험에 부정적인 영향을 줄 수 있습니다.

2. 트랜잭션 처리량 감소:
   - 오전 9시부터 12시까지 증가하다가 오후 1시부터 감소하는 추세입니다.
   - 오후 2시에는 TPS가 500까지 감소하여 처리량에 문제가 발생하고 있습니다.

3. 에러 발생률 급증:
   - 오전에는 1% 미만을 유지하다가 오후 1시부터 급격히 증가하여 오후 2시에는 5%에 도달했습니다.
   - 이는 시스템 안정성에 심각한 문제가 있음을 나타냅니다.

잠재적 리스크 요소:

- 서버 과부하: 응답 시간 증가와 에러 발생률 증가는 서버 과부하로 인한 것으로 판단됩니다.
- 사용자 이탈 리스크: 성능 저하로 인해 사용자 만족도가 감소하고, 이탈률이 증가할 수 있습니다.

권장 조치 사항:

- 인프라 확장: 서버 용량 증설 또는 클라우드 리소스 추가 배치를 검토해야 합니다.
- 성능 최적화: 코드 최적화 및 데이터베이스 쿼리 개선을 통해 성능을 향상시킵니다.
- 모니터링 강화: 실시간 모니터링을 통해 추가적인 성능 저하를 방지하고, 즉각적인 대응이 가능하도록 합니다.
- 팀 협업: 개발팀, 인프라 팀, QA 팀 간의 긴밀한 협력을 통해 문제를 신속히 해결합니다.

2. 테스트 제어(test control) 자동화

아래와 같은 방법으로 GenAI를 활용하여 테스트 우선순위를 재조정하고, 일정과 자원의 최적화를 시도할 수 있습니다.

- 프롬프트 예시:

현재 테스트 진행 상황과 발견된 이슈를 토대로 테스트 우선순위를 재조정하고자 합니다.

[현재 테스트 진행 상황]
- 버그 발생 건수 및 심각도:

기능	버그 건수	심각도
결제 시스템	12	높음 (Critical)
주문 처리	7	중간 (Major)
사용자 로그인	2	낮음 (Minor)
상품 검색 및 필터링	0	없음

[테스터 및 자원 정보]
- 테스터 A: 결제 시스템 전문가
- 테스터 B: 주문 처리 전문가
- 테스터 C: 사용자 로그인 및 UI 테스트 담당
- 테스터 D: 백업 지원 인력

위 정보를 바탕으로 테스트 우선순위를 재조정하고, 테스터들의 업무를 재배치해 주세요. 또한, 예상되는 테스트 완료 시간을 알려주세요.

- 예상 출력:

테스트 우선순위 재조정 및 자원 배치 제안

1. 우선순위 1: 결제 시스템
   - 버그 건수: 12건
   - 심각도: 높음 (Critical)
   - 조치사항:
     ▸ 테스터 A와 테스터 D를 결제 시스템에 집중 배치합니다.
     ▸ 추가적인 리소스 확보가 가능하다면, 결제 시스템에 경험이 있는 개발자를 지원 인력으로 투입합니다.
   - 예상 테스트 완료 시간: 2일 내

2. 우선순위 2: 주문 처리
   - 버그 건수: 7건
   - 심각도: 중간 (Major)
   - 조치사항:
     ▸ 테스터 B가 주문 처리 테스트를 지속적으로 수행합니다.
     ▸ 테스터 D가 결제 시스템 테스트 후 지원합니다.
   - 예상 테스트 완료 시간: 3일 내

3. 우선순위 3: 사용자 로그인
   - 버그 건수: 2건
   - 심각도: 낮음 (Minor)
   - 조치사항:
     ▸ 테스터 C가 사용자 로그인 및 UI 테스트를 수행합니다.
   - 예상 테스트 완료 시간: 1일 내

4. 우선순위 4: 상품 검색 및 필터링
   - 버그 건수: 0건
   - 심각도: 없음
   - 조치사항:
     ▸ 현재 우선순위에서 제외하고, 다른 기능 테스트 완료 후 시간이 되면 테스트를 수행합니다.

추가 제안사항:

- 테스트 일정 조정: 결제 시스템과 주문 처리의 테스트 일정을 우선적으로 앞당겨 버그 수정 및 재테스트 시간을 확보합니다.

- 협업 강화: 발견된 버그에 대해 개발팀과 즉각적인 커뮤니케이션을 통해 수정 시간을 단축합니다.
- 보고 체계 수립: 버그 발생 현황, 테스트 진척도 등의 상황을 실시간으로 공유하는 체계를 만들어 의사 결정에 도움이 되도록 합니다.

3. 테스트 지표 시각화와 보고의 향상

GenAI를 활용하여 이해관계자들에게 테스트 진행 상황과 결과를 효과적으로 전달하는 대시보드와 요약을 생성합니다.

- 프롬프트 예시:

경영진에게 현재까지의 테스트 진행 상황을 한눈에 보여줄 수 있는 요약 보고서와 시각화된 대시보드를 생성해 주세요. 비기술자도 이해할 수 있도록 쉽게 작성해 주세요.

[테스트 진행 상황]
- 전체 테스트 진행률: 90%
- 발견된 총 버그 수: 30건 (해결됨: 20건, 진행 중: 10건)
- 주요 성과:
  ▸ 결제 시스템 안정화율 80% 달성
  ▸ 주문 처리 속도 15% 개선
  ▸ 사용자 로그인 실패율 0.5%로 감소

- 남은 과제:
  ▸ 결제 시스템 버그 5건 해결 필요
  ▸ 주문 처리 관련 버그 5건 해결 중

이를 기반으로 경영진용 요약 보고서와 주요 지표가 포함된 대시보드를 만들어 주세요.

- 예상 출력:

1) 경영진용 테스트 진행 상황 보고서

현재까지의 진행 상황:

- 전체 테스트 진행률: 현재 테스트의 90%가 완료되어 시스템 안정화에 큰 진전을 이루었습니다.
- 버그 해결 현황: 발견된 30건의 버그 중 20건이 해결되었으며, 나머지 10건도 적극적으로 대응 중입니다.

- 주요 성과:
    ‣ 결제 시스템 안정화: 문제점들을 해결하여 안정화율 80%를 달성하였습니다.
    ‣ 주문 처리 속도 개선: 시스템 최적화를 통해 주문 처리 속도가 15% 향상되었습니다.
    ‣ 사용자 로그인 안정성: 로그인 실패율을 0.5%로 낮춰 사용자 접근성이 향상되었습니다.

남은 과제 및 계획:

- 결제 시스템 버그 해결: 남은 5건의 버그를 우선적으로 해결하여 결제 과정의 완전한 안정화를 목표로 합니다.
- 주문 처리 버그 해결: 주문 처리 관련 5건의 버그를 해결하여 사용자 주문의 원활한 처리를 보장합니다.
- 최종 검증 및 테스트 완료: 남은 테스트를 완료하고, 전체 시스템에 대한 최종 검증을 실시할 예정입니다.

예상 완료 시점: 모든 작업은 예정된 행사 시작일 3일 전까지 완료될 것으로 예상됩니다.

---

2) 시각화된 대시보드:

[테스트 진행 상황 대시보드 이미지]
    {이미지 링크 또는 첨부 파일}

주요 지표:

- 전체 테스트 진행률: ██████████ 90%
- 버그 해결률: ███████ 67% (20/30건)
- 결제 시스템 안정화율: ████████ 80%
- 주문 처리 속도 개선: ▲ 15%
- 사용자 로그인 실패율: ▼ 0.5%

경영진께서는 위의 내용을 참고하여 프로젝트 진행 상황을 이해하시고, 필요한 의사 결정을 하실 수 있습니다. 추가적인 정보나 상세 내용이 필요하시면 언제든지 문의해 주시기 바랍니다.

【테스트 완료 인사이트와 지속적 학습】
GenAI를 활용하여 테스트 완료 후 보고서를 생성하고, 성공과 개선 사항을 도출하여 향후 테스트 전략에 반영합니다.

- 프롬프트 예시:

> 다음은 이번 할인 행사 전에 수행된 테스트의 전체 결과 요약입니다.
>
> [테스트 결과 요약]
> - 총 테스트 케이스: 250건
> - 성공: 220건
> - 실패: 30건
> - 주요 버그 영역: 결제 시스템(12건), 주문 처리(7건), 사용자 로그인(2건)
> - 테스트 기간: 2주
>
> 이번 테스트의 주요 성과와 개선이 필요한 부분을 분석하고, 향후 테스트 전략을 개선하기 위한 제안을 작성해 주세요. 또한, 이번 테스트에서 얻은 교훈을 포함해 주세요.

- 예상 출력:

> 테스트 완료 보고서
>
> 1. 주요 성과
>
> - 높은 테스트 커버리지 달성: 전체 기능에 대한 테스트 커버리지가 95%로 향상되었습니다.
> - 핵심 기능의 안정성 확보: 사용자 로그인과 상품 검색 등 주요 기능에서 심각한 버그가 발견되지 않았습니다.
> - 테스트 자동화 도입 증가: 반복적인 테스트 케이스의 60%를 자동화하여 효율성을 높였습니다.
>
> 2. 개선이 필요한 부분
>
> - 결제 시스템의 불안정성: 버그 12건 중 다수가 결제 오류 및 트랜잭션 실패와 관련되었습니다.
> - 주문 처리 지연: 주문 처리 과정에서의 버그로 인해 처리 시간이 증가하였습니다.
> - 커뮤니케이션 부족: 테스트 팀과 개발 팀 간의 정보 공유가 원활하지 않아 버그 수정이 지연되었습니다.

3. 향후 테스트 전략 제안

- 결제 시스템 집중 개선 및 테스트 강화
    - 보안 테스트 및 부하 테스트 추가 실시
    - 외부 결제 서비스와의 연동 테스트 강화

- 주문 처리 프로세스 최적화
    - 병목 현상 분석 및 코드 최적화
    - 시나리오 기반의 통합 테스트 확대

- 협업 툴 활용으로 커뮤니케이션 개선
    - 이슈 추적 시스템(JIRA 등)을 활용하여 실시간 정보 공유
    - 정기적인 스크럼 미팅을 통해 진행 상황 공유

4. 얻은 교훈

- 초기 단계의 테스트 중요성: 개발 초기부터 지속적인 테스트를 통해 문제를 조기에 발견할 수 있습니다.
- 자동화의 효율성 확인: 반복적인 테스트의 자동화로 시간과 인력을 절약할 수 있었습니다.
- 협업의 필요성: 팀 간의 원활한 커뮤니케이션이 프로젝트 성공의 핵심 요소임을 다시 한 번 인식하게 되었습니다.

5. 결론

이번 테스트를 통해 시스템의 전반적인 안정성과 성능을 검증할 수 있었습니다. 발견된 이슈들은 향후 개선의 기회로 삼아, 사용자들에게 더 나은 서비스를 제공할 수 있을 것입니다. 제안된 전략을 기반으로 지속적인 개선 노력을 이어나가야 합니다.

첨부 IV
샘플 문제 및 해설

KSTQB 생성형 AI 활용 테스팅

KSTQB Generative AI for Testing

(Gen-AIT) Syllabus v1.0

Foundation Specialist

Introduction

Purpose of this document

이 샘플 시험의 문제, 정답 및 해설은 해당 분야의 전문가와 경험 있는 문제 제작팀에 의해 관련 교육 기관과 시험 응시자에게 연습 문제로 제공하기 위해 제작되었습니다.

이 샘플 시험 문제는 공식 시험에서 그대로 사용할 수 없습니다.

실제 시험에서는 해당 샘플 문제와는 다른 유형, 길이, 스타일의 문제가 제출될 수 있으며, 이 샘플 문제에 공식 시험에서 나올 수 있는 모든 문제 유형이 들어가 있는 것은 아닙니다. 또한 가능한 모든 문제 유형을 포함하는 것이 아닙니다. 더 나아가, 이 샘플 시험은 공식 시험보다 더 어렵거나 덜 어려울 수도 있습니다.

Instructions

이 자료에 있는 내용은 다음과 같습니다.

- 샘플 문제
  - 샘플 문제와 각 문제에 대한
    - 시나리오
    - 점수
    - 답안 옵션

- 샘플 문제 해설
  - 각 정답에 대한 K-레벨, 학습 목표, 점수 정보가 표기된 정답 표
  - 모든 문제에 대한 정답 세트
    - 정답
    - 각 옵션 문항에 대한 해설(Justification)
    - K-레벨, 학습 목표, 점수

저작권 고지

본 샘플 문제와 해설자료의 저작권은 (사단법인)케이에스티큐비 KSTQB®에 있습니다.
www.kstqb.org

1. 다음 중 명령어 튜닝 LLM(Instruction-Tuned LLMs)에 대한 설명으로 올바른 것은? (1점)

   A. LLM의 추론, 의사결정 및 메모리를 통합하고 도구를 사용해 작업을 자동으로 수행하는 애플리케이션

   B. 학습된 언어 패턴을 기반으로 다음 단어를 예측할 수 있는 다양한 텍스트 데이터로 사전 학습된 범용 모델

   C. 종종 피드백을 통해 올바른 답변을 유도하는 명령을 따르도록 훈련된 LLM

   D. LLM 기능과 검색 도구를 결합해 정확하고 맥락적으로 적절한 응답을 생성하는 기술

2. 다음 중 딥러닝(Deep Learning)의 특징이 아닌 것은 무엇인가? (1점)

   A. 신경망(Neural Networks)을 사용해 데이터에서 자동으로 특징을 학습한다.

   B. 사용자가 수동으로 특징을 정의해야 한다.

   C. 이미지 및 텍스트 코퍼스(text corpus)와 같은 크고 복잡한 데이터셋을 처리할 수 있다.

   D. 수동적인 특징 선택이 필요하지 않다.

3. 다음 중 대형 언어 모델(LLM)에서 토큰화(Tokenization)의 첫 번째 단계에 대한 가장 적절한 설명은? (1점)

   A. 토큰을 고차원 벡터로 변환해 의미를 포착한다.

   B. 텍스트를 문자, 단어 전체 또는 단어의 일부와 같은 더 작은 단위로 나눈다.

   C. 신경망을 이용해 맥락에 맞는 적절한 응답을 생성한다.

   D. 학습된 관계를 기반으로 시퀀스에서 다음 토큰을 예측한다.

4. 다음 중 맥락 창(context window)에 대한 설명으로 가장 적절한 것은 무엇인가? (1점)

   A. 모델이 응답을 생성할 때 고려할 수 있는 이전 텍스트의 양을 의미하며, 토큰 단위로 측정된다.

   B. 모델의 학습 파라미터 수를 조절하여 성능을 향상시키는 방법이다.

   C. 멀티모달 데이터를 처리하기 위해 이미지나 오디오 데이터를 텍스트로 변환하는 과정이다

   D. 모델이 토큰 간의 의미적 관계를 포착하기 위해 사용하는 벡터 공간이다.

5. 다음 대형 언어 모델(LLM) 유형(1-4)과 그에 대한 설명(A-D)을 가장 적절히 연결 지은 것은? (1점)

> 1. 파운데이션 모델 (Foundation Model)
> 2. 명령어 튜닝 모델 (Instruction-Tuned Model)
> 3. 추론 모델 (Reasoning Model)
> 4. 비전-언어 모델 (Vision-Language Model)
>
> A. 단계별 추론 및 의사결정 작업에 최적화
> B. 명확한 인간의 지시에 효과적으로 응답하도록 조정
> C. 이미지와 텍스트를 처리하고 통합하도록 설계
> D. 광범위한 데이터셋으로 학습되어 다중 도메인에서 활용 가능

A. 1D, 2B, 3A, 4C

B. 1C, 2B, 3D, 4A

C. 1D, 2C, 3B, 4A

D. 1B, 2D, 3A, 4C

6. 다음 중 파운데이션 모델(Foundation Model), 명령어 튜닝 모델(Instruction-tuned Model), 추론 모델(Reasoning Model)의 특징과 해당 모델의 활용에 대한 설명으로 옳지 않은 것은 무엇인가? (1점)

A. 파운데이션 모델은 방대한 데이터셋으로 훈련되며, 파인튜닝(fine-tuning)을 통해 특정 작업에 맞게 조정될 수 있다.

B. 추론 모델은 명령어 튜닝 모델 기반으로 복잡한 추론 능력을 향상시켜, 연쇄적 사고(chain-of-thought reasoning)를 수행할 수 있다.

C. 소프트웨어 테스팅에서 파운데이션 모델은 다양한 도메인에서의 작업 수행을 위한 기반으로 활용될 수 있다.

D. 명령어 튜닝 모델은 사용자 지시에 반응하도록 최적화되어 있으며, 파인튜닝 없이도 특정 작업에 최적화되어 있다.

7. 다음 중 멀티모달 LLM(Multimodal LLMs)과 비전-언어 모델(Vision-Language Models)의 관계를 가장 잘 설명하는 것은? (1점)

    A. 멀티모달 LLMs는 다양한 입력을 처리하도록 설계된 비전-언어 모델의 하위 집합이다.

    B. 비전-언어 모델은 시각 및 텍스트 데이터를 처리하는 멀티모달 LLMs의 하위 집합이다.

    C. 비전-언어 모델은 멀티모달 LLMs과 관련이 없으며 GUI만 처리한다.

    D. 멀티모달 LLMs과 비전-언어 모델은 서로 교체해서 사용할 수 있는 용어이다.

8. 멀티모달 LLM에서 이미지를 임베딩(embedding)으로 변환하는 주된 이유로 가장 적절한 것은 무엇인가? (1점)

    A. 이미지를 픽셀 단위로 분해하여 텍스트 토큰(token)과 동일한 방식으로 처리하기 위해서

    B. 이미지 데이터를 수치 벡터로 표현하여 트랜스포머(Transformer) 모델이 이해할 수 있도록 하기 위해서

    C. 이미지와 텍스트 간의 연관성을 제거하여 모델의 복잡도를 낮추기 위해서

    D. 이미지 데이터를 비전-언어 모델에서 직접 처리하지 못하기 때문에 텍스트로 변환하기 위해서

9. 다음 중 소프트웨어 테스팅 과업에서 가장 중요한 LLM 기능 두 가지는 무엇인가?
    (두 개 선택) (1점)

    A. 요구사항을 분석해 모호성과 불일치를 식별하는 기능

    B. 배포를 위한 완전한 애플리케이션 코드를 생성하는 기능

    C. 모든 테스트 스크립트를 인간의 개입 없이 자동화하는 기능

    D. 애플리케이션에서 수동으로 탐색적 테스팅을 수행하는 기능

    E. 다양한 조합과 범위로 테스트 데이터를 생성하는 기능

10. 다음 중 LLM(Large Language Model)이 소프트웨어 테스팅 과정에서 수행할 수 있는 가장 적절한 기능은 무엇인가? (1점)

    A. 테스트 실행(test execution) 및 결과 판정(test result determination) 자동화

    B. 테스트 환경(test environment) 구성 및 관리

    C. 결함(defect) 수정 및 코드 변경

    D. 테스트 계획(test plan) 및 보고서(report) 자동 생성

11. 다음 중 AI 챗봇과 LLM 기반 테스팅 애플리케이션의 차이점을 가장 적절히 요약한 것은? (1점)

    A. AI 챗봇은 특정 테스팅 작업에 더 적합한 반면, LLM-기반 테스팅 애플리케이션은 즉흥적 상호작용(ad hoc interactions)에 초점을 맞춘다.

    B. AI 챗봇과 LLM 기반 테스팅 애플리케이션은 동일한 작업을 수행하도록 설계되었으며, 설정 차이가 없다.

    C. LLM 기반 테스팅 애플리케이션은 대화형 프롬프트를 사용하는 반면, AI 챗봇은 테스트 도구 및 워크플로우에 통합되어야 한다.

    D. AI 챗봇은 즉흥적 테스팅 작업을 위한 대화형 인터페이스를 제공하는 반면, LLM 기반 테스팅 애플리케이션은 특정 작업을 위한 맞춤형 솔루션을 제공한다.

12. AI 챗봇을 사용하여 테스터가 캐스케이딩 프롬프트(cascading prompts)를 활용할 때 얻을 수 있는 이점으로 가장 적절한 것은 무엇인가? (1점)

    A. 초기 요청만으로 모든 정보를 완벽히 얻을 수 있다.

    B. 추가 질문을 통해 원하는 결과를 점진적으로 구체화하고 개선할 수 있다.

    C. 프롬프트 없이도 AI가 자동으로 필요한 테스트 케이스를 생성한다.

    D. 테스터의 개입 없이 AI가 모든 테스팅 작업을 수행한다.

13. 다음 중 LLM에서 "프롬프트 엔지니어링(prompt engineering)"의 가장 적절한 정의는 무엇인가? (1점)

    A. 소프트웨어 테스팅 워크플로우를 자동화하는 과정

    B. 원하는 출력을 생성하도록 LLM의 입력 프롬프트를 설계하고 개선하는 과정

    C. 대량의 데이터셋을 사용해 LLM을 훈련시키는 방법

    D. 기존 테스팅 프레임워크에 LLM을 통합하는 작업

14. 다음 중 구조화된 프롬프트(Structured Prompt)의 컴포넌트와 이의 소프트웨어 테스팅 작업에 대한 기여도를 가장 잘 설명하고 있는 것은? (1점)

    A. 구조화된 프롬프트는 입력 데이터와 출력 형식에만 집중함으로써, 테스팅 작업을 위한 정밀한 생성형 AI(GenAI) 응답을 보장한다.

    B. 구조화된 프롬프트의 효과는 주로 제약 사항(constraints)을 제공하는 데 있으며, 이는 입력 데이터가 처리되는 방식을 결정한다.

    C. 구조화된 프롬프트에는 역할, 맥락, 지침, 입력 데이터, 제약 사항, 출력 형식이 포함되어 LLM의 출력을 테스팅 작업 목표에 맞춘다.

    D. 구조화된 프롬프트는 명확한 지침의 우선순위를 지정해, LLM을 가이드하는 데 있어 역할과 맥락을 선택 사항으로 만든다.

15. 다음 중 프롬프트의 구성 요소와 그에 대한 설명이 올바르게 짝지어진 것은 무엇인가? (1점)

    A. 맥락(Context) – LLM이 출력할 응답의 형식을 지정한다.

    B. 출력 형식(Output Format) – LLM이 응답을 생성할 때 참고하는 배경 정보를 제공한다.

    C. 제약 사항(Constraints) – LLM이 따라야 할 제한 사항이나 특별한 고려 사항을 명시한다.

    D. 지침(Instruction) – LLM이 사용할 데이터나 아티팩트를 제공한다.

16. 다음 중 프롬프트 체이닝(Prompt Chaining), 퓨샷 프롬프팅(Few-Shot Prompting), 메타 프롬프팅(Meta Prompting) 기법의 차이점을 가장 잘 설명하고 있는 것은? (1점)

    A. 프롬프트 체이닝은 예시를 제공하는데 집중하고, 퓨샷 프롬프팅은 작업을 하위작업으로 나누며, 메타 프롬프팅은 프롬프트를 수동으로 개선하는 방식이다.

    B. 퓨샷 프롬프팅은 예제를 통해 LLM을 안내하고, 프롬프트 체이닝은 작업을 중간 단계로 나누며, 메타 프롬프팅은 모델이 자체 프롬프트를 반복적으로 개선하도록 하는 방식이다.

    C. 메타 프롬프팅은 작업을 단계별로 세분화하는 것을 강조하고, 프롬프트 체이닝은 예제를 활용하며, 퓨샷 프롬프팅은 프롬프트를 수동으로 최적화하는 방식이다.

    D. 프롬프트 체이닝은 예제 없이 작동하고, 퓨샷 프롬프팅은 예제를 제공하며, 메타 프롬프팅은 테스터가 정의한 프롬프트에 의존한다.

17. 다음 중 프롬프트 체이닝(Prompt Chaining)과 연쇄적 사고 프롬프팅(Chain-of-thought Prompting)의 차이점으로 올바른 것은 무엇인가? (1점)

    A. 둘 다 작업을 하위 작업으로 분해하지만, 프롬프트 체이닝은 LLM이 이를 자동으로 수행한다.

    B. 두 기법은 동일하며 차이점이 없다.

    C. 프롬프트 체이닝은 예시를 제공하고, 연쇄적 사고 프롬프팅은 메타 프롬프팅의 일종이다.

    D. 프롬프트 체이닝은 사용자가 작업을 하위 단계로 나누고, 연쇄적 사고 프롬프팅은 LLM이 스스로 작업을 분해한다.

18. 다음은 소프트웨어 테스팅에 다양한 프롬프팅 기법을 결합하여 활용하는 예시이다. 다음 중 잘못된 것은? (1점)

    A. 복잡한 테스트를 위해 프롬프트 체이닝을 적용하여 과정을 단계별로 분리한다.

    B. 각 단계에서 원하는 결과에 대한 예시를 제공하여 퓨샷 프롬프팅을 활용한다.

    C. AI에게 각 단계에서 필요한 추가 정보를 요청하거나 프롬프트를 개선하도록 유도하여 메타 프롬프팅을 활용한다.

    D. 제로샷 프롬프팅을 활용하여 프롬프트 설계에 필요한 수동 노력을 최소화한다.

19. 다음 각각의 테스팅 시나리오에 대해 가장 적절한 프롬프팅 기법을 선택해야 한다.

> 시나리오 1:
> 복잡한 테스팅 작업을 분석해야 하며, 테스트 설계를 여러 단계로 나누어 각 단계의 정확성을 검증한 후 다음 단계로 진행해야 한다.
>
> 시나리오 2:
> 반복적인 시나리오 기반 테스팅 작업을 위해 Gherkin 스타일 테스트 케이스를 생성해야 한다. 출력은 특정 형식을 따라야 한다.
>
> 시나리오 3:
> 탐색적 테스팅 및 결함 분석에서 얻은 인사이트를 포함하는 동적이고 유연한 테스트 보고서를 준비해야 한다. 보고서는 이해관계자의 요구에 맞춰 조정될 수 있어야 한다.

다음 중 프롬프팅 기법을 올바르게 할당한 옵션은 무엇인가? (2점)

A. 프롬프트 체이닝 → 시나리오 1, 퓨샷 프롬프팅 → 시나리오 2, 메타 프롬프팅 → 시나리오 3

B. 퓨샷 프롬프팅 → 시나리오 1, 프롬프트 체이닝 → 시나리오 2, 메타 프롬프팅 → 시나리오 3

C. 메타 프롬프팅 → 시나리오 1, 퓨샷 프롬프팅 → 시나리오 2, 프롬프트 체이닝 → 시나리오 3

D. 퓨샷 프롬프팅 → 시나리오 1, 메타 프롬프팅 → 시나리오 2, 프롬프트 체이닝 → 시나리오 3

20. 테스터가 AI를 활용하여 복잡한 시스템의 테스트 케이스를 생성하려고 합니다. 그는 새로운 작업에 대한 AI의 맥락 이해를 돕기 위해 상위레벨의 지침을 제공하고, 동시에 출력 형식을 일관되게 유지하기 위해 예시를 제공하고자 합니다.
이 경우 가장 적절한 프롬프트 기법의 조합은 무엇인가? (1점)

A. 메타 프롬프팅(Meta Prompting)과 퀵샷 프롬프팅(Quick-shot Prompting)

B. 프롬프트 체이닝(Prompt Chaining)과 퓨샷 프롬프팅(Few-shot Prompting)

C. 메타 프롬프팅(Meta Prompting)과 퓨샷 프롬프팅(Few-shot Prompting)

D. 프롬프트 체이닝(Prompt Chaining)과 제로샷 프롬프팅(Zero-shot Prompting)

21. 다음 중 메타 프롬프팅(Meta Prompting) 기법을 활용해야 하는 테스트 작업으로 가장 적절한 것은 무엇인가? (1점)

A. 테스트 케이스의 출력 형식을 일관되게 유지하며 반복적인 테스트 케이스를 생성하는 작업

B. 작업을 단계별로 분해하여 각 단계의 결과를 검증하는 작업

C. 새로운 탐색적 테스팅을 수행하며 AI에게 상위레벨의 지침을 제공해야 하는 작업

D. 테스트 자동화를 위해 키워드 주도 테스트를 생성하는 작업

22. LLM과의 상호작용에서 시스템 프롬프트(system prompt)의 주요 기능은 무엇인가? (1점)

A. 전체 대화 동안 LLM 행동에 대한 프레임워크를 제공한다.

B. 사용자가 GenAI에게 요청하는 특정 문제 또는 지시사항을 제공한다.

C. 각 사용자 상호작용에 맞춰 동적으로 조정하고 대화의 맥락을 설정한다.

D. 사용자로부터 보여지는 입력을 받아 대화의 규칙을 설정한다.

23. 다음 중 시스템 프롬프트(System Prompt)를 효과적으로 구현하기 위한 방법으로 옳은 것은 어떤 것인가? (1점)

A. 시스템 프롬프트는 가능한 한 모호하게 작성하여 LLM이 유연하게 동작하도록 한다.

B. 시스템 프롬프트는 사용자에게 직접 보여주어 사용자와 상호작용하도록 한다.

C. 시스템 프롬프트에서 LLM의 역할과 제한 사항에 대해 명확하고 구체적으로 정의한다.

D. 시스템 프롬프트는 각 상호작용마다 변경되도록 하여 다양한 응답을 유도한다.

24. 다음 중 시스템 프롬프트(system prompt)와 사용자 프롬프트(user prompt)의 차이점에 대한 설명으로 가장 부적절한 것은? (1점)

A. 시스템 프롬프트는 LLM의 기본적인 동작 방식, 성격, 운영 파라미터를 정의하는 기본적인 명령 집합이며, 사용자 프롬프트는 사용자가 입력하는 실제 입력 또는 질문이다.

B. 시스템 프롬프트는 상호작용 세션 내내 변하지 않고 지속되는 반면, 사용자 프롬프트는 각 상호작용마다 변경된다.

C. 시스템 프롬프트는 LLM이 어떻게 응답해야 하는지에 대한 구체적인 지침을 제공하며, 사용자 프롬프트는 LLM에게 특정 지침, 질문 또는 작업을 요청한다.

D. 시스템 프롬프트는 일반적으로 최종 사용자에게 숨겨져 있으며, 사용자 프롬프트는 사용자에게 직접적으로 보인다.

25. 새 프로젝트를 위한 요구사항과 사용자 스토리 분석을 위해 생성형 AI를 활용하는 작업을 맡았다. 목표는 테스트 컨디션을 생성하고, 리스크를 기반으로 우선순위를 정하며, 잠재적인 커버리지 갭(coverage gaps)을 식별하는 것이다.

    이 프로세스에서 포괄적이면서 우선순위화된 결과물을 얻기 위해 프롬프트 체이닝(prompt chaining) 기법을 사용해 생성형 AI를 효과적으로 활용하려면 다음 중 어떤 단계를 수행해야 하는가? (2점)

    i. 요구사항과 사용자 스토리를 입력하고 LLM에 제공된 정보를 기반으로 테스트 컨디션을 생성하도록 프롬프트 한다.

    ii. 프로젝트 목표에 따라 우선순위가 지정된 테스트 컨디션을 생성하도록 상세한 인수 조건을 제공해 LLM이 맥락을 이해하도록 한다.

    iii. GenAI가 커버리지 분석을 수행하도록 명시적으로 지시해 요구사항의 모든 측면이 테스트 컨디션에서 다뤄지도록 한다.

    iv. 최소한의 입력을 사용하고 GenAI가 일반 지식을 기반으로 자동으로 커버리지 갭을 추론하도록 한다.

    v. 요구사항과 사용자 스토리에서 불일치 및 모호성을 분석해 테스트 기반 자료(테스트 베이시스)의 잠재적 결함을 식별하도록 LLM에 요청한다.

    A. i, ii, iii

    B. ii, iii, iv

    C. i, ii, v

    D. iii, iv, v

26. 생성형 AI를 활용하여 위험에 기반한 테스트 컨디션 우선순위를 설정 할 때 고려해야 할 요소로 가장 옳지 않은 것은 무엇인가? (1점)

    A. 기능의 사용자 노출 정도

    B. 규제 준수 여부

    C. 개발자의 개발 능력 수준

    D. 과거 결함 데이터

27. 자동차 제조 회사에서 자율 주행 차량의 차선 인식 시스템을 개발 중이다. 이 시스템은 카메라와 센서를 활용하여 도로의 차선을 인식하고 차량을 제어한다. 테스터는 생성형 AI를 활용하여 테스트 기법을 제안받고자 한다.

주어진 상황은 아래와 같다.
- 시스템은 다양한 기상 조건, 도로 상태, 차선 표시 유형을 처리해야 한다.
- 안전이 최우선이며, 결함이 발생하면 심각한 결과를 초래할 수 있다.

테스터는 생성형 AI에게 어떤 입력 데이터와 지침을 제공해야 적절한 테스트 기법을 제안 받을 수 있는가? (2점)

A. 시스템의 요구사항 명세서, 다양한 기상 조건과 도로 상태에 대한 시나리오, 과거 결함 사례를 제공하고, 안전 중요 시스템에 적합한 테스트 기법을 제안하도록 요청한다.

B. 시스템의 요구사항 명세서와 차선 표시 유형의 이미지 데이터를 제공하고, 이미지 인식 정확성을 높이는 테스트 기법을 제안하도록 요청한다.

C. 시스템의 아키텍처 다이어그램과 성능 요구사항을 제공하고, 성능 테스트 기법을 중점적으로 제안하도록 요청한다.

D. 기상 조건과 도로 상태의 시나리오와 사용자 경험 보고서를 제공하고, 사용자 만족도를 향상시키는 테스트 기법을 제안하도록 요청한다.

28. 다음 사용자 스토리와 테스트 컨디션을 바탕으로 Gherkin 스타일의 테스트 시나리오를 생성하기 위해 퓨샷 프롬프팅(few-shot prompting) 기법을 적용하는 작업을 맡았다.

> 사용자 스토리: "사용자로서 비밀번호를 잊어버렸을 때 계정에 재접근하기 위해 비밀번호를 재설정하고 싶다."
>
> 테스트 컨디션: "사용자가 등록된 이메일 주소를 제공하면 비밀번호 재설정 안내 이메일을 받는지 확인한다."

이전에 정의된 사용자 스토리, 테스트 컨디션, Gherkin 스타일 테스트 시나리오의 예시가 있다.

다음 중 위의 사용자 스토리와 테스트 컨디션에 정확하게 부합하는 테스트 시나리오 생성을 위한 최적의 프롬프트는 무엇인가? (2점)

A. 프롬프트 A
역할: 테스트 설계자
맥락: 비밀번호 재설정 기능을 테스트하고 있다.
지침: 사용자 스토리와 테스트 컨디션을 위한 Gherkin 스타일 테스트 시나리오를 생성한다. 출력 결과가 빠짐없이 포함되도록 한다.
입력 데이터: 《《《사용자 스토리》》》 및 《《《테스트 컨디션》》》
제약 사항: "Given-When-Then" 구문을 사용하며 테스트 컨디션의 높은 커버리지를 목표로 한다.
출력 형식: 다수의 Gherkin 스타일 테스트 시나리오를 제공한다.

B. 프롬프트 B

역할: Gherkin 기반 시나리오 전문 테스트 설계자

맥락: 비밀번호 재설정 기능을 테스트하고 있다.

지침: 이전에 정의된 예시를 참고해 사용자 스토리와 테스트 컨디션을 위한 Gherkin 스타일 테스트 시나리오를 생성한다.

입력 데이터: 《《《사용자 스토리》》》 및 《《《테스트 컨디션》》》

제약 사항: "Given-When-Then" 구문을 사용하고 테스트 컨디션과 일치하는지 확인한다.

출력 형식: 주어진 Gherkin 스타일 테스트 시나리오를 준수한다.

C. 프롬프트 C

역할: 테스트 설계자

맥락: 비밀번호 재설정 기능을 테스트하고 있다.

지침: 베스트 프랙티스를 사용해 사용자 스토리와 테스트 컨디션을 위한 Gherkin 스타일 테스트 시나리오를 생성한다.

입력 데이터: 《《《사용자 스토리》》》 및 《《《테스트 컨디션》》》

제약 사항: "Given-When-Then" 구문을 따르며 테스트 컨디션을 커버한다.

출력 형식: 예상 출력이 포함된 테스트 케이스를 생성한다.

D. 프롬프트 D

역할: 테스트 설계자

맥락: 비밀번호 재설정 기능을 테스트하고 있다.

지침: 사용자 스토리와 테스트 컨디션을 위한 최소 두 개의 Gherkin 스타일 테스트 시나리오를 생성하고 엣지 케이스(edge cases)에 집중한다.

입력 데이터: 《《《사용자 스토리》》》 및 《《《테스트 컨디션》》》

제약 사항: 모든 시나리오는 "Given-When-Then" 구문을 준수한다.

출력 형식: 다수의 Gherkin 스타일 테스트 시나리오를 제공한다.

29. 한 금융 기관에서 새로운 온라인 뱅킹 시스템을 개발하고 있다. 이 시스템은 고객들이 계좌 조회, 송금, 투자 등을 할 수 있게 해준다. 보안과 정확성이 최우선이며, 금융 관련 법규를 준수해야 한다.

    테스트 목표는 아래와 같다.
    - 생성형 AI를 활용하여 테스트 케이스를 생성한다.
    - 다양한 사용자 시나리오를 포함한다.

    테스터가 생성형 AI에게 어떤 입력 데이터와 지침을 제공해야 가장 포괄적이고 정확한 테스트 케이스를 얻을 수 있는가? (1점)

A. 시스템의 기능 요구사항, 보안 정책, 사용자 유형별 시나리오를 제공하고, 각 기능에 대한 테스트 케이스 생성을 요청한다.

B. 시스템의 아키텍처 다이어그램과 보안정책, 사용자 시나리오를 제공하고, 테스트 케이스 생성을 요청한다.

C. 경쟁사의 온라인 뱅킹 시스템 매뉴얼, 보안 정책, 사용자 시나리오를 제공하고, 이를 기반으로 테스트 케이스 생성을 요청한다.

D. 개발 팀의 재사용을 위한 소스 코드(스니펫), 보안 정책, 사용자 시나리오를 제공하고, 코드 리뷰를 통한 테스트 케이스 생성을 요청한다.

30. 생성형 AI를 활용하여 테스트 케이스를 생성할 때 가장 중요한 입력 데이터로 가장 알맞은 것은 무엇인가? (1점)

   A. 소프트웨어의 소스 코드 전체

   B. 경쟁사의 제품 매뉴얼

   C. 기능적 요구사항과 비즈니스 룰

   D. 테스트 계획

31. 리그레션 테스트 실행 보고서를 분석하기 위한 구조화된 프롬프트 엔지니어링(structured prompt engineering)을 적용하는 작업을 맡았다. 다음은 초기 프롬프트 초안이다:

   역할: 테스트 분석가
   맥락: 최근 실행된 리그레션 테스트 결과의 원시(raw) 데이터를 분석한다.
   지침: 테스트 결과에서 불일치를 식별한다.
   입력 데이터: 첨부된 원시 테스트 실행 결과를 사용한다.
   제약 사항: 교차 확인을 위해 알려진 이상현상 목록(anomalies list)을 사용한다.
   출력 형식: 불일치 목록을 표 형태로 제공한다.

   위 프롬프트를 개선해야 할 때, 다음 중 포괄적인 리그레션 테스트 보고서 분석을 위한 구조화된 프롬프트 엔지니어링 베스트 프랙티스(best practice)에 가장 부합하는 개선 방안은 무엇인가? (2점)

   A. 유사한 문제들을 그룹화하고, 결과를 이상현상 목록과 교차 검토하는 단계를 추가한다.

   B. 역할을 실행 가능한 개선점 도출을 전문으로 하는 리그레션 테스트 분석가로 구체화한다.

   C. 지침을 확장해 예상 결과와 실제 결과를 분리하고, 유사한 문제를 그룹화하고, 불일치를 강조 한다.

   D. 제약 사항에 Given-When-Then 등과 같은 리그레션 테스팅 원칙에 대한 참조를 포함한다.

32. GUI(Graphical User Interface) 리그레션 테스트에서 생성형 AI(Generative AI)의 적용 사례로 가장 적절한 것은 무엇인가? (1점)

    A. 사용자의 행동 패턴을 예측하여 UI 디자인을 자동으로 개선한다.

    B. UI의 리그레션 테스트를 토대로 새로운 UI 요소를 자동으로 생성하여 UI에 반영될 수 있도록 개발자에게 제안한다.

    C. 리그레션 테스트 수행 시 사용자 인터페이스의 미세한 변화를 감지하여, 영향을 받는 테스트 스크립트를 비활성화한다.

    D. UI 변경으로 인해 실패한 테스트 스크립트를 생성형 AI가 자동으로 적응시켜 동적 로케이터(dynamic locator)와 수정된 인터랙션을 처리한다.

33. API(Application Programming Interface) 리그레션 테스트에서 생성형 AI(Generative AI)가 도전 과제를 극복하기 위해 제공할 수 있는 해결책으로 가장 적절한 것은 무엇인가? (1점)

    A. API 요청/응답 형식 변경 시, 생성형 AI가 자동으로 스크립트를 수정하여 새로운 사양에 적응시킨다

    B. API의 성능 병목 현상을 발견하여 자동으로 코드 최적화를 수행한다.

    C. 새로운 API 엔드포인트(endpoint)를 생성하고 보안을 강화한다.

    D. API 테스트를 신속하게 수행한 후 GUI 테스트에 집중하도록 권장한다.

34. 테스트 진행 상황, 결함 추이, 커버리지 인사이트와 같은 실행 가능한 테스트 메트릭을 생성하기 위해 LLM을 활용하고 있다. 메트릭은 자연어 요약 형태로 대시보드에 표시된다. 목표는 생성된 메트릭이 정확하고 실행 가능하며 이해 관계자가 쉽게 해석할 수 있도록 프로세스를 개선하는 것이다.
    GenAI에게 주는 프롬프트 초안은 다음과 같다:

    역할: 테스트 메트릭 분석가

    맥락: 테스팅 도구에서 제공된 원시 테스트 데이터를 분석한다.

    지침: 테스트 진행 상황, 결함 추이, 커버리지 인사이트를 생성한다.

    입력 데이터: 테스팅 도구에서 추출한 원시 데이터를 제공한다.

    제약 사항: 출력이 간결하고 이해하기 쉬워야 한다.

    출력 형식: 메트릭을 대시보드에 표시한다.

이 프롬프트를 개선할 때, 다음 중 GenAI가 정확하고 실행 가능한 메트릭을 생성하도록 LLM의 능력을 향상시킬 가장 최적화된 개선 사항은 무엇인가? (2점)

A. 역할을 의사결정 지원과 실질적 개선점 도출을 전문으로 하는 테스트 메트릭 분석가로 지정한다.

B. 생성된 메트릭의 추이(trends)에서 식별된 잠재적 리스크를 포함시키도록 지침을 추가한다.

C. 출력 형식에 대시보드 메트릭과 함께 이해 관계자를 위한 자연어 요약을 포함하도록 확장한다.

D. 메트릭의 빠른 생성을 보장하기 위해 처리 속도를 제약 사항으로 강조한다.

35. 생성형 AI(Generative AI)를 활용한 테스트 제어(Test Control) 자동화에 대한 설명으로 가장 적절한 것은 무엇인가? (1점)

A. 변경 사항이나 새로운 리스크 요소에 따라 테스트 케이스의 우선순위를 자동으로 재조정한 후 테스트를 실행하고, 이 결과를 기반으로 새로운 기능을 개발한다.

B. 변경 사항이나 새로운 리스크 요소에 따라 테스트 케이스의 우선순위를 자동으로 재조정하고, 자원을 효율적으로 분배한다.

C. 변경 사항이나 새로운 리스크 요소에 따라 테스트 케이스의 우선순위를 자동으로 재조정하되, 안정성 유지를 위해 테스트 계획을 변경하지 않고 기존 일정대로 테스트를 진행한다.

D. 변경 사항이나 새로운 리스크 요소에 따라 테스트 케이스의 우선순위를 자동으로 재조정하되, 테스트 실행 자동화를 통해 모든 테스트 케이스를 동일한 빈도로 실행한다.

36. 전자상거래 기업 A사는 연말 대규모 할인행사를 준비하고 있다. 예상되는 높은 트래픽으로 인해 시스템 부하와 성능 이슈에 대한 우려가 있다. 테스트 팀은 생성형 AI를 활용하여 테스트 모니터링 및 제어를 통해 이슈를 사전에 파악하고자 한다.
생성형 AI를 활용하여 테스트 제어 자동화를 수행하기 위해 테스트 팀이 취할 수 있는 가장 효과적인 방법은 무엇인가? (2점)

A. 기존의 테스트 계획을 변경하지 않고 그대로 진행하여 안정성을 유지한다.

B. 모든 테스트 케이스를 동일한 빈도로 실행하여 커버리지를 최대화한다.

C. 할인행사가 끝난 후 성능 이슈를 분석하여 다음 이벤트에 대비한다.

D. 생성형 AI를 통해 실시간으로 서버 자원 사용률을 모니터링하고, 필요에 따라 테스트 우선순위를 재조정하며, 자원을 효율적으로 배분한다.

37. 생성형 AI를 활용해 헬스케어 애플리케이션을 테스팅하고 있다. 생성형 AI 모델은 다음과 같은 기능을 수행한다.

> 환자 데이터 관리에 대한 테스트 케이스 생성
>
> API 상호작용을 위한 테스트 스크립트 생성
>
> 엣지 케이스를 다루기 위한 합성 테스트 데이터 생성

다음 중 생성형 AI 모델의 성능을 효과적으로 평가하고 프롬프트를 개선하기 위해, 가장 적절한 평가 메트릭과 조치를 설명하고 있는 것은? (1점)

A. 테스트 케이스의 다양성(diversity)을 평가해 다양한 입력 시나리오를 확보하고, 실행 성공률(Execution Success Rate)을 통해 API 테스트 스크립트의 기능을 검증한다.

B. 정확성(accuracy)과 완전성(completeness) 메트릭을 활용해 테스트 케이스가 헬스케어 요구사항을 충족하는지 검증하고, AI 생성 스크립트와 수동 테스트 간의 실행 시간 효율성을 비교한다.

C. 정밀도(precision)를 활용해 생성된 테스트 데이터가 헬스케어 규정을 준수하는지 검토하고, 맥락 적합성(contextual fit) 및 실행 성공률을 통해 테스트 스크립트의 적합성과 사용성을 평가한다.

D. 모든 출력에 대해 적절성(relevance)과 맥락 적합성을 우선시하여 도메인 요구사항과의 일관성을 유지하고, 엣지 케이스 커버리지 확장을 위해 다양성(diversity) 메트릭을 포함한다.

38. 생성형 AI(Generative AI)가 테스트 케이스를 생성하는 데 소요된 시간과 사람이 동등한 테스트를 수동으로 작성하는 데 걸리는 시간을 비교하여 평가하는 지표는 무엇인가? (1점)

A. 정확성 및 완전성(Accuracy and Completeness)

B. 실행 성공률(Execution Success Rate)

C. 시간 효율성(Time Efficiency)

D. 정밀도(Precision)

39. 은행 애플리케이션의 사용자 로그인 기능에 대한 테스트 케이스 생성 프롬프트를 최적화해야 한다. 초기 프롬프트를 사용한 결과, "잘못된 비밀번호 입력"이나 "계정 잠김"과 같은 시나리오가 누락된 불완전한 테스트 케이스가 생성되었다.
다음 중 반복적인 프롬프트 개선(Iterative Refinement) 방법을 사용해, 높은 품질과 맥락적으로 적절한 테스트 케이스를 생성할 수 있도록 해주는 가장 적절한 접근 방식은 무엇인가? (1점)

A. 초기 프롬프트를 기반으로 A/B 테스팅을 수행해 다른 표현 방식을 비교하고, 오류 분석을 활용해 "잘못된 비밀번호" 등의 엣지 케이스를 반영하도록 프롬프트를 수정한다.

B. 사용자 피드백을 기반으로 초기 프롬프트를 조정하고, 전체 구조의 변경 없이 예제를 추가해 불완전한 테스트 케이스 문제를 해결한다.

C. 로그인 시나리오에 대한 세부 정보를 점진적으로 추가하면서 프롬프트를 개선하고, 최적의 표현 방식을 찾기 위해 A/B 테스팅을 수행해 더 짧은 프롬프트로 테스트한다.

D. 오류 분석을 통해 누락된 시나리오를 식별하는 데 집중하고, A/B 테스팅이나 사용자 피드백을 활용하지 않고 최소한의 시간으로 프롬프트를 수정한다.

40. 생성형 AI(Generative AI)의 결과물을 실제 테스팅 요구사항에 더 부합하도록 하기 위해 사용자 피드백 통합(Incorporating User Feedback) 방법을 활용하려고 한다.
가장 적절한 활동은 무엇인가? (1점)

A. AI가 생성한 출력물을 수정하지 않고 그대로 사용한다.

B. 생성된 출력물의 유용성과 명확성에 대한 피드백을 QA 엔지니어 또는 테스터로부터 수집하여 프롬프트를 개선한다.

C. 프롬프트 길이를 줄여서 간결한 응답을 유도한다.

D. 오류 분석을 통해 부정확성을 발견하고 프롬프트를 수정한다.

Question Number (#)	Correct Answer	LO	K-Level	Points
1	C	Term "Instruction- tuned LLM"	1	1
2	B	1.1	1	1
3	B	1.2	2	1
4	A	1.2	2	1
5	A	1.3	1	1
6	D	1.3	1	1
7	B	1.4	2	1
8	B	1.4	2	1
9	A, E	2.1	1	1
10	D	2.1	1	1
11	D	2.2	1	1
12	B	2.2	2	1
13	B	Term "Prompt engineering"	1	1
14	C	3.1	2	1
15	C	3.1	2	1
16	B	3.2	2	1
17	D	3.2	2	1
18	D	3.2	2	1
19	D	3.3	3	2
20	C	3.3	3	1
21	C	3.3	3	1
22	A	3.4	1	1
23	C	3.4	1	1
24	C	3.4	1	1
25	A	4.1	3	2
26	C	4.1	3	1
27	A	4.1	3	2
28	B	4.2	3	2
29	A	4.2	3	1
30	C	4.2	3	1
31	C	4.3	3	2
32	D	4.3	3	1
33	A	4.3	3	1
34	C	4.4	3	2
35	B	4.4	3	1
36	D	4.4	3	2
37	A	5.1	2	1
38	C	5.1	2	1
39	A	5.2	2	1
40	B	5.2	2	1

번호	정답	해설 및 근거	학습목표(LO)	K-레벨	점수
1	C	A 오답. 이는 LLM 에이전트(LLM agent)의 정의이다. B 오답. 이는 LLM의 정의이다. C 정답. 이는 용어집(glossary)에서 제공하는 정의이다. D 오답. 이는 RAG의 정의이다.	Term "Instruction-tuned LLM"	K1	1
2	B	A 오답. 이는 딥러닝(Deep Learning)의 핵심 특징 중 하나이다. B 정답. 딥러닝은 특징(feature)을 자동으로 학습한다. C 오답. 이는 딥러닝이 복잡한 데이터를 효과적으로 처리하는 능력을 설명한 것이다. D 오답. 이는 딥러닝의 주요 이점 중 하나이다.	GenAI-1.1	K1	1
3	B	A 오답. 이는 토큰화(Tokenization)가 아닌 임베딩(Embeddings)을 설명하는 것이다. B 정답. 토큰화는 텍스트를 더 작은 단위(토큰)로 분할하는 과정이다. C 오답. 이는 토큰화가 아닌 LLM의 일반적인 기능을 설명하는 것이다. D 오답. 이는 토큰화가 아닌 LLM이 텍스트를 생성하는 방식을 설명하는 것이다.	GenAI-1.2	K2	1
4	A	A 정답. 맥락 창은 모델이 응답을 생성할 때 고려할 수 있는 이전 텍스트의 양을 의미한다. B 오답. 모델의 학습 파라미터 수를 조절하는 것은 모델의 스케일링(scaling)과 관련이 있으며, 맥락 창과는 다르다. C 오답. 멀티모달 데이터를 텍스트로 변환하는 것은 데이터 전처리(data preprocessing) 과정이며, 맥락 창과 직접적인 관련이 없다. D 오답. 토큰 간의 의미적 관계를 포착하기 위한 벡터 공간은 임베딩(Embeddings)과 관련된 개념이다.	1.2	2	1
5	A	다음을 고려할 때: • 파운데이션 모델(Foundation Models)은 여러 분야에서 활용할 수 있도록 방대한 데이터셋으로 학습된다. (1D) • 명령어 튜닝 모델(Instruction-Tuned Models)은 인간의 명령에 효과적으로 반응하도록 조정된다. (2B) • 추론 모델(Reasoning Models)은 단계별 추론과 의사-결정 작업에 최적화된다. (3A) • 비전-언어 모델(Vision-Language Models)은 이미지(시각) 및 텍스트(언어) 데이터를 처리하고 통합하도록 설계된 멀티모달 모델이다. (4C) 따라서: A 정답. B 오답. C 오답. D 오답.	GenAI-1.3	K1	1

번호	정답	해설 및 근거	학습목표(LO)	K-레벨	점수
6	D	A 오답. 파운데이션 모델에 대한 올바른 설명이다. B 오답. 추론 모델에 대한 올바른 설명이다. C 오답. 파운데이션 모델의 활용에 대한 올바른 설명이다. D 정답. 명령어 튜닝 모델도 파인튜닝 과정을 거치며, 파인튜닝 없이 특정 작업에 최적화되지 않는다.	GenAI-1.3	K1	1
7	B	A 오답. 비전-언어 모델(Vision-Language Models)은 멀티 모달 LLM(Multimodal LLMs)의 하위 개념이지, 그 반대가 아니다. B 정답. 비전-언어 모델은 시각 및 텍스트 데이터를 통합하므로, 멀티 모달 LLM의 하위 개념이다. C 오답. 비전-언어 모델은 멀티 모달 LLM과 밀접한 관계가 있으며, 시각 및 텍스트 데이터를 모두 처리하는 데 초점을 맞춘다. D 오답. 멀티 모달 LLM과 비전-언어 모델은 서로 다른 범위를 가지며, 동일한 개념으로 사용할 수 없다.	GenAI-1.4	K2	1
8	B	A 오답. 이미지를 픽셀 단위로 분해하여 텍스트 토큰과 동일한 방식으로 처리하는 것은 비효율적이며, 일반적인 방법이 아니다. B 정답. 이미지를 수치 벡터로 표현하는 임베딩 과정을 통해 트랜스포머 모델이 이미지 데이터를 이해하고 처리할 수 있다. C 오답. 이미지와 텍스트 간의 연관성을 제거하려는 것이 아니라, 오히려 연관성을 학습하여 다양한 모달리티 간의 관계를 이해하도록 한다. D 오답. 멀티모달 LLM은 이미지 데이터를 직접 처리할 수 있으며, 텍스트로 변환하는 것은 이미지 캡션 생성의 결과이지, 이미지 입력 처리 과정은 아니다.	GenAI-1.4	K2	1
9	A, E	A 정답. LLM은 요구사항의 모호성과 불일치를 식별해 이를 분석하고 명확히 하는 데 도움을 준다. B 오답. 테스트 작업에서 완전한 애플리케이션 코드를 생성하는 것이 LLM의 주요 기능은 아니다. C 오답. LLM은 스크립트 개선 및 설계 패턴 식별을 통해 테스트 자동화를 지원하지만, 인간의 감독 없이 직접 스크립트를 실행하거나 테스팅 프로세스를 완전히 자동화하지 않는다. D 오답. LLM은 수동으로 테스팅 작업을 수행할 수 없다. E 정답. LLM은 조합 및 범위를 포함한 다양한 테스트 데이터를 생성해 테스트를 지원할 수 있다.	GenAI-2.1	K1	1

번호	정답	해설 및 근거	학습목표(LO)	K-레벨	점수
10	D	A 오답. 테스트 실행 및 결과 판정은 테스트 자동화 도구(tool)의 역할이다. LLM은 테스트 케이스 생성 및 스크립트 작성을 지원할 수 있지만, 직접 테스트를 실행하고 결과를 판정하지는 않는다. B 오답. 테스트 환경 구성 및 관리는 LLM의 역할이 아니다. 별도의 도구 및 기술을 사용하여 수행된다. C 오답. 결함 수정 및 코드 변경은 개발자의 역할이다. LLM은 코드 생성을 지원할 수 있지만, 결함을 수정하거나 코드를 변경하는 것은 개발자의 책임이다. D 정답. LLM은 테스트 계획 및 보고서 자동 생성에 도움을 줄 수 있다. 프로젝트 개요, 주요 기능 목록 등을 LLM에게 제공하여 초안을 생성하고, 변경 사항을 반영하여 문서를 최신 상태로 유지할 수 있다.	GenAI-2.1	K1	1
11	D	A 오답. AI 챗봇은 특정 테스팅 작업보다 즉흥적인(ad hoc) 상호작용에 더 적합하다. B 오답. AI 챗봇과 LLM 기반 테스팅 애플리케이션은 각각 다른 목적을 가지며, 구성 가능성(degree of configurability)도 다르다. C 오답. LLM 기반 테스팅 애플리케이션은 대화형 프롬프트가 아니라 워크플로우 통합에 중점을 둔다. D 정답. AI 챗봇은 일상적인 테스트를 위한 대화형 상호작용을 제공하며, LLM 기반 테스팅 애플리케이션은 특정 작업을 위한 유연성과 맞춤 구성을 지원한다.	GenAI-2.2	K2	1
12	B	A 오답. 초기 요청만으로 모든 정보를 얻을 수 없으므로 적절하지 않다. B 정답. 캐스케이딩 프롬프트를 통해 추가 질문으로 원하는 결과를 구체화하고 개선할 수 있으므로 가장 적절하다. C 오답. 프롬프트가 없어도 AI가 자동으로 작업을 수행하지 않는다. D 오답. 테스터의 개입 없이 모든 작업을 수행하지 않는다.	GenAI-2.2.	K2	1
13	B	A 오답. 프롬프트 엔지니어링은 워크플로우 자동화와 관련이 없다. B 정답. 프롬프트 엔지니어링은 특정 LLM 출력을 얻기 위해 입력 프롬프트를 설계하고 개선하는 과정이다. C 오답. 이는 LLM 학습과 관련된 내용이며, 프롬프트 엔지니어링이 아니다. D 오답. 이는 통합과 관련된 내용이며, 프롬프트 엔지니어링이 아니다.	Term "Prompt engineering"	K1	1

번호	정답	해설 및 근거	학습목표(LO)	K-레벨	점수
14	C	A 오답. 정확한 결과를 위해선 입력 데이터와 출력 형식뿐만 아니라 모든 컴포넌트가 필요하다. B 오답. 제약 사항은 중요하지만, 구조화된 프롬프트의 한 요소일 뿐이다. C 정답. 구조화된 프롬프트는 LLM이 소프트웨어 테스팅에서 효과적으로 작동하도록 여섯 가지 구성 요소를 포함한다. D 오답. 역할과 맥락은 LLM이 적절한 출력을 생성하도록 유도하는 데 중요한 요소이다.	GenAI-3.1	K2	1
15	C	A 오답. 맥락은 배경 정보를 제공하므로 출력 형식을 지정하는 것이 아니다. B 오답. 출력 형식은 응답의 예상 형식을 지정하며, 배경 정보를 제공하는 것은 맥락이다. C 정답. 제약 사항은 LLM이 따라야 할 제한 사항이나 특별한 고려 사항을 명시하므로 올바르게 짝지어져 있다. D 오답. 지침은 수행할 작업을 설명하며, 데이터를 제공하는 것은 입력 데이터이다.	GenAI-3.1	K2	1
16	B	A 오답. 프롬프트 체이닝(prompt chaining)은 작업을 세분화하는 방식이며, 메타 프롬프팅(meta prompting)은 AI를 활용한 반복적 개선을 의미한다. B 정답. 퓨샷 프롬프팅(few-shot prompting)은 예제를 제공하고, 프롬프트 체이닝은 작업을 단계별로 분해하며, 메타 프롬프팅은 AI가 자체 프롬프트를 반복적으로 개선하는 방식이다. C 오답. 메타 프롬프팅은 프롬프트 개선에 초점을 맞추며, 작업 세분화와는 관련이 없고, 퓨샷 프롬프팅은 수동적인 프롬프트 최적화가 아니라 예제를 활용하는 방식이다. D 오답. 프롬프트 체이닝은 퓨샷 프롬프팅과 결합 가능하며, 메타 프롬프팅은 테스터가 정의한 프롬프트가 아니라 생성형 AI(GenAI)를 활용해 프롬프트를 개선한다.	GenAI-3.2	K2	1
17	D	A 오답. 프롬프트 체이닝에서 작업을 하위 작업으로 분해하는 것은 사용자가 한다. B 오답. 두 기법은 이름은 비슷하지만 방식이 다르다. C 오답. 프롬프트 체이닝은 예시를 제공하는 기법이 아니며, 연쇄적 사고 프롬프팅은 메타 프롬프팅의 일종이 아니다. D 정답. 프롬프트 체이닝은 사용자가 작업을 하위 단계로 나누고, 연쇄적 사고 프롬프팅은 LLM이 스스로 작업을 분해하므로 올바른 차이점이다.	GenAI-3.2	K2	1

번호	정답	해설 및 근거	학습목표(LO)	K-레벨	점수
18	D	A 오답. 복잡한 테스트를 위해 프롬프트 체이닝을 적용하여 과정을 단계별로 분리하는 것은 적절한 활용이다. B 오답. 각 단계에서 원하는 결과에 대한 예시를 제공하여 퓨샷 프롬프팅을 활용하는 것은 적절한 활용이다. C 오답. AI에게 각 단계에서 필요한 추가 정보를 요청하거나 프롬프트를 개선하도록 유도하여 메타 프롬프팅을 활용하는 것은 적절한 활용이다. D 정답. 제로샷 프롬프팅은 프롬프트에 예시를 제공하지 않는 기법으로, 다양한 프롬프팅 기법을 결합하여 활용하는 예시와 관련이 없다.	GenAI-3.2	K2	1
19	D	A 오답. 각 기법이 설명된 사용 시나리오와 맞지 않는다. B 오답. 시나리오 1과 2에서 퓨샷 프롬프팅(Few-Shot Prompting)과 프롬프트 체이닝(Prompt Chaining)을 잘못 적용했다. C 오답. 시나리오 1과 3에서 메타 프롬프팅(Meta Prompting)과 프롬프트 체이닝을 잘못 적용했다. D 정답. 모든 기법이 각 시나리오에 맞게 적용되었다.	GenAI-3.3	K3	2
20	C	A 오답. 프롬프팅은 일반적으로 사용되는 용어가 아니다. B 오답. 프롬프트 체이닝과 퓨샷 프롬프팅의 조합은 작업을 단계별로 분해하고 각 단계에서 예시를 제공할 때 사용되지만, 상위레벨의 지침 제공은 포함되지 않는다. C 정답. 프롬프팅을 통해 상위레벨의 지침을 제공하고, 퓨샷 프롬프팅을 통해 출력 형식의 예시를 제공하여 AI의 출력이 일관되게 유지되도록 하는 것이 적절한 조합이다. D 오답. 프롬프트 체이닝과 제로샷 프롬프팅의 조합은 작업 분해와 예시 없이 단일 요청을 하는 것이므로 이 상황에 적합하지 않다.	GenAI-3.3	K3	1
21	C	A 오답. 테스트 케이스의 출력 형식을 일관되게 유지하며 반복적인 테스트 케이스를 생성하는 것은 퓨샷 프롬프팅(Few-shot Prompting) 기법에 적합하다. B 오답. 작업을 단계별로 분해하여 각 단계의 결과를 검증하는 것은 프롬프트 체이닝(Prompt Chaining) 기법에 해당한다. C 정답. 새로운 탐색적 테스팅을 수행하며 AI에게 상위레벨의 지침을 제공해야 하는 작업은 메타 프롬프팅 기법을 사용하는 데 적절하다. D 오답. 테스트 자동화를 위해 키워드 주도 테스트를 생성하는 작업은 퓨샷 프롬프팅 기법이 적합하다.	GenAI-3.3	K3	1

번호	정답	해설 및 근거	학습목표(LO)	K-레벨	점수
22	A	A 정답. 시스템 프롬프트(system prompt)는 일정하게 유지되며, LLM의 동작과 운영 파라미터를 정의한다. B 오답. 이는 시스템 프롬프트가 아니라 사용자 프롬프트(user prompt)의 기능을 설명한 것이다. C 오답. 시스템 프롬프트는 동적으로 조정되지 않고, 일정하게 유지된다. D 오답. 시스템 프롬프트는 숨겨져 있으며, 사용자가 입력하는 가시적인 내용을 포함하지 않는다.	GenAI-3.4	K1	1
23	C	A 오답. 시스템 프롬프트는 명확하고 구체적으로 작성해야 하므로 모호하게 작성하는 것은 옳지 않다. B 오답. 시스템 프롬프트는 일반적으로 사용자에게 숨겨져 있으므로 사용자에게 직접 보여주는 것은 효과적인 방법이 아니다. C 정답. 시스템 프롬프트에서 LLM의 역할과 제한 사항에 대해 명확하고 구체적으로 정의하는 것이 효과적인 구현 방법이다. D 오답. 시스템 프롬프트는 세션 내내 변하지 않고 지속되어야 하므로 각 상호작용마다 변경하는 것은 옳지 않다.	GenAI-3.4	K1	1
24	C	A 오답. 시스템 프롬프트와 사용자 프롬프트의 정의에 대한 설명이다. B 오답. 시스템 프롬프트와 사용자 프롬프트의 지속성에 대한 설명이다. C 정답. 시스템 프롬프트는 LLM의 기본적인 행동 방식을 결정하고, 사용자 프롬프트는 LLM에게 사용자가 다루기를 원하는 특정 지침, 질문 또는 작업을 요청한다. D 오답. 시스템 프롬프트와 사용자 프롬프트의 가시성에 대한 설명이다.	GenAI-3.4	K1	1

번호	정답	해설 및 근거	학습목표(LO)	K-레벨	점수
25	A	다음을 고려할 때: 　i. 프로세스가 입력 요구사항과 사용자 스토리에서 테스트 컨디션을 생성하는 것으로 시작되도록 한다. 　ii. AI가 생성한 출력을 향상시키기 위해 상세한 인수 기준(acceptance criteria)의 필요성을 명확히 한다. 　iii. AI가 요구사항의 모든 측면을 다루게 하기 위해 커버리지 분석을 수행하도록 지시한다. 　iv. 오답이다. 왜냐하면, 최소한의 입력에 의존하면서 명확한 지침 없이 수행하는 것은 프롬프트 체이닝(prompt chaining) 기법과 맞지 않으며, 효과를 보장할 수도 없기 때문이다. 　v. 오답이다. 왜냐하면, 결함 식별은 우선순위가 높은 테스트 컨디션을 생성하고 커버리지 갭(gaps)을 찾는 목표에서 가장 중심적이지는 않기 때문이다. 따라서: A 정답. B 오답. C 오답. D 오답.	GenAI-4.1	K3	2
26	C	A 오답. 기능의 사용자 노출 정도는 우선순위 설정에 중요한 요소이다. B 오답. 규제 준수 여부는 우선순위 설정에 중요한 요소이다. C 정답. 개발자의 개발 능력 수준은 관련이 없지는 않으나 상대적으로 중요성이 낮다. D 오답. 과거 결함 데이터는 우선순위 설정에 중요한 요소이다.	GenAI-4.1	K3	1
27	A	A 정답. 시스템의 요구사항 명세서, 다양한 시나리오, 과거 결함 사례를 제공하고 안전 중요 시스템에 적합한 테스트 기법을 요청하므로, 경계값 분석, 오류 추정, 실패 모드 영향 분석(FMEA) 등 적절한 기법을 제안받을 수 있다. B 오답. 요구사항 명세서와 차선 표시 유형의 이미지 데이터를 제공하고 이미지 인식 정확성을 높이는 테스트 기법을 요청하지만, 기상 조건과 도로 상태 등의 다양한 요소를 고려한 종합적인 기법 제안이 어려울 수 있다. C 오답. 아키텍처 다이어그램과 성능 요구사항을 제공하고 성능 테스트 기법을 중점적으로 요청하면, 안전성과 기능적 측면의 테스트 기법이 부족하여 전체적인 안전 확보에 한계가 있다. D 오답. 기상 조건과 도로 상태의 시나리오와 사용자 경험 보고서를 제공하고 사용자 만족도를 향상시키는 테스트 기법을 요청하면, 안전 중요 시스템에서 필요한 엄격한 테스트 기법을 제안받기 어렵다.	GenAI-4.1	K3	2

번호	정답	해설 및 근거	학습목표(LO)	K-레벨	점수
28	B	A 오답. 기본적인 내용을 포함하고 있지만, 사전에 정의된 예제와 테스트 컨디션과의 정렬에 대한 강조가 부족하다. B 정답. 포괄적이며, AI를 안내를 위해 사전에 정의된 예제를 활용하고 있다. C 오답. 모호한 모범 사례(best practices)에 의존해 일관성이 없거나 불완전한 출력을 초래할 가능성이 있다. D 오답. 엣지 케이스(edge cases)에 중점을 두지만, 포괄적인 커버리지와 예제 활용을 통한 가이드를 소홀히 하고 있다.	GenAI-4.2	K3	2
29	A	A 정답. 시스템의 기능 요구사항, 보안 정책, 사용자 유형별 시나리오를 제공하면 생성형 AI가 포괄적이고 정확한 테스트 케이스를 생성할 수 있다. B 오답. 아키텍처 다이어그램과 보안정책으로는 테스트 케이스를 상세히 생성하기 어렵다. C 오답. 경쟁사의 매뉴얼을 기반으로 하면 우리 시스템의 요구 사항과 맞지 않을 수 있다. D 오답. 코드 스니펫은 테스트 케이스 생성에 필요한 전체적인 정보를 제공하지 못한다.	GenAI-4.2	K3	1
30	C	A 오답. 소스 코드가 단위 테스트 케이스를 생성하는데 필요하나 일반적으로 그렇게 하지 않는다. 특히 전체는 필요 이상의 정보이다. B 오답. 경쟁사의 제품 매뉴얼은 직접적인 관련성이 없다. C 정답. 기능적 요구사항과 비즈니스 룰은 테스트 케이스 생성에 직접적으로 필요한 입력 데이터이다. D 오답. 테스트 계획은 일부 내용이 테스트 케이스 생성에 도움이 될 수 있으나 제약적이다.	GenAI-4.2	K3	1
31	C	A 오답. 군집화(clustering) 및 교차 검토를 다루고 있지만, 테스트 결과를 분리하는 것과 같은 다른 중요한 단계들을 누락하고 있다. B 오답. 역할 명확성을 개선하긴 하지만, 지침을 확장하거나 구조화된 단계를 포함하지 않는다. C 정답. 모든 중요한 구조화된 분석 단계를 포함하도록 지침을 확장한다. 예상 결과와 실제 결과를 분리하면 불일치를 효과적으로 파악할 수 있고, 이슈를 군집화하면 우선순위를 더 잘 정할 수 있고 중복을 줄일 수 있다. 불일치를 강조하면 가장 중요한 발견 사항에 집중할 수 있도록 도와준다. D 오답. 관련 없는 제약 사항을 도입해 프롬프트가 작업 요구 사항과 맞지 않게 된다.	GenAI-4.3	K3	2

번호	정답	해설 및 근거	학습목표(LO)	K-레벨	점수
32	D	A 오답. 사용자의 행동 패턴을 예측하여 UI 디자인을 개선하는 것은 UX(User Experience) 분야의 활동이며, 리그레션 테스트에서의 생성형 AI 적용 사례는 아니다. B 오답. 새로운 UI 요소를 자동으로 생성하여 개발자에게 제안하는 것은 리그레션 테스트의 범위를 벗어난다. C 오답. 미세한 변화도 감지하여 테스트 스크립트를 비활성화하는 것은 테스트 커버리지를 감소시키므로 바람직하지 않다. D 정답. UI 변경으로 인한 테스트 스크립트 실패 시, 생성형 AI가 자동으로 스크립트를 적응시켜 동적 로케이터(dynamic locator)와 수정된 인터랙션을 처리하는 것은 GUI 리그레션 테스트에서의 생성형 AI 적용 사례로 적절하다.	GenAI-4.3	K3	1
33	A	A 정답. API 요청/응답 형식 변경 시, 생성형 AI가 자동으로 스크립트를 수정하여 새로운 사양에 적응시키는 것은 도전 과제를 극복하기 위한 해결책으로 적절하다. B 오답. 성능 병목 현상을 발견하여 코드 최적화를 자동으로 수행하는 것은 생성형 AI의 역할이 아니며, 개발자의 영역이다. C 오답. 새로운 API 엔드포인트를 생성하고 보안을 강화하는 것은 설계 및 개발 단계의 활동이다. D 오답. API 테스트를 빠르게 한 후 GUI 테스트에 집중하도록 권장하는 것은 리그레션 테스트 전략으로 부적절하다.	GenAI-4.3	K3	1
34	C	A 오답. 역할 명확성을 개선하지만, 출력의 포괄성이나 해석 가능성을 다루지 않는다. B 오답. 잠재적 위험을 고려하지만, 출력물이 이해관계자에게 친숙한 형식인지 보장하지 않는다. C 정답. 메트릭(metric)이 실행 가능하고, 자연어 요약을 통해 쉽게 해석될 수 있도록 보장한다. D 오답. 속도에 초점을 맞추지만, 이는 작업의 주요 목표와 관련이 없다.	GenAI-4.4	K3	2
35	B	A 오답. 테스트 실행 결과를 기반으로 새로운 기능을 개발하는 것은 개발 활동이며, 테스트 제어 자동화와 직접적인 관련이 없다. B 정답. 변경 사항이나 새로운 리스크 요소에 따라 테스트 케이스의 우선순위를 자동으로 재조정하고, 이를 토대로 자원을 효율적으로 분배하는 것은 테스트 제어 자동화의 핵심이며, 생성형 AI를 통해 가능하다. C 오답. 테스트 계획을 변경하지 않고 기존 일정대로 진행하면 변화하는 상황에 대응할 수 없다. D 오답. 모든 테스트 케이스를 동일한 빈도로 실행하는 것은 자원의 비효율적 사용이며, 우선순위가 높은 영역에 집중할 수 없다.	GenAI-4.4	K3	1

번호	정답	해설 및 근거	학습목표(LO)	K-레벨	점수
36	D	A 오답. 기존의 테스트 계획을 변경하지 않으면 예상치 못한 이슈에 대응하기 어렵다. B 오답. 모든 테스트 케이스를 동일한 빈도로 실행하면 자원의 비효율적 사용으로 중요한 영역에 집중하지 못할 수 있다. C 오답. 할인행사 후 성능 이슈를 분석하는 것은 이미 늦은 대응이며, 사전에 문제를 예방할 수 없다. D 정답. 생성형 AI를 통해 실시간으로 서버 자원 사용률을 모니터링하고, 필요에 따라 테스트 우선순위를 재조정하며, 자원을 효율적으로 배분하는 것은 테스트 제어 자동화를 통한 효과적인 방법이다.	GenAI-4.4	K3	2
37	A	A 정답. 다양성은 엣지 케이스(Edge Cases)에 대한 포괄적인 커버리지를 보장하며, 실행 성공률은 API 테스팅 스크립트의 신뢰성을 평가하는 데 사용된다. B 오답. 정확성과 완전성은 중요하지만, 시간 효율성만을 주요 기준으로 삼는 것은 커버리지나 실행 신뢰성을 충분히 평가하지 못한다. C 오답. 정밀도(Precision)와 맥락 적합성(Contextual Fit)은 중요하지만, 다양성을 고려하지 않고 있으며 API 스크립트의 실행 성공률을 충분히 평가하지 않고 있다. D 오답. 적절성(Relevance)과 맥락 적합성은 중요하지만, 실행 성공률이나 정확성과 같은 메트릭을 고려하지 않으면 평가의 중요한 요소가 빠지게 된다.	GenAI-5.1	K2	1
38	C	A 오답. 정확성 및 완성성은 테스트 케이스의 정확성과 완전성을 평가한다. B 오답. 실행 성공률은 테스트 스크립트의 실행 가능성을 평가한다. C 정답. 시간 효율성은 AI와 수동 작업의 시간 대비를 평가한다. D 오답. 정밀도는 관련성과 커버리지를 평가한다.	GenAI-5.1	K2	1

번호	정답	해설 및 근거	학습목표(LO)	K-레벨	점수
39	A	A 정답. 이 접근법은 A/B 테스팅, 오류 분석, 목표 지향적 개선을 결합해 엣지 케이스(Edge Cases)에 대한 프롬프트를 최적화하며, 포괄적인 테스팅 케이스 커버리지를 보장한다. B 오답. 사용자 피드백은 중요하지만, 구조를 변경하지 않고 예제만 추가하는 것은 보다 광범위한 개선의 가능성을 제한한다. C 오답. 점진적인 수정은 유용할 수 있지만, 짧은 프롬프트로는 엣지 케이스 커버리지에 필요한 주요 세부 사항을 놓칠 수 있으며, A/B 테스팅만으로는 포괄적인 개선을 보장할 수 없다. D 오답. 오류 분석은 도움이 되지만, 단독으로는 충분하지 않으며, 다른 방법을 결합해야 보다 철저하고 효과적인 프롬프트 개선이 가능하다.	GenAI-5.2	K2	1
40	B	A 오답. 출력물을 수정하지 않고 그대로 사용하면 개선이 이루어지지 않는다. B 정답. 사용자 피드백 통합은 생성된 출력물의 유용성과 명확성에 대한 피드백을 수집하여 프롬프트를 개선하는 방법이다. C 오답. 프롬프트 길이를 줄이는 것은 프롬프트 길이와 구체성 조정의 방법이며, 사용자 피드백 통합과는 직접적인 관련이 없다. D 오답. 오류 분석은 AI 출력의 부정확성을 검토하여 프롬프트를 개선하는 방법이다.	GenAI-5.2	K2	1

생성형 AI 업무 활용 정석
테스팅 업무 적용편

초판 1쇄	2025년 6월 20일
저자	권원일
펴낸이	권원일
펴낸곳	(주)STA테스팅컨설팅
주소	서울시 광진구 자양강변길115, STA타워
전화	02 6248 1700
팩스	02 6248 1702
등록	2008년 3월 12일 제2011-000153호
홈페이지	www.sta.co.kr / www.sten.or.kr
ISBN	978-89-94711-10-2
정가	30,000원

※ 이 책은 저작권법에 따라 보호를 받는 저작물이므로 무단전재나 복제, 광전자 매체 수록 등을 금합니다.
※ 파본이나 잘못된 책은 교환해 드립니다.

생성형 AI를 활용하는 요즘 테스터되기!
Gen-AI(생성형AI) 활용 테스팅 교육
(Generative AI for Testing)

"뒤처지지 않으려면 하긴 해야 하는데... 대체 어떻게?!"
- 당신의 막막했던 시야를 확 트이게 해 줄 흥미 있는 강의로 역량 업그레이드
- 기본 개념부터 실전까지 쉽고 명확하게 이해해 업무에 바로 활용 가능

과정 커리큘럼

- 생성형 AI의 **기초와 핵심 개념**
- 소프트웨어 테스팅에서 **생성형 AI 활용하기**
- **효과적인 프롬프트 개발**
- 소프트웨어 테스팅 활동별 **생성형AI 활용 방안 및 예시/사례**
- 테스트 작업에 대한 **생성형 AI 결과 평가 및 프롬프트 개선**

교육대상

생성형 AI를 활용해야 하지만 어디서부터 시작할지 막막한 분

생성형AI로 SW테스팅을 더 효율적이고 효과적으로 수행하고 싶은 테스터(QA)

SW테스팅 리소스를 최적화하고자 하는 테스팅 분야 관련자 및 기관

교육을 받고나면?

- 생성형 AI 활용이 더욱 **명확**해집니다.
- 쉽고 실용적인 실습과 예제를 통해 **체계적이고 효율적인 활용법**을 익힙니다.
- 실무에 적용 가능한 **AI 활용 역량**을 키우고, **업무에 바로 응용**할 수 있습니다.
- AI를 활용한 **생산성 극대화 전략과 아이디어**를 습득합니다.

sten.or.kr

KSTQB 생성형 AI 활용 테스팅 Foundation 자격시험 안내
Generative AI for Testing (Gen-AIT)

생성형 AI를 업무에 활용해야 한다는 걸 알면서도, 걱정과 업무에 치여 차일피일 미루고 있지 않나요? 변화의 속도는 이제 상상을 초월하고, 따라잡지 못하면 도태될 뿐입니다. AI를 내 도구/비서/동반자로 만들지 못하면 걱정은 곧 현실이 됩니다.

KSTQB 생성형 AI 활용 테스팅 지식체계는 핵심만을 담았습니다. 복잡하고 어려운 이론이 아닌, 명확하고 실용적인 방법을 제시합니다. 소프트웨어 테스팅을 예로 들지만, 배운 원리를 여러분의 분야에 적용할 수 있는 인사이트도 함께 제공합니다.

KSTQB가 준비한 이 자격증으로 생성형 AI를 여러분의 가장 강력한 무기로 만드십시오.

자격증 응시대상

- 생성형 AI를 업무에 활용해야 한다고 느끼지만, 방법을 몰라 막막했던 분들
- IT 분야 종사자 중 생성형 AI 활용에 관심있는 모든 분들
  (예: SW 전공 대학생, 개발자, 테스팅 분석가 및 관리자, 프로젝트 관리자 등)
- 생성형 AI를 활용해 SW 테스팅을 더 효율적/효과적으로 수행하고 싶은 테스터(QA)와 엔지니어
- SW 테스팅 리소스를 절감하고 최적화하고자 하는 모든 테스팅 관련 조직 및 기관

자격증의 의의 및 기대효과

체계적인 지식으로 전문성 강화
- 생성형 AI 기반 테스팅을 표준화된 지식체계로 정리
- 최적의 학습 효율로 단기간 내 전문성 향상

개인 역량 강화 및 조직 생산성 향상
- 글로벌 자격증으로 개인 역량 공식 인증
- AI 활용 최적화로 조직의 업무 효율 극대화

글로벌 공통 언어와 용어로 학습
- 세계 공통 용어와 개념으로 체계적 학습 가능
- 조직 내 AI 활용을 위한 원활한 협업과 소통 지원

상세 시험일정·문의
info@kstqb.org | www.kstqb.org